U0165485

學生的權利在哪裡？老師的權力在哪裡？
這是學生要看，老師及家長更要看的一本書！

家長覺得老師不好，可以要求換老師嗎？
學生在校發生事故，以不是班導為由而視而不見，可以嗎？

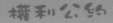

老師
我有話要說

學生權利守則

財團法人民間公民與法治教育基金會｜著

推薦文

從憲法高度審視法律、
教育與人權保障的寶典

　　民間公民與法治教育基金會於2011年12月承接民間司改會，為培育青少年建立正確的民主與法治觀念，期能成為未來優質公民。先後獲美國公民教育中心的授權，翻譯出版及推廣「民主基礎系列」——「權威」、「正義」、「責任」、「隱私」等四項層面的教材，陸續推出兒童版、學習手冊版、少年版、公民版及公民行動方案等新書，屢獲教育部國立編譯館評選為獎勵人權教育出版品。歷年來並培訓多達兩萬名的種子教師，利用教材，以民主法治核心概念為基礎，運用思考工具，以活潑生動的個案，培養學生具有表達意見的能力、邏輯判斷的能力、自我管理的能力、溝通整合的能力、團體合作的能力，以及解決問題的能力，其目的就是要讓臺灣走向優質的公民社會。民間司改會法治教育小組自2005起至2011年民間公民與法治教育基金會成立接棒以來，正式成立專案小組，邀請律師、法官、教師、退休校長等多達數十人的各界專業人士，集思廣益，設定題組與題目，蒐集資料參考國外書籍論文，不斷提出討論，並考慮本國教育環境的變化以及政府教育政策的實施，歷經九年無數次的反覆思考與調整修正，終於完成此一長達三百六十多頁的鉅作「老師，我有話要說——學生權利守則」，如今正式出版問世，本書是目前國內討論學生權利最完整的一本著作，對大專院校，高中、國中、小學的教師及學生，乃至教育行政人員及學生家長，都極具研讀的價值。

　　在臺灣，誰沒有經歷過當學生的年代，本書尤其對於國內司法界，律師界、教育界及關心此一議題的社會人士，也是值得一讀的。本書名

為「老師，我有話要說──學生權利守則」，初看之下，好像是條文式的、口號式的原則性的教條，其實不然，本書計分「受教權」、「平等保護」、「自由權」、「學校管教」、「正當程序」及「其他」等六大篇章題組，以生動的五十九項提問站在憲法的高度，審視法律、教育、人權保障等觀點，歸納成如何解決處理的具體相關建議，更有林佳範教授精闢的導讀，絕對是一本富有啟發性，而值得一讀再讀的好書，本人身為本基金會的負責人，對於參與本書的著作無私投入心力的各位專家學者及工作人員，由衷表示感佩與感謝。

財團法人民間公民與法治教育基金會董事長

提問、對話、建議的鋪陳
讓親師生更有同理心

　　很高興先閱讀民間公民與法治教育基金會出版之「老師，我有話要說——學生權利守則」，因為這真的是一本對親師生來說都超實用的好書，全書以親師生思維對話方式鋪陳，幾無說教，具有不可思議的耐心，看得出編者試圖在學生學習生活中找尋更多共識，進而達成教育目的，非常用心。毫無疑問，不論你是學生、老師、教育行政人員或是家長，本書都是值得推薦的實用參考書籍，值得當作學習和工作的寶典。

　　近年臺灣的學校環境和氛圍，一如社會的縮影，植基於法治觀念的權利維護意識高漲，總體朝著更符合人權價值的原則前進，也因此，學校的學務處和輔導室被高度的要求要依法維護學生權益，特別是第一線負責處理學生事務的學校工作者，更要不斷提升法律和人權素養，簡單的說，不論導師或學校行政人員，必須兼具教育和法律觀點，隨時協調對學生最佳模式，顯然，這次民間公民與法治教育基金會出版的「老師，我有話要說——學生權利守則」，正是符合目前校園法律與教育對話的需求。

　　對於學生來說，本書更是學生維護自己權益時，值得先閱讀相關篇章與提問，進而可以更周全思考的好書。

本書篇章計有「受教權」、「平等保護」、「自由權」、「學校管教與正當程序」、「其他」，總共設計了五十九個提問，分別從法律觀點、教育觀點、處理建議、延伸思考四個角度加以分析與歸納，不隨意給單一答案，一再努力回到教育本質，是我看過的相關書籍中，把教育和法律調和得最好的書籍，值得推薦給大家。

劉欽旭

全國教師工會總聯合會理事長

不預設答案與對錯，在說理思考的過程中，讓權利觀念逐漸具體成形

　　兒子小謎4歲起，開始教他凡事要講道理，不能「命令別人」、「強迫別人」、「要說理由」。過不久，當我們要求他不能喝含糖飲料、晚上9點要睡覺時，不到5歲的他會說：「不能命令」、「不能強迫」、「要說理由」。於是，始作俑者的父母，只好蹲下來，壓抑心中的不耐煩，跟小孩講道理。

　　會有心中的不耐煩，是因為這樣「講道理」的方式，不是從小的生活習慣。回想自己當小孩時，長輩、老師最常用的就是命令跟強迫方式。民國6、70年代，教育講的是「義務」、「責任」，「權利」還是大逆不道的字。如果跟老師說學生有什麼權利，老師可能會請訓導主任跟你談。在一個只講義務、不談權利的社會，法治教育根本沒有生根的可能。

　　社會是否文明？是否進步？我自己的標準是「看這個社會如何對待弱勢者」。學生相對於學校或國家，就如同小孩相對於成年一樣，是弱勢的一方。文明社會的法治教育，應該是強勢者低下頭與弱勢者講道理；成人彎下腰和小孩說理由。老師要告訴學生的，就應該從學生權利談起，而不是教他們接受命令、學習服從。「老師，我有話要說——學生權利守則」這本書，談的就是學生的權利。從學生的「受教權」、「平等權」、「自由權」、「程序權」（學校管教與正當程序）、「隱私權」等談起。所以，這是我喜歡本書的第一個理由。

　　我喜歡這本書的第二個理由是：它真很好看。書裡提到的五十九個問題，都非常吸睛。例如「可以不受學區限制，選擇喜歡的公立學校就

讀？」（第3則）、「偏遠地區廢校問題」（第4則）、「請父母帶回管教」（第8則）、「學校只收男生或女生是否違反平等權？」（第9則）、「餐飲學校實習課程，要求女學生穿裙子，是否構成性別歧視？」（第11則）、「學校可以因為學生在校內公開演講內容或用語粗俗不雅而處罰學生嗎？」（第23則）、「學生可以在學校舉行示威遊行嗎？」（第30則）、「學校可不可以強迫學生抄寫或背誦心經或靜思語？」（第34則）、「學校可不可以限制學生儀容，如耳洞、鼻環、刺青等」（第36則）、「受懲處時，學生是否有救濟的權利？學生能要求書面決定？取得會議記錄？」（第44則）。每一則的問題本身就很有趣，也幾乎是學生或是學生家長都可能碰到的問題。

　　當然，我最喜歡這本書的說理由方式。每個問題，沒有預設答案，不先說對或錯。而是從法律觀點、教育觀點，慢慢說道理，再延伸其他思考。在說理由，思考的過程中，讓受教權、平等權、自由權、程序權及隱私權等觀念，逐漸具體成形。

　　小謎最近很喜歡角色扮演，常要我扮小孩，他演爸爸。讓自己感覺放心的是，從小謎的扮演中，我應該還算是一個講道理、說理由的爸爸。或許，不久之後，就可以跟他談談「老師，我有話要說——學生權利守則」則這本書了。

臺灣臺北地方法院法官

學生權利的維基百科

　　近幾年，隨著諸多教育與兒少權益法令的修正與訂定，教育現場經常會出現學生管理與法令保障基本權利相互衝突的問題。但由於每項法令的訂定或政策的頒布，並非被廣為周知或能實質參與，尤其是執行相關權益保障的教育工作者及主要照顧者（如家長），更不用說我們所關注的這群未成年學生。因此往往一直要到教育現場出現了匪夷所思的體罰管教、性侵、暴力、偏差行為、迫害意見表達等問題時，諸如：高中體罰一百多下伏地挺身還要「爬」著回家、國小男童解題太慢被優良教師狂呼巴掌、台南啟聰學校學生集體性侵、高中生辦報竟被逼轉學等事件，並見諸媒體報導之後，我們才會驚訝的發現，21世紀的臺灣校園究竟是怎麼了？！除了向媒體爆料申訴，難道無「法」可管嗎？學生的權利究竟是誰可以去捍衛或維護？而當學生的權利受損時，誰該負責？又可以找誰幫忙呢？

　　每每遇到這些困惑時，我就在想，學生並不清楚或被禁止學習認知與自己相關的權利時，往往必須倚賴學生權利的決策者與詮釋者來捍衛其權益，但是教育工作者與家長本身難道就真的具備相關知識與素養嗎？如果能有一本可以隨手參考的手冊，提供教育工作者、學生、家長對於學生有哪些基本權利，以及相關依據的法令政策見解、相關當事人權利義務的釐清、維護學生權利的正當程序，乃至於提供處理方式與原則，便有助於解決因為資訊不對等、不公開或資訊落差對學生權利所造成的侵害。

　　要捍衛權利，往往從落實「知」的權利開始。在社會發展變化快速

的今日，不只是學生需要學習公民素養，捍衛學生權益的大人們，更需要具備相關知識。因此當民間公民與法治教育基金會出版這本「老師，我有話要說──學生權利守則」時，實在令人感到振奮。尤其細究其內容，每個單元主題都十分貼近校園現場的運作實務，不僅呈現完整且多元的教育觀點、法律觀點，更棒的是還提供了處理建議以及延伸思考，就像一本「維基百科」一樣，幫助我們立即掌握學生權利的核心價值與觀點，思辨其中的權力關係，以及如何落實相關的程序正義，並且指出明確的處理方向，實在是學生權利的隨身小幫手，值得大力推薦給關心學生權利的每一個人。

臺灣少年權益與福利促進聯盟秘書長

教育的夥伴關係

　　最近幾十年從解嚴以來，臺灣的民主自由發展趨於成熟，所有法律都回歸民主憲政規範，臺灣的教育雖有東方儒家文化倫理道德的影響，但是法治已經是教育現場，重要且唯一的依循；教育法律制度、教育改革在這幾十年來不斷推出，最重要的首推教育基本法的制定，讓臺灣教育在憲法層次下有一個更明確完整的規範，其中最重要的原則是──學生（人民）是教育的主體；雖然教育基本法之下仍然有許多法律付之闕如，例如校長法、家長參與教育法以及教師法修法，不過，校長、教師、家長三者，如果對教育是以學生福祉為優先，不但歧見減少且許多爭議將迎刃而解。

　　學生、教師與其他國民有相同法律人格，受憲法平等保護，學生也有合理正當的權利，一如教師打破特別權力關係束縛，爭取教師權益及專業自主權；當然教師也必須遵守教育基本法，學生是教育主體原則，以及第8條明定：「學生之學習權、受教育權、身體自主權及人格發展權，國家應予保障，並使學生不受任何體罰及霸凌行為，造成身心之侵害。」，尊重各自合理正當的權利，在公民法制下的現今社會，平衡順利推動臺灣優質的教育。

　　少子化是目前臺灣最嚴重的問題之一，臺灣孩子的出生率從三十年前每年40萬，宛如險降坡般一路下滑，至今每年大約剩下18萬個孩子來臺灣報到，少子化的結果，讓學校數與學生數產生極大供需失衡，不但媽寶是正常現象，學校爭搶學生之下，校寶更是新的奇怪現象，校方、教師及家長三者對教學品質與輔導管理，經常發生許多爭議衝突，如何

讓三方對學生的權利有更充分的認識，是減少爭議最有效的方法。

民間公民與法治教育基金會所編著的「老師，我有話要說——學生權利守則」一書，令人驚喜並雀躍不已，終於有一本書以實務為例，以「受教權」、「平等保護」、「自由權」、「學校管教」與「正當程序」、「其他」等五章，涵蓋各式教育現場可能發生的問題，從情理法觀點看權利與義務，更有處理建議及延伸思考，每一個問與答都有完整周延的分析，令人期待出版後將帶給教育現場許多幫助，相信家長們更樂意擁有這本書解惑。

學生為主體之下，校長行政、教師、家長是利害關係人，觀念改變且互相合作，當然三者更是夥伴關係，教育將公平合理優質化！

吳福濱

全國家長團體聯盟理事長

本書緣起

　　「老師，我有話要說——學生權利守則」終於要問世了。

　　記得「老師，你也可以這樣做」第一版出版時，我說過「想要完成這本書，至少想了五年了。……經由民間司改會法治教育小組的夥伴們一年多以來……」，沒有想到這本堪稱為「老師，你也可以這樣做」姐妹作的「老師，我有話要說——學生權利守則」，竟然用了九年才瓜熟蒂落，修成正果。

　　在「老師，你也可以這樣做」完成不久，我拜讀了臺灣師範大學公民教育與領導學系的林佳範教授為教育部完成的研究報告「學生權利義務之內涵與校園規範：臺灣與美國的法律案例見解與『校規』的比較研究」，大為驚豔，因為這本報告一方面在編排上以案例為出發，讓讀者容易閱讀，在內容上又詳盡介紹了台美兩地的實務見解，為許多爭議問題提供了解答。

　　更重要的是，「老師，你也可以這樣做」主要是針對教育現場各種可能發生的狀況提供老師們輔導管教學生時的參考。然而，老師在輔導管教學生時，除了要知道應該怎麼做（HOW）以外，更應該知道為什麼要這樣做（WHY），「老師，你也可以這樣做」在這方面就較為不足，一直是我心中的缺憾。

　　那麼，老師輔導管教學生的指針究為何？教育基本法是這樣說的：

　　「為保障人民學習及受教育之權利，……，特制定本法。」（第1條）

　　「教育之目的以培養人民健全人格、民主素養、法治觀念……並促

進其對基本人權之尊重……及對不同國家、族群、性別、宗教、文化之
瞭解與關懷……」（以上第2條第2項）

　　「……無分性別、年齡、能力、地域、族群、宗教信仰、政治理
念、社經地位及其他條件，接受教育之機會一律平等。……」（第4條前
段）

　　「對於原住民、身心障礙者及其他弱勢族群之教育，應考慮自主性
及特殊性，依法令予以特別保障，並扶助其發展」（第4條後段）

　　「教育應本中立原則。學校不得為特定政治團體或宗教信仰從事宣
傳，主管教育行政機關及學校亦不得強迫學校行政人員、教師及學生參
加任何政治團體或宗教活動。」（第6條）

　　「學生之學習權、受教育權、身體自主權及人格發展權，國家應予
保障，並使學生不受任何體罰及霸凌行為，造成身心之侵害。」（第8條
第2項）

　　上述種種要求，其關鍵概念就是「權利」，而「人民（學生）為教
育權之主體」（教育基本法第2條第1項），因此我們可以說「教育」或
是說「老師的輔導管教」，其目標應該就是要保護學生的各種「權利」
不受侵害，並且要進一步豐富並充實學生所享有的「受教育權」乃至
「人格發展權」的內涵。

　　然而長期以來國內的教育活動，相對重視「紀律」、「規範」、
「責任」、「義務」，大多數老師不要說對「學生權利」相當陌生，恐
怕連自己的權利（『教師權利』）也同樣一知半解，因此即使照著「老
師，你也可以這樣做」來做，也可能是知其然，不知其所以然。這也就
是為什麼這本研究報告會令我眼睛為之一亮的原因！如果這本報告也能
介紹給國內關心教育的老師、家長與同學，那該多好。

　　於是2004年11月16日民間司改會當時的法治教育小組第13次會議首

次討論要將這本報告整理出版，2005年1月5日第14次會議決議以林佳範教授為召集人，當時預擬的書名是「學生，你也可以這樣做」。同年月31日第15次會議決議將這本報告中原本的六十六個問題加以增刪調整後改寫，書名也考慮改用「老師應該知道的學生權利」。從2005年一直到2008年9月間，工作小組總共開了31次會，這期間教育部在2007年公布了「學校訂定教師輔導管教學生辦法注意事項」；另一方面，司改會的「法治教育小組」也擴大改組為「法治教育向下扎根中心」。從2008年9月到2013年1月間初稿完成，期間「法治教育向下扎根中心」再度改組獨立為「財團法人民間公民與法治教育基金會」，而工作小組期間開過49次會議。再經過2013年工作小組兩次編輯會議，九年來總共有八十餘位夥伴，開過八十多次會議，這本書才大功告成。如果說懷胎十月非常辛苦，那麼這本書的誕生絕對是十倍以上的辛苦，當然辛苦之後我們也有著滿滿的喜悅。

在定稿時，我們把這本書訂名為「老師，我有話要說——學生權利守則」，為便於閱讀，本書與「老師，你也可以這樣做」同樣採用一問一答的Ｑ＆Ａ方式編寫，每一則問題在回答時也同樣區分「法律觀點」、「教育觀點」、「處理建議」與「延伸思考」四部分。又為了便於依主題為檢索，全部五十九則問答區分為「受教權」、「平等保護」、「自由權」、「學校管教與正當程序」及「其他」共五個部分。這本書承載著工作小組夥伴滿滿的期許，希望教育現場的老師甚至家長，能夠對於學生「權利」有多一點的了解，相信對於輔導管教也會更懂得「尊重學生（權利）」，而能夠合情、合理與合法。當然也期盼學生讀者瞭解自己享有的權利，並且能夠體會這些權利保障背後希望學生能充分發展自我的用心。

從台北律師公會的法律教育推廣委員會（1996年）開始，到民間司

法改革基金會的法治教育小組（1999年），再到中華扶輪教育基金會與前二者共組「法治教育向下扎根特別委員會」（2003年），而「法治教育向下扎根特別委員會」又改隸民間司法改革基金會（2006年）並改名為「法治教育向下扎根中心」，最後獨立成為「民間公民與法治教育基金會」（2011年），這17年來，由法律人開始，繼而加入教育界的夥伴，最後更有來自以扶輪社友為主的社會各階層的朋友，我們一致體認，惟有好的教育，國家才有好的未來。國家未來的理想圖像就是「法治國家」與「公民社會」，而法治國家與公民社會的指標正是人人權利受充分保障不受侵害且能夠充分發展自我，在民間公民與法治教育基金會成立滿二週年的此刻，謹以本書與大家共勉一起努力。

　　最後要感謝參與這本書的夥伴如後附。

民間公民與法治教育基金會董事

誠摯感謝所有曾經參與協助本書出版的全體夥伴們！

☆李岳霖律師	☆許仁豪律師	☆劉麗媛老師	陳秋文老師
☆李冬梅老師	☆陳宜倩教授	☆劉金玫律師	陳端峰老師
☆李敬之律師	☆陳為祥律師	☆賴宏銓老師	陳順發老師
☆吳昌倫老師	☆張培源老師	☆謝勝隆校長	許珍珍小姐
☆季亞南老師	☆張澤平律師	古億琪小姐	張稚鑫老師
☆林孟皇法官	☆張麗萍老師	朱惠美小姐	黃孟君老師
☆林佳範教授	☆游敏傑律師	汪曉君律師	黃啟倫律師
☆林佳儀律師	☆黃旭田律師	李彥慧老師	黃雅慧小姐
☆林俊宏律師	☆黃金宏老師	李素鸞老師	葉怜惠小姐
☆林恩宇律師	☆黃柏華老師	李禮仲教授	葉亭君小姐
☆周麗玉校長	☆黃君惠老師	林超駿教授	詹順貴律師
☆洪柏禎老師	☆黃雅玲小姐	林禹青小姐	趙偉程律師
☆殷童娟老師	☆葉桑如老師	周淑萍律師	蔡順雄律師
☆翁國彥律師	☆楊素芳老師	洪鼎堯老師	蔡銘宇先生
☆高涌誠律師	☆楊心蕙校長	俞力華法官	潘蓓臻小姐
☆高全國律師	☆趙翊伶老師	韋雅寧老師	賴友梅小姐
☆高榮志律師	☆蔡志偉教授	陶　瑜老師	薛雅之律師
☆高鳳英律師	☆滕澤珩律師	高佩辰律師	蘇芊玲教授

（依姓氏筆劃由左至右排列，有☆記號者為撰寫作者。）

學生的權利或義務？
幾點誤會的澄清

學生有「權利」嗎？給學生權利，老師是不是就喪失「權力」？學生需要的是「義務」而非「權利」？承認學生權利是在縱容學生嗎？以上是提到學生的權利，常會被質疑的問題。

「私利」不是「權利」

在檢討學生是否有權利前，何謂「權利」？或許需先回答。以學生上課發言為例，他或她可否主張未經過教師的允許來發言？但這樣的主張，是不是學生的權利？這樣的主張，很顯然會干擾上課的秩序，也會影響學生的學習，不管是老師、家長或其他人，大都不會認同這樣的利益主張，換言之，其欠缺合理正當性。然而，這樣是否表示，學生不可以有和老師有不同的意見？學生在回應老師的問題：「蝌蚪是否會變青蛙？」學生回應：「未必！因為有可能冷死！」全班哄堂大笑！老師隨即處罰這位同學，因為他干擾上課秩序。同樣被認為干擾上課秩序，但後者是經過老師同意的發言，只因為學生的意見或發言之內容，老師不同意而處罰他，是否合理？學生曾經養過蝌蚪，但也的確因為過冷而死亡，他僅是表達個人經驗與意見，難道學生沒有意見的自由嗎？

這種意見自由的主張，是保護學生個人的私利嗎？任何人處於如此的情況，主張如此的意見自由，合理正當嗎？這樣的主張，是否會影響他人的利益或公共的利益？教師以「干擾上課秩序」為理由，而處罰學生，合理嗎？學生是在教師的允許下發言，有何干擾上課秩序可言？！

若教師在校務會議上發言，其與校長的意見不同而引發其他老師的哄堂大笑，校長可以以破壞會議秩序為理由，將教師驅逐出會議嗎？！反對黨對於執政黨的施政，在議會殿堂上提出不同的意見而造成哄堂大笑，可以派警察將不同意見的人抓去關嗎？！這種事在過去的威權統治下會發生，但在民主社會則會被視為一種專制的表現。

權利是法律所保障之正當的利益

權利的「權」，其實代表「合理」或「正當」（英文譯為right），會被視為「權利」者，即代表著，其乃「合理正當之利益」，而如此合理正當之利益，並非僅是個人之「私」利，而是「被認可為正當」的利益；特別是，在當今強調人權保障的民主體制下，所謂的「正當性」更隱含著「平等」與「自由」之價值；換言之，如此的利益主張，必須是隱含著「普遍性」，並非是特定的人始得主張者，而係任何人處於相同的狀況下，我們都認為係合理正當的利益，都認為應該受到法律所保障者。因此，所謂「權利」應指「受法律保障的合理正當的利益」。若被確認為「權利」者，我們即不應視其為「私利」，反而應視其為保障我們共同的利益，蓋若我們處於相同的情況，也應該會被相同的保護；相反地，若權利可以被任意地剝奪，則意味著我們相同的利益，亦可能隨時不保。

權利與義務是一體的兩面

權利不是「私利」，相反地，如前所釋明，其更隱含著「平等的相互尊重」；一個人若不懂得權利，即不會尊重他人的權利；因此，相反

地教學生權利，不是在教「只要我喜歡有什麼不可以」，而是在教「同理心」、「平等情」。合理正當的利益，受法律保護者，即為權利；主張如此利益者，即為權利人，而被主張要尊重如此的利益者，即為義務人；因此，權利與義務乃一體之兩面。在過去的封建社會，在規範的用語上，比較常用「義務」，蓋嚴格講當時的規範秩序，著重於不同的身分，需盡不同的義務，而得以享有不同的特權；然而，在現在的民主社會，不會強調個人僅做為被規範之客體，更可以成為規範之主體，得積極地主張利益受保護，而非消極地被分配負擔而已，因此，在規範用語上，改以「權利」為主。權利需要被主張，特別是透過法律的程序來主張，即所謂「救濟」的程序，故法諺有云：「有權利就有救濟」；透過救濟之程序，所主張之利益，才有可能被法律所確認為「合理正當」，且進一步地被法律相關之機關所保護。

特別權力關係理論已被打破

我們傳統文化的尊卑倫理觀，在教育關係上期待所謂「在下位者」（即「學生」或「晚輩」）的服從，甚至俚語中有謂：「小孩子有耳無嘴」，而不鼓勵其「發言」，更不用提「權利主張」。然而，從憲法的人權保障角度，學生的法律人格地位並不比其師長低，而應平等地受到保護。此外，過去有所謂「特別權力」關係的理論，認為學生的身分，類似公務員、軍人、受刑人等，應受到高於一般國民的拘束義務，否則難以完成其特殊的行政目的，而剝奪其請求外部行政救濟之機會，但如同許宗力大法官在釋字第653號的協同意見書指出：「如果國人對於釋字第298、323、338等號解釋之是否已揚棄特別權力關係，還存有疑慮的話，則本號解釋應已更清楚表達出向特別權力關係說再見的訊息，且拚

脫特別權力關係束縛的，不限於受羈押被告，還擴及所有其他具特定身分而被傳統特別權力關係鎖定的穿制服、穿學生服、穿軍服，乃至穿囚服的國民。」沒錯，在後來的釋字第684號，大法官更進一步拆除在釋字第382號對於學生提出行政救濟之限制，即僅限於會影響其就學之處分，而更擴張於校內的管理措施。僅要是學生受憲法所保障之權利有受到侵犯，皆得提出救濟，而不限於受教權。

利與力的衝突與解決

特別權力關係理論之打破，僅允許學生得提起行政救濟，並不表示學生的利益主張，即必然受到法律的肯認與保障，或學生即可以不必服從學校或老師的管教。以前面所提出的學生在課堂上發言為例，老師因為其干擾上課和因為不同意其意見而管教學生，在釋字第684號以前，學生是不可能尋求行政救濟，來主張其權利。以學生未經教師之同意即發言而干擾上課為例，其所主張之上課可以未經教師同意之發言自由，恐難獲得法院之肯認，蓋允許如此，則上課之秩序，即難以維護，其他同學之學習權益，也會受到影響。如前所揭，學生主張之正當性基礎欠缺，即不是「權利」。相對地，教師的為維持公共秩序的管教權行使，反而被認為有正當性，而非「暴力」之處置。簡言之，當學生的利益和老師或學校的強制力發生衝突時，即可透過法律的救濟程序，來檢視其各自所張之正當性；特別是代表國家公權力之學校或教師，更需符合憲法保障人民權利所要求之法治國家原理與原則，始會獲得法律之正當性。

若以學生經教師同意而發言，但因為不同意其發言之內容而處罰他，則會被視為侵犯學生的意見表達自由權，蓋老師的管教行為，僅因

其不同意學生的意見而處罰，已侵犯到學生的人性尊嚴。每個人的意見自由，係受憲法所保障，如釋字第567號理由書指出：「思想自由保障人民內在精神活動，是人類文明之根源與言論自由之基礎，亦為憲法所欲保障最基本之人性尊嚴，對自由民主憲政秩序之存續，具特殊重要意義，不容國家機關以包括緊急事態之因應在內之任何理由侵犯之，亦不容國家機關以任何方式予以侵害。」老師如此的行使管教權，反而會喪失其正當性，被視為「暴力」，而非「權力」。

從這兩件上課發言之例子來比較，我們可以發現，老師的管教權與學生的權利，並不必然是相衝突的，但在衝突時即需探討各自之正當性的基礎。就學生的「權利」主張而言，其必須不是「私」利，而係「普遍性」的利益，且需「合理性」，才具有正當性；就老師的「權力」主張而言，其必需符合憲法的比例、正當程序等原則。

尊重學生的權利是教師的專業倫理

尊師重道，是我國固有的校園倫理。這樣的倫理價值，必須重新建立在符合民主憲政的基礎上。每個人的法律人格地位皆是平等的，當然也包括老師與學生，惟此非謂學生即不必尊敬老師，而相對地老師也必須認知，老師的身分本身不是必然可以贏得學生的尊重，而係建立在其自身的學問與人格的修養上。甚者，尊重學生的權利，更是老師的專業倫理之一，如《教育基本法》第8條第2項所明定：「學生之學習權、受教育權、身體自主權及人格發展權，國家應予保障，並使學生不受任何體罰及霸凌行為，造成身心之侵害。」老師在校園中，能尊重並維護學生的權利，才能贏得學生的尊敬與信任，而有如此的基礎，老師對學生的教學和輔導，才可能對學生產生內化之效果。相反地，老師侵害學生

的權利，除喪失學生的信任與尊敬外，更導致雙方關係之緊張與對立，教育關係是難以維持的。

教學生「權利」是學「自尊尊人」

最後，從引導學生能尊重他人的權利而言，重點並非在要學生學「義務」，相反地，更應引導其真正地認識何謂「權利」，蓋不認識權利，如何可能會尊重他人的權利。有謂：「學生最大的權利就是犯錯」，但若不允其主張，我們怎麼知道他的錯誤，更遑論導正他的錯誤。以學生主張上課發言不受教師管制為例，學生的主張「權利」，可能僅是他的「私利」，老師可以引導其認識自己的「盲點」，如反問：「若每個人都可以發言，上課如何可能？」換言之，我們不必害怕學生主張其利益，唯有如此才能開啟其學習，檢視其利益主張之正當性基礎的可能。其實許多會傷害他人的學生，就是在成長過程中，從來沒被尊重過，才不會尊重他人。權利，隱含著平等的相互尊重；教學生權利，決不是在教學生「放縱」，而是在教她或他「自尊尊人」。

林佳範

臺師大公民教育與活動領導學系教授

目錄

第三篇　自由權　　155

第四篇　學校管教與正當程序　237

第一篇

受教權

在國民教育階段，可以向學生收費嗎？
若可以，哪些費用項目合理？哪些不合理？

法律觀點

　　按「人民有受國民教育之權利與義務」為《憲法》第21條所明定。現行國民教育階段是義務教育，所以具有強制性質，父母親（親權人）被課以必須送子女（未成年子女）接受國民教育之責任。

　　國民教育階段既然屬於義務教育，又具有強制性，國家即不應該再向學生收取學習費用，《國民教育法》第5條規定：「國民小學及國民中學學生免納學費；貧苦者，由政府供給書籍，並免繳其他法令規定之費用。……。國民小學及國民中學雜費及各項代收代辦費之收支辦法，由直轄市、縣（市）政府定之。」

　　國民教育階段雖然是免繳納學費，但實務上，各地方政府仍訂有收取雜費及各項代收、代辦費用辦法。目前「雜費」乙項，公立國小並未收取，公立國中則由行政院編列預算全額補助，所以基本上公立國中小學生無需繳交雜費；至於私立國中小部分，以新北市政府為例，依101年1月9日北府教中字第1001762195號函頒「新北市公私立國民中小學100學年度學雜費暨各項代收代辦費收取基準」規定，100學年度私立國小每學期雜費收取的基準是11,630元至22,625元，私立國中則是13,810元至28,955元。另「代收、代辦費」乙項，則基準不一，這些項目大致上有班級費、家長會費、學生寄宿費、游泳池使用及管理費、學生活動費、電腦設備及耗材費、蒸飯費、學生團體保險費、教科書費及簿本費等項目。

就法律觀點而言，上述費用之收取，首先應該要有「法律的明文依據」。國民教育階段的教育應該是免費，政策是義務教育，屬於強制性，既然是免學雜費就應該是免費的。但目前學雜費收費都是讓各地方政府自己訂定一些要點或是辦法，這在法治面上來看並不是很適當。因為義務教育是全國一致的，在義務教育的免收學雜費之外，又用代收、代辦費的名義要學生負擔，這在適法性上縱使經得起檢驗，它法律的位階也應要提升，由中央立法讓地方執行，而不應由地方政府自行訂一些要點辦法來決定代收、代辦費如何收取，因為這牽涉到是否屬於法律保留的問題。其次，「代收、代辦費」收取是否合理，應該思考兩個因素：

一、是否屬於現行教育政策所要達成的教育目標？例如，教育政策重心放在資訊教育的推動，要讓學生學會電腦，就不應該把「電腦設備及耗材費」當作是學生必須負擔的費用。又如，認為「游泳」是目前國家教育政策所要達到的教育目標之一，是體育課的一部分，就不應該再收「游泳池使用及管理費」，應該排除「使用者付費」的觀念。所以要確認現行教育政策所要達到的目標包含了哪些事項，一旦被認定是要達成的教育目標，國家就要挪出經費支援，而不可以跟學生收取，否則等於沒有經費的學生就無法享有完整的義務教育，這是需要與時俱進檢討的。

二、雖然不是現行教育政策所要達成的教育目標，但屬於伴隨教育活動的一部分，例如，「學生團體保險費」學生平安保險不能不保；又如，「家長會費」是學校強制家長參與，如果依照教育法令，強制要參與的話，這些學生保險費及家長會費都應列入政府要負擔的項目。雖然這不是教育課程內，但卻是教育中理所當然要呈現的。在這樣的概念之下，所謂的「班級費」也應該屬於學雜費的範疇，不

應列入代收、代辦的概念，因為不是代學生收，而是教育實施本來就應該提供的經費。以新北市為例，自100學年度第2學期開始，班級費、學生活動費、及簿本費不再收取；自101學年度開始，游泳池使用及管理費及電腦設備及耗材費亦不再收取，而是由政府編列預算支應。

另外尚有幾種學校向學生酌收的費用：

一、代辦費：代辦費比較像是使用者付費的概念，比如住宿費用、蒸飯費、學生停放腳踏車會酌收低額的管理費用，請學校代為購書的「教科書費」。在國外也有把教科書費用當作是國家的負擔，但在我國並未把教科書當成是政府要提供的費用。

二、其他特殊費用：像是冷氣使用費。政府認為目前的教育環境，不必要提供冷氣，但很多經濟條件許可的地區，家長都希望有冷氣。當冷氣的需求不斷浮現時，就變成學生家長自行負擔，而成為一項代辦費。

如果從教育本質核心來看，其不只有學科課程。包括一些學生事務、親師關係等，這些被認為是教育重要內涵，其實都應該考慮不再把它作為代辦費。目前代辦費大都涉及到學生的食宿，及比較特殊的冷氣使用電費等等。所以有關學雜費的範圍應該要依照教育政策所要達成的教育目標來認定，在學雜費以外允許學校可以額外收取的應該是針對非屬教育屬性。這部分要依照使用者付費的觀念去收取，這是法律實質內涵應該作的。

教育觀點

　　「免費」是國民教育的本質，也是國民教育具「義務教育」、「強迫教育」特質的重要條件。在教育觀點上，國民教育階段不該向學生收取沒有法律規範的費用，對於貧困學生更應有完整、充分的補助措施。

　　就理論而言，國民教育應為國家提供全民的教育。因此，國民教育的對象為全體國民，亦即全體國民進入學齡階段（我國六歲至十五歲）有接受國民教育的權利，也有接受教育的義務；相對於政府，亦有要求人民接受國民教育的公權力，與辦理國民教育的義務。如果國民教育不是「免費」，則無論國家或個人，對於教育「權利」的要求，或教育「義務」的履行都不具合理的落實條件。

　　教育關乎國力，為政者大多期待透過教育培養人力，改善社會，達成國家目標。因此，現代化的國家無不以延長國民義務教育年限為其重要公共政策。隨著社會變遷，個人意識發展，國民教育已由「國力」觀點逐漸轉移為人權之體現。《世界人權宣言》第26條第1款即指出：「人人都有受教育的權利，教育應當免費，至少在初級和基本階段應如此。初級教育應屬義務性質。」此宣言可謂國民教育提供本質上的詮釋。

　　為達全民教育與個人自我實現的理想，國民教育應著重生活知能與基本能力培養，且重視「適才適所」之普通教育為主，其精神與內涵則應展現於「教育機會均等」的教育環境與追求正義之價值文化。因此，就學機會與學習過程之公義與關懷是國民教育的重要價值。然在偏鄉與家庭社經地位不均衡的影響下，臺灣普及且有相當成就的國民教育，已蒙有陰影，例如明星學校的光環，學習品質的差距，校園內因成績或家庭背景形成的階級等，偏差教育現況都與資源有關。如果國民教育階段不堅持落實「免費」的政策，校園將可能產生更多不公義的教育現象，

國民教育目標與功能無法實現，其公共性、全民性與均等性等特質與精神亦將消失殆盡，社會之安全、和平與幸福堪憂。

　　國家應配合社會發展，提升教育品質，積極增加教育經費，依憲法落實國民教育免費政策。對於目前學校水電費、實驗、實習、電腦等，相關學習所需之器材經費不足問題的解決，更為刻不容緩。同時，學校亦應展現教育專業知能，將經費之使用納入課程內涵，例如善用資源、節能減碳、培養生活知能、重視公德、自理環境清潔等內容，可用心規劃融入各科目中，落實、展現教育目標。如此，不但能深化、廣域教育內涵，亦可發揮開源節流的功能。

處理建議

一、學校應堅定且明白宣示：「不收費」之辦學理念，發展精神重於物質獎賞之校風，提升教職員工之情操與教育信念，消除各項活動不必要贈品，以及節慶與畢業禮物、賓客贈送紀念品之成規，或改送耗材少，且具教育義意之學生學習作品。

　　學校可利用學生集會、行政會報、家長會、校務會議等機會，隨機以適合不同對象、情境之形式，融入學校對相關費用之運用與「不收費」之辦學理念之論述或說明，修訂學生獎勵相關規章，討論班級費、家長會會費是否應由學校代收，以及使用程序與內容的問題，或論述其收取與使用的教育觀點，並於相關課程設計時融入學生學習作品之規劃。

二、「代收代辦費」收取費用的項目，審慎思考其課程內涵之必要性，並有不一定要收費的考量。

　　（一）在學校進行學期前之課程規劃時，應審慎檢視、評估「代收

代辦費」項目思考其教育內涵與意義。決定收取前，應運用
教育觀點與課程理論規劃，並以發展其成為學校特色，與校
友的共同記憶的方向，思考取代方案。同時設計解決特殊學
生之補助與學生自尊心維護之相關措施。

（二）課程設計與實施應多思考社區公共設施之運用與資源之充分
運用，如室內課程安排於日照充足時段上課，以減少電費之
支出；教科用書、制服等代辦用品發展資源回收，重覆使用
之教育活動等。

（三）學生學習或活動使用之場所，例如，教室、實驗（實習）場
所、操場、廁所等應以教育觀點，用課程專業知能規劃，提
供學生落實生活教育機會。

（四）依法設立教育發展基金（已有不少縣已定法），以支應學校
發展特色之必要費用。

（五）徹底執行「節約能源」方案。

三、依法收費時應落實透明化與制度化。

（一）訂定明確、周延、清楚的收費辦法，並公告周知。

（二）收費程序應依學校會計程序辦理，嚴禁以班級開會，或班級
家長會決定由教師代為收取任何費用。

（三）使用情形應依法公告周知。

延伸思考

　　政府前陣子編列一筆很大的經費補助學生營養午餐，甚至免費，但
民間一直有許多不同的聲音，加上沒有排富條款，被認為這些錢應該可
以用在更有意義的事情上，政府重視學童是否能正常的用餐固然是件重

要的事，但以教育核心上來看，其關注的重點似乎有點失焦。

　　就教育立場而言，還充斥很多應該由政府來負擔的教育費用，但大量使用代收、代辦費名義讓學生負擔，而這些負擔有的還大過於用餐的費用，甚至為避免違法收費，班親會家長幫忙另立名目收費，例如班親會通過每位學生繳交「班費」，做為班親會基金，這種作法雖係以班親會名義為之，未具強制性，也未違法，但確屬不妥適。如果政府有心提供經費，應該先把本質上歸屬政府負擔的費用不要再用代收、代辦費的名義讓學生負擔。至於營養午餐的部分，如果孩子有經濟上困難的時候，不論從教育保障還是從社會福利角度，政府當然也應該處理；但不是教育政策優先範疇的話，處理次序上應該比較後面。另外，在教育現場上，有些學校家長會為免除學生打掃廁所之苦（假日開放，使用廁所頻率高，造成髒亂），遂由家長會出資聘請專人負責清潔工作，其實校園環境清潔的維護亦屬教育的一環，「責任區域」、「勞動服務」都是應該教育的，並非凡事皆以「避免辛苦、困擾」為由，而以「費用收支」觀念解決，清潔工作外包或許能讓環境更清潔，但是否屬於必須？是否符合校園的教育宗旨？則不無疑義。

一般學生可否請求在家自行教育？
國家是否應予補助？

法律觀點

　　我國《憲法》第21條規定：「人民有受國民教育之權利與義務。」是國民教育不僅為人民之權利，亦為人民之義務。因此民國33年訂定之《強迫入學條例》，以及68年訂立之《國民教育法》均要求人民必須到公私立學校接受統一規劃的國民教育，人民並無自由選擇其他教育方式之權利；然而，在解嚴之後，隨著社會的愈趨自由與多元，非學校型態的教育呼聲漸起，《國民教育法》乃於民國88年修正通過第4條第4項：「為保障學生學習權，國民教育階段得辦理非學校型態之實驗教育，其辦法由直轄市或縣（市）政府定之。」授權縣市政府得辦理諸如在家自學之類的非學校型態實驗教育。而自88年至99年間，在家教育人數由個位數發展至上千人，立法院為避免各地方政府對於在家自行教育之辦理規定分歧，有如多頭馬車，因而於99年再修正《國民教育法》第4條第4項為：「為保障學生學習權及家長教育選擇權，國民教育階段得辦理非學校型態之實驗教育，其實驗內容、期程、範圍、申請條件與程序及其他相關事項之準則，則由教育部會商直轄市、縣（市）政府後定之。」惟教育部尚未會商各地方政府訂出準則，因此人民現在仍須依各縣市政府原擬定之辦法，申請在家自行教育。

　　而綜觀目前各縣市政府所定之辦法，申請在家教育者，必須提出計畫書，詳載教育理念、教學課程內容、教學人員與資源以及評量方式等等，提出由非學校型態實驗教育審議委員會審核通過，才准實施。

茲有疑問者，國民教育之辦理既為國家之義務，而在家教育並未使用國家依法所應提供之教育資源，則其是否可另行請求國家補助？論者有謂國家已設立學校辦理國民教育，在家自行教育者係基於自己之選擇放棄使用學校，自不能再行請求補助云云。然而《憲法》第159條與第160條明確要求國家必須提供平等之教育機會與資源，故政府顯然仍應提供適當之補助，以幫助在家教育者達成教育目的；而此所謂適當補助，並非僅限於直接以金錢補助，而是應提供在家自行教育者與參加學校教育者都有一樣的教育機會與資源，例如參觀美術館、動物園等等文教設施之補助應該平等。準此，政府有必要考慮依據《憲法》之規定，給予適當的補助。

教育觀點

　　目前在家教育的適用對象為國中小學生，申請者為特殊生（身心障礙、資賦優異）與一般學生，由於標準化的學校組織及教育內容難以落實「因材施教」以及「適性發展」的教育理想，因此父母自行為其孩子規劃的另類教育方式，彌補傳統學校的缺失，保障學生的學習權和家長的教育選擇權，實為人權與教育的一大進步。

　　在家教育體現多元教育，就執行面而言，可從申請者與相關主管教育單位的角色來探究。申請者首先需思考動機，選擇在家教育的目的為何？究竟考量的原因是孩子的特質不適合團體教育？或者孩子適應不良逃避學習？或者對於學校的教育方和內容不滿意，想要以他種教育方式和內容來補救？對此家長應有明確的教育理念和藍圖，唯有了解孩子的特質與問題才能真正實施在家教育。

　　雖然家長是自學方案的決定者，然而孩子才是教育的主體，所以無

論申請的動機為何，都應先了解孩子的想法和需求，父母和孩子共同商討決定，才能清楚自我的方向和目標，共同承擔責任。其次，應妥善規劃與安排自學課程，善用社會資源，同時也需注意孩子社會化的學習，保有與群體交流的機會，連結家庭以外的組織，拓展孩子學習的領域和視野，以增強日後社會適應力，而非完全以升學準備或智育精進為導向。

目前各地方政府自行擬定在家教育相關規定，但似乎注重於對於申請者的監督與管理，諸多措施流於僵化；教育行政單位應儘量以支援與服務取代監督與管理，提供所需的資源與協助，彰顯在家教育的功能。所以對於在家教育成效的評估應有一套設計與標準，而非讓教育行政單位獨自作裁判，不符要求者即處以停止「在家教育」的實施。

由於在家教育者的教育經費都由申請者自行負擔，無形之中易削弱家長使用此機制的意願。此外，在家教育是國民教育階段合法的教育實驗型態之一，既是義務教育的範圍，應享有體制內的教育資源，與公立學校的學生享有同等待遇。因此，基於教育機會和教育資源分配均等的原則，政府應要給予任何型態的教育相同的補助。

由於在家教育與學校教育在本質上、結構上及運作上有根本的差異，雖不適宜只用傳統的學校教育及學習理論去評價和限制，但也需建立適用於在家教育的理論依據和實踐方法，較能發揮其成效。

處理建議

對於選擇在家教育的家庭應以學習者的最佳利益和福祉為原則，尊重其選擇適合的教育型態的權利，培養其自主學習和自我負責的能力。

其次家長應善盡在家教育的責任，家長是在家自學計畫、決策、教

學的執行者，所以應有所準備，規劃適合孩子的教學內容，建構良好的學習環境，絕不能放任孩子不管，以免失去「在家教育」的意義和價值。再者，家長可尋求支援系統和資源，加入相關支援組織，彼此交流，相互扶持與成長，增強孩子與團體互動的機會。

另者，在家自學教育為實驗性教學，學籍仍設在學校，家長必須與學校協調配合事項，以利於日後返回學校，若有適應不良者也可以重新回歸學校教育。

家長固然應負起教育學生之責，學區學校與地方教育行政單位宜對在家教育者抱持友善與支援的態度，不應漠視之，應主動提供資源，視需要而予以協助，宜對在家教育者抱持友善與合作的態度。

延伸思考

在家自學從過去以學障兒童為主，現在則以宗教因素和對傳統學校的反制為其實施的重要考量。以宗教為主的在家自學者，除家長自教外，還會將孩子送到教會或讀經班，但是孩子應該多元發展，但若是只有讀經，未加入其他學習課程，以單一價值來教育，缺乏多元發展，是否有違在家教育的本質與精神，值得探討。為了宗教信仰等個人原因，完全脫離教育體系的，目前法律上尚未開放，例如高雄甲仙錫安山的新約教會信徒建立伊甸家園，標榜神本教育的在家自學。另者，亦有部分家長利用申請在家教育的機會，將孩子送往國外的學校就讀，又再次進入學校的體制中學習，落入另一種迷思。

審視各縣市政府所定之自治條例或辦法，似乎過於制式僵化，宜給予在家自學者相當的彈性和授權，例如教學內容、方法與評量等方面，應盡量授權家長進行規劃，提供教育諮詢服務，鼓勵但不強迫家長利用

學區學校的資源與設備，而對於申請者的資格審查宜公平客觀，避免偏頗。

　　此外，政府應該有完整的自學政策，讓想升學的自學學生有同等的升學權益，從國小到大學升學無礙。對於自學學生的評量方式，應該採取分級分科的方式。例如在學科方面，可以用基測和學測的題庫搭配不同年級的能力指標，來鑑定自學學生在該領域應該有的分布。或者透過繳交專題報告和呈現等方式，做為高中或大學入學的審查依據。

在國民教育階段，家長是否有權不受學區的限制，為自己的子女選擇喜歡的公立學校就讀？

法律觀點 ✍

　　這個問題主要發生在國民教育階段，也就是人民享有請求國家提供教育服務的權利時，才具有討論上的意義。至於高中以上的學校教育，憲法並未課予國家應提供人民這類教育服務的義務，即無所謂選擇學校權利的問題。應注意者，九年國教是義務教育，每個學齡學生都一定要就學，否則家長會被罰款，但未來即將實施之十二年國教是提供免試進入高中職的機會，是學生的權利、不是義務，未來國中畢業生仍可選擇不進入高中職就讀，亦可透過登記分發或透過考試進入特色學校之方式就學，二者實有不同，故本文仍針對高中以前之學校教育為討論。

　　雖然《教育基本法》第8條第3項明定：「國民教育階段內，家長負有輔導子女之責任；並得為其子女之最佳福祉，依法律選擇受教育之方式、內容及參與學校教育事務之權利。」不過，通說認為家長這種選擇的權利，應只限於選擇私立學校或非學校性質的實驗教育就讀，並未包括選擇自己喜歡之公立學校就讀的權利。

　　目前，政府為便利學生就近入學及幫助學校控制班級數與學生人數，以促進教育機會的均等，畫分一定區域做為家長送其子女入學的依據，這就是通稱的「學區制」。《國民教育法》第4條第2項：「公立國民小學及國民中學，由直轄市或縣（市）政府依據人口、交通、社區、文化環境、行政區域及學校分布情形，劃分學區，分區設置；其學區劃分原則及分發入學規定，由直轄市、縣（市）政府定之。」第6條第1、2

項：「六歲之學齡兒童，由戶政機關調查造冊，送經直轄市、縣（市）政府按學區分發，並由鄉、鎮（市）、區公所通知其入國民小學。國民小學當年度畢業生，由直轄市、縣（市）政府按學區分發入國民中學。」的規定，即是現行學區制的主要法律依據。

由此規定可知，學生就讀哪一所公立學校，是依照其戶籍所在地學區來畫分，而六歲以上十五歲以下的學生如未依規定入學，各直轄市、縣（市）強迫入學委員會得對該學生的父母或監護人予以書面警告及罰鍰，可見除非學生選擇就讀的是私立學校或非學校型態的實驗教育，不然家長是無權為子女選擇自己喜歡的公立學校就讀。

教育觀點

雖然憲法明文規定，人民有受教育之權利，但是如何進入學校必須要有一套系統的規範，因此，在《國民教育法》第6條中明白指出，年滿六歲之學齡兒童，由戶政機關調查造冊，送經直轄市、縣（市）政府按學區分發，並由鄉、鎮（市）、區公所通知其入國民小學。國民小學當年度畢業生，由直轄市、縣（市）政府按學區分發入國民中學。所以，家長會受學區限制，而不能為自己的子女選擇喜歡的公立學校就讀，但是會出現下列兩種情形：

一、遷徙戶口到自己喜歡的學區內，也就是一般所通稱的越區就讀。

二、運用現行有些採行大學區的學校制度。例如：一些有設立體育班或身心障礙等特殊班級的學校，為了便於招生，會將招生對象擴大為更大範圍的學區。

通常選擇第一種方式的家長，其家中經濟條件通常比較良好，而這也就點出了教育機會的不均等，這是我們應該思考的問題，為什麼我們

的公立學校所提出的服務並未一致？而讓這些家長想要到更好的環境去就讀？所以，我們必須思考如何分配教育資源，像是師資、設備等，讓家長有足以信任的條件，否則家長在近來「學校選擇權」不斷被提出的前提下，家長勢必會因為要幫孩子選擇較好的學習場所，而選擇越區就讀。

至於選擇第二種方式的家長，往往是選擇了該校所具有的特色，像是有些家長會因為追求大自然的環境，而將孩子送上陽明山的學校，這也就點出在以服務為導向的現行社會，學校也要有經營品牌的概念，吸引到家長的助益，就如同人民可以選擇信仰所認同的宗教，選擇在希望獲取商品的商店購買一樣，人們可以支付學費選擇進入私立學校或不同類型的公立學校就讀。

其實，不管是上述的哪一種方式，學校或是教師都應思考，自己所扮演的角色，因為人民才是教育權的主體，學校是為學生而存在的，教師本身並非學校存在的目的。所以，教師應將自己定位為教育服務者的角色，應以「服務者應該以滿足消費者需求」做為教育工作的圭臬，以維護學生的人格尊嚴、追求學生的最佳福祉及促進學生的自我實現做為教學的最高指導原則。

處理建議

學區制是目前我國國民教育所採行的入學制度，但是每一間公立學校確實有辦學績效不一的差別，要如何縮小這樣的差距，是需要當局思考的前提。

再者，如何公平、妥善的畫分各學校學區，即成為值得關注的焦點。因為這往往會有政治因素的介入，所以，各縣市政府實應在現行法

律的授權下，邀集不同團體代表所組成的多元委員會，在符合公平、公正及公開的原則下，畫分、調整個學校的學區，以保障學生的就學、均衡學校的發展及配合社區的發展。

最後，如何調整資源平衡不同學校間的差距，也應一起納入考量，以其運用硬體調整，達到學校軟體的同步提升。

延伸思考

在強調卓越教育的目標下，以市場為導向的消費者選擇運動，成為美國教育改革的主要策略，也就是前述的「學校選擇權」計畫。不同於早期所推動選擇私校就讀的教育券制度，而是打破傳統分發入學的學區制度，賦予家長得為子女的最佳福祉選擇公立學校就讀的權利。這包括設立磁性學校（magnet school）、另類學校（alternative school）及特許學校（charter school）等特殊辦學型態的學校，以提供家長多樣化選擇的機會，其中以提供特殊課程的磁性學校，以及強調法令鬆綁、學校自主經營的特許學校，最獲得家長的普遍認同。

這樣的發展經驗告訴我們，當人民是教育權的主體已獲得確認的今日，如何滿足人們的教育需求，已成為學校教育應該追求的主要目標。目前因為種種現實的因素，強制分發的學區制度或許仍是多數國家所共同採行的入學制度，但隨著國際社會逐漸發展為強調創新、腦力密集的資訊社會，以及強調適性發展、多元選擇的工商服務社會時，齊一、標準化的學校教育，已不足以滿足多元社會下多樣化的教育需求。公立學校如不揚棄齊一、呆板與閉鎖性的教育方式，或許國人也將開始推動學校選擇權運動。

在國民教育階段，人民是否可以要求國家在住家附近興建學校以就近入學？或者要求不要裁撤住家附近的學校（廢校）？

法律觀點 🖎

如同學校選擇權問題的討論一樣，這個關於「就近入學」教育選擇權的問題，主要發生在國民教育階段，也就是人民有權請求國家提供教育服務時，才具有討論上的意義。再者，這個議題的討論，在推動偏遠地區所謂的「小校整併」或都會明星學區的「額滿學校」政策上，特別具有意義。

首先，在偏遠地區人民可否要求方面，雖然《憲法》第163條明定：「國家應注重各地區教育之均衡發展，並推行社會教育，以提高一般國民之文化水準，邊遠及貧瘠地區之教育文化經費，由國庫補助之。其重要之教育文化事業，得由中央辦理或補助之。」而《教育基本法》第5條第1項亦明定：「各級政府應寬列教育經費，並合理分配及運用教育資源。對偏遠及特殊地區之教育，應優先予以補助。」亦即扶助弱勢地區的教育發展是憲法與教育基本法課予國家的要求。

不過，一般還是認為，人民並沒有權利要求國家在住家附近興建學校以供就讀，《憲法》第163條所為的基本國策規定，只是指示國家政策應朝此方向努力，並不得做為人民主張權利的法律上依據。而《憲法》第21條：「人民有受國民教育之權利」的規定，亦不具有這樣的權利內涵，遑論《教育基本法》第5條第1項這種原則性的規定。《強迫入學條例》第14條：「偏遠地區，因路途遙遠無法當日往返上學之學生，學校應提供膳宿設備。」的規定，雖然要求國家有提供偏遠地區無法當日往

返學生膳宿設備的義務，但其反面解釋即意味國家並沒有在學生住家附近興建學校提供就讀的義務。何況多遠才算「住家附近」，本就屬於行政部分享有政策決定權限的領域。

　　法律所以做此規定，在於國家設立具有一定人員及組織編制的學校，本來就必須具有一定經營規模的學生人數，如果是個別或少數學生的教育問題，就沒有所謂設立學校的問題。這在多山、多小島的臺灣地區而言，特別具有意義。像是澎湖離島地區，可能某一小島上只有一、二位學齡兒童，如要求國家在該島上興建學校讓這一、二位學生就讀，不僅不符合學校經營的規模，是否能夠實現國民教育的目的，亦不無商榷的餘地。較為可行之道，應該是國家應否在兼顧經濟效益及個別學生受教權時，為偏遠地區個別或少數學生聘請教師的問題；抑或是提供學生通學到學校的交通接駁車，或住在學校的膳宿設備之實質教育機會均等問題。

　　至於都會明星學區「額滿學校」的問題，雖然目前政府為便利學生就近入學及幫助學校控制班級數與學生人數，以促進教育機會的均等，是以「學區制」做為家長送其子女入學的依據，但因為師資、設備較優或文化、心理崇拜因素所存在的明星學校現象，造成該學區設籍學生人數遠超過學校可以容納的數量，因此即便學生住在明星學校附近，也不見得能夠進入該校就讀。亦即，學生「就近入學」的教育選擇權，在此是受到限制的。

　　學生「就近入學」教育選擇權所受到的限制，中央政府法律並未特別加以規定，因為國民教育是屬於地方政府的權責，且「額滿學校」亦非各縣市普遍存在的問題，因此通常是由各縣市政府依據授權，自行訂定辦法加以規範。以臺北市為例，該市教育局依據《國民教育法》第5條授權所訂定的《臺北市公立國民小學學生入學暫行要點》，即於第4點明

定：「國民小學每班學生人數以30人為基準，至多不超過35人為原則；新生每班平均達35人得宣布為新生分發額滿學校，但為維護學生受教權益，鄰近學校不宜同時宣布額滿，必要時其每班學生人數得超過35人。前項人數標準，得由教育局配合教育部政策調降之。」而依據同樣授權所訂定的《臺北市公立國民中學新生分發入學作業暫行要點》第5點，亦有類似的規定。而且，為因應學區內每年設籍學生人數增減的情況，在每年分發新生入學的季節，臺北市政府教育局通常會發布若干新的補充規定或說明，例如以設籍幾年、是否享有自用住宅或租屋居住等情況，而做不同的調整，顯見學生的「就近入學」教育選擇權，是受到限制的。

教育觀點 ✍️

　　憲法雖然保障人民有接受國民教育的權利，但並不意味人民可以要求國家在您住家附近興建學校供您就讀，但是許多地區的學生由於交通與環境上的阻礙，的確有上學困難的情形，而這樣的問題便需要國家給予協助，因此，在《國民教育法施行細則》第2條第1款與第4款中規定，學校之設置原則上需以學生便利就讀為原則，但對於偏遠或交通不便之地區，則可選擇：（一）設置分校或分班；（二）提供膳宿設備；（三）提供上下學所需之交通工具或補助其交通費；（四）其他有利學生就讀及學習之措施。

　　這樣的問題其實其所需要考量的是在偏遠地區設置學校的成本效益，因為現在很多偏遠地區學校，全校學生加起來甚至不到50位，但卻還要設置各行政單位加以協助，這樣的作法若以成本效益來分析，當然是沒有必要的。

再者，學校規模過小亦無助於國民教育目的的實現，因為許多活動的辦理是因為學生過少而無法進行與參加，像是體育競賽或是團康活動，這對於學生的學習刺激與人際互動關係的培養，都是不利的。所以有必要針對「最適規模」以下學校進行整併。當然，何謂「最適規模」的學校，有必要提出相關的研究報告，而不是政府說了算，以免地方政府為節省教育經費而任意整併。

最後要重申的是國家推動偏遠地區「小校整併」的政策，並不代表是要剝奪學生受國民教育的基本權利，誠如教育基本法施行細則所言的配套措施，我們可以有許多選擇，而如何讓國家做好這些配套措施是我們應該加以監督或進一步討論的。

處理建議

政府如果有意在偏遠地區推動「小校整併」政策，其實是將學生原本已享有的「就近入學」教育選擇權加以限制，政府當然必須提出更充分的論述依據，而且採取必要的補救措施，才能禁得起憲法上比例原則的檢驗。比較可以考慮採行的，是採取階段性的作法，亦即將小校先改為分校，視推動情況及學生人數改為分班，最後再裁併分班。而人民亦應重新省思過少的班級學生人數，所存在的學習刺激與人際互動關係機會較少的狀況，是否是有助於教育目的的達成？如此才能在以學生最佳利益為考量的前提下，做出慎重而妥適的決定。

延伸思考

或許有人會以為，推動「小班小校」不正是近年來教育部喊的最響

亮的政策之一？而《國民教育法》第12條亦有類似的規定，為何政府還要推動「小校整併」政策？這對於一向習慣於追求「形式上」公平正義的多數國人來說，或許是不能接受的政策。然而，任何基本權利的享有，當然要考量其成本效益。難道學校推行國語教育，就沒有帶有減少社會交易成本的考量。教育固然不全是「商品」性質，也不應以成本效益做為教育政策的主要考量因素，但能全然棄之不顧嗎？

　　當然，學校通常是偏遠地區社區發展與文化延續的重要堡壘，推動「小校整併」所可能造成社區文化疏離，甚至人口流失的現象，則是不容忽視的。這時，是否適合全然以「最適規模」模型來決定小校整併與否，即有疑問。政府實宜在兼顧社區文化延續需求及學生教育選擇權的情況下，與各地區居民協商出較為妥適的決定。

學校應如何處理編班問題？
應注意哪些程序？家長可否要求轉班？

法律觀點

　　編班是學校有效進行學習活動的重要且基本程序，採取何種編班方式，反應著國家對教育的理念，在不同學習階段各有不同的思考，高中階段以上逐漸開始進行分流，因此編班重視分組選擇；而對國中小階段，由於是義務教育階段，重視基礎均衡的學習，93年《國民教育法》第12條增訂：「國民小學及國民中學各年級應實施常態編班；為兼顧學生適性發展之需要，得實施分組學習；其編班及分組學習準則，由教育部定之。」為了貫徹這項法律，教育部訂定的《國民小學及國民中學常態編班及分組學習準則》中規定了常態編班的方式等執行事項，更在第12條規定相關的違反常態編班的懲處規定，以宣示執行的決心，而教育工作者應依法行政，更是一種基本的堅持。當然，針對特別的教育需要，包括分組學習、轉班申請、特殊教育學生之安置等在教育部的行政命令及各縣市的補充規定，都有相關的規定。

　　因此，各縣市及各學校編班問題依上述之法令及相關行政規定辦理，自應遵守「正當法律程序」進行，違者學校必須接受相關之懲處，教育部訂定相關常態編班之規定，主要著眼於公平及防弊的原則，杜絕常態編班下，家長透過關說選擇心目中的好老師；也防止學校設置人情班，或接受家長或民意代表請託等情事，造成編班作業的不公，影響學生編班及受教的權益。

　　其次，針對特殊教育學生，則依《特殊教育法》及各縣市常態編班

及分組學習補充規定等相關規定，經各校特殊教育推行委員會進行事先遴選熱心的導師進行特殊教育學生的編配，以照顧其特殊之教育需求，不在此題討論範圍。

　　以下針對國民義務教育階段編班方式進行說明。

一、國中小部分

　　國中小編班必須依教育部《國民小學及國民中學常態編班及分組學習準則》及各縣市的補充規定進行編班作業，分為授權各校自行辦理或縣市統一編班二種方式進行。

（一）國小部分：國小編班的時機為國小一、三、五年級，小一各校得採公開抽籤或電腦亂數擇一編班；小三及小五則依學業成績或智力測驗成績之高低以Ｓ型排列，或公開抽籤或電腦亂數擇一重新編班。編班後補報到之新生或轉學生，由原辦理單位採公開抽籤方式分配就讀班級，若在原校轉出又轉回原校，以編入原來班級為原則。

（二）國中部分：國中編班時機為國中七年級新生，得依測驗成績之高低以Ｓ型排列，或公開抽籤或電腦亂數擇一編班。編班後補報到之新生或轉學生，由原辦理單位採公開抽籤方式分配就讀班級，若在原校轉出又轉回原校，以編入原來班級為原則。

二、編班程序

　　根據教育部98年7月14日修正之《國民小學及國民中學常態編班及分組學習準則》整理而成：

訂定編班作業相關要點，邀集行政代表、教師代表、家長代表成立編班委員會執行編班。

各縣市政府或各校開會決定採取何種編班方式。

完成學生編班臨時名冊

各縣市政府統一辦理
- 對象為國中新生。
- 各校送完成測驗之新生名冊至教育局。
- 採測驗成績依高低以S型編班。

各校辦理者
- 事先公告、通知全體新生家長參與編班作業，並邀請上級派員督導。
- 依各校選擇之編班方式完成編班名冊，並送編班委員會完成審核。

- 編班名冊於各校公告15日，並自公告日起7日內以公開抽籤方式完成導師編配。抽籤當日應邀教師會代表、家長會代表出席。
- 導師名單應公告至少15日。
- 編班後補報到之新生或轉學生，由原辦理單位採公開抽籤方式分配就讀班級，編班名冊隨時更新並於校內公告至少15日。
- 若在原校轉出又轉回原校，以編入原來班級為原則。
- 相關資料至少保存3年。

各校一旦編班完成原則上是不再變動，即使若在原校轉出又轉回原校，也以編入原來班級為原則，以避免不當關說或選擇某位老師的情事發生，影響編班的公平性。其次，轉班對於學生在校之適應包括師生互動、人際關係、學業學習等方面，均會造成影響，即使屬特殊個案或有特殊原因者，在維護其最佳受教權益下，必須仔細評估，透過一定程序之討論、審核，以決定是否同意轉班。

　　以臺北市政府教育局99年2月10日《臺北市國民中學常態編班及分組學習補充規定》為例，其程序如下：

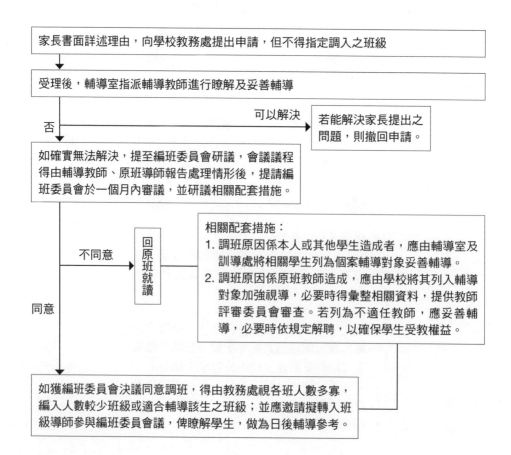

教育觀點

　　「常態編班」與「能力分班」，一直引起眾多的討論，但在「能力分班」下，學生被貼上標籤，牴觸了教育的本質。在93年8月19日透過修法，將常態編班明文訂於《國民教育法》之中（第12條第2項），希望能導正過去教育體制中的扭曲現象。

　　常態編班究其深義，依下列幾點來說明：

一、體現教育政策的價值性：國民義務教育階段是一個全人教育的思維，提供學生德、智、體、群、美五育均衡發展，帶好每位孩子，培養一位具有基本能力的未來好公民。過去能力分班的結果，將學生分在不同等級的班級，導致學生的學習不能享有具有同等的品質，而能力分班以考試成績將學生貼上標籤，孩子的能力和價值被簡單而粗糙地比較，大部分的學生被忽略及被放棄，失去國家辦教育的核心價值。為導正這種現象，國家修法確立常態編班的法律基礎，教育主管機關依法行政，貫徹執行。

二、多元學習，探索興趣與健全發展：能力分班時代加上升學掛帥，導致學習偏頗，甚而犧牲不同科目的學習，國民義務教育階段關注的是生活的基本能力培養與訓練，各種不同領域的學習有利學生適性探索及生涯選擇，促進全人發展。

三、學習即生活，學會尊重體諒：從社會學習來看，常態編班成員各式各樣，每位學生的家庭背景不同、學習能力不同、興趣不同、優點缺點不同，相聚一班，有利學習如何溝通、彼此關心，學會如何做事，學習領導與被領導，學習如何思考解決問題等，進而認識自我，接納自我，實現自我，這也是學習的關鍵且重要部分，更能幫助學生適應未來的社會生活。

四、面對差異，教師專業能力的體現：隨著學生被能力分班卻也讓老師被分類，對老師而言，教學不能只會教程度好的學生，對程度低落的學生就一籌莫展，失去熱情。常態編班集合不同程度的學生，當然教學上的確有適應不同程度學生的困擾，而相關教育文獻中，仍不乏有許多教學策略可供參考，事實上，常態編班不正是考驗教師專業的表現，若能讓不同程度的人共同學習，各自能有學習成效，視之是一種挑戰，不也是教師專業能力體現的機會？

處理建議

一、編班、轉班部分

常態編班依法令完成編班程序，家長固然可以提出轉班的申請，但必須經過一定程序辦理；若只是家長片面好惡的要求，一般而言，轉班機會極小。但為化解家長的疑慮，學校行政團隊應經營可受信賴的校園文化，讓家長的信任度提高，同時建立完整的編班、轉班的辦法，以減少爭議。

二、常態編班教學部分

在部頒《國民小學及國民中學常態編班及分組學習準則》中，教育部為顧及學生學習的差異，經一定法定程序，可實施分組學習，即依學生之學習成就、興趣、性向、能力等特性差異，將特性相近之學生集合為一組，實施適性化或個別化之學習，如針對英、數、自然等學科可在國二（八年級）及國三（九年級），依上述準則規定辦理之。

其次，學校也可以針對部分有特殊專長傾向之學生，在有限的彈性課程中如社團活動，進行極少時段的加深加廣之課程；對於學習弱勢之學生，可透過相關補救教學方案予以協助，以達到因材施教之功能，照顧不同需求的學生。

最後，學校應辦理相關提升適性教學的研習活動，以強化教學專業能力，協助不同需求的學生。

延伸思考

常態編班經過立法程序成為國家教育政策，代表已是社會的共識，它可說是目前較好的編班方式，但也確實存在教師面對學生個別差異時的教學困擾，造成教師教學上的負擔。為降低在常態編班中教師教學的負擔，隨著少子化來臨的同時，政府除適時降低師生比之外，或者可將多出來的教師轉型為另一型態的助理教師，透過教師間的合作，增加教學及班級經營的人力，發展在常態編班上，更有效的教學與班級經營模式，進而提升學生適性發展及學習成效。

6

學校如何處理不適任教師的問題？
家長可否要求更換老師？

法律觀點 ✍

　　為保障人民學習及受教育之權利，《教育基本法》第8條明示除教育人員之工作、待遇等權利義務應以法律定之外，亦明文表示國家應保障學生之學習權、受教育權、身體自主權及人格發展權，且父母於國民教育階段內，負有輔導子女之責並得為其子女最佳福祉，依法選擇受教育之方式、內容與參與學校教育事務之權利。

　　同時，《教師法》第14條亦明定對教師予以解聘、停聘或不續聘的事由，共有11款。在一般所認知的「不適任」教師的處置，因為直接涉及教師的工作權保障，所以在法源依據上一定要定位清楚、界定明確、程序完備，缺一不可。否則，當我們一再強調學生受教權與福祉的同時，卻忽略了教師工作權保障的程序正義，將不妥當成周延。

　　學校處理不適任教師的問題，主要可以分成二個面向來討論：一是何謂「不適任」教師？二是當發現有不適任教師的問題時，程序規範上應如何進行？

　　首先，何謂「不適任」教師？在法律層次規範上，最明確的界定，就是上述的《教師法》第14條第1項共11款的判準。進一步而言，可以再細分為二大類：（一）教師經一定刑度以上之刑事處罰或身分、權利受到公權力的剝奪或限制，例如《教師法》第14條第1項第1款至第6款；（二）則是教師因為個人的身體（生理或心理）健康因素或外在的不適當行為表現，例如《教師法》第14條第1項第7款至第11款。在此要特別

指出的是，上述《教師法》第14條第1項第1款至第6款的要件，相對較為明確，而同條項第7款至第11款，則都有相當程度的專業判斷、審查或調查介入。

其次，當發現有不適任教師的問題時，《教師法》第14條第2項以下也依同條第1項各款類型的不同，規範了不同的處理程序和處置。當發現教師有第1款、第2款以及第4款至第7款之情形時，學校即應經教師評審委員會審議，做成解聘、停聘或不續聘的決議，並報請主管教育行政機關核准；在教師有第3款或第11款之情形，學校應報請主管教育行政機關核准後，予以解聘；在第8款之情形，學校則應依規定為該教師辦理退休或資遣，並報請主管教育行政機關核准；而在第10款之情形，則應在學校教師評審委員會審議通過後，先予停聘，並靜侯調查，若調查屬實，則由服務學校報主管教育行政機關核准後，予以解聘。

另外，須特別提到的是：對於《教師法》第14條不適任教師的處置，教師任教學校的「教師評審委員會」占有很重要的地位，此一委員會的設置，法源依據在《教師法》第11條第2項，應包含教師代表、學校行政人員代表及家長會代表，且未兼學校行政或董事之教師代表不得少於總額二分之一，其最主要的考量，正是在於對於教師任教學校事務的熟悉，以及保障教師的身分上權益。同時，教育部也依《教師法》第11條第2項的法律授權，訂頒有《高級中等以下學校教師評審委員會設置辦法》，詳列委員會的任務、組成、任期、決議方式等相關程序事宜，足資參考。再者，如前所提到的，教師身分權和工作權的保障，與學生的受教權，其實不可偏廢！因此，在學校（甚或是主管教育行政機關）處理不適任教師的問題上，程序上周延的考量和設計也就益形重要，教育部對於《教師法》第14條第1項第7款、第8款、第9款所定之事由（也就是本文前所提到，需要有相當程度的專業或審查、判斷餘地的要件類

型），訂有《處理高級中等以下學校不適任教師應行注意事項》[1]，其中詳列了如何從察覺教師的不適任、展開輔導，到最後評議，方法上兼顧了輔導與處置，也給予教師明確的程序保障。

　　最後，家長是否可以要求更換老師？由前述不適任教師的處理程序可知，對於老師身分的變動處置，有著很嚴謹的程序要求；若家長僅是要求「更換」老師，程度上顯然不能與「不適任」教師的處理畫上等號。因此，就法律觀點而言。由家長提出「更換」老師的要求，除非已達「不適任」教師的程度，否則，法律上並沒有可以直接要求「更換」老師的依據。

教育觀點 ✍

　　不適任教師狀況的發覺可能是學校主動發現，可能是家長的檢舉，也可能是主管教育行政機關的交辦，惟無論以何種方式知悉，學校都應該站在學生受教權為上，同仁同理心的立場積極面對，而非一味地鄉愿、袒護及掩蓋事實，令當事人調校，眼不見為淨的做法實不足採。學校行政單位為維護學生受教權益，本應主動積極淘汰無法擔任及不適合擔任教學工作者，例如對學生性侵害、性騷擾者，有精神疾病者，無教學成效者；但畢竟專業教師的養成不易，為了勿枉勿縱，不因短時間的教學失常，偶而的輕微脫序行為而令其蒙上不適任教師之污名。行政單位首先要詳細了解該教師的不適任情形，究竟是教學環境問題？抑或係教師本身教學知能所致。若屬前者，行政單位有責任予以調整職務、工作，再做觀察，而非逕自啟動不適任教師處理機制。在處理過程中更應該貫徹正當法律程序，例如完整的調查程序，確實的通知行為，充分的

1　本應行注意事項未配合教師法修正，仍引用舊法所列條款編號，已將前列《教師法》第14條第1項改為新法款項編號。

陳述機會；若有輔導之可能亦應共同研擬完善之輔導計畫，促其改善教學知能；若屬精神疾病者，亦應協助其就醫診療。這些行政程序或許繁瑣、家長或許覺得處理時間冗長，不過，這不也正是法治國家可貴之處、這些處理過程不也是學習、教育嗎？

依教育部所頒布之《處理高級中等以下學校不適任教師應行注意事項》所臚列的三種不適任教師定義，「行為不檢有損師道，經有關機關查證屬實者」、「經合格醫師證明有精神病者」及「教學不力或不能勝任工作，有具體事實或違反聘約情節重大者」皆有相當詳盡的處理流程，對於這些不確定的法律概念，例如「教學不力或不能勝任工作」乙項，更訂有12項較具體的參考指標，行政單位或教師評審委員會只要基於同理心的心態依法行政，無論結局如何，都將無愧於所擔任之職務。

就教師本身而言，被認定為不適任教師者，學校非經相當教學資料之蒐集、嚴謹法律程序之進行、合議制會議之審查，實難遽以做成不適任之決議，畢竟這個過程需經學校投入相當之人力，因此教師本身亦應深刻自我省思，檢討本身之教學知能、教學態度及行為，了解何以自己未能像大多數同仁一樣獲得肯定。教師更應明白啟動不適任教師處理機制的法律效果，千萬不能等閒視之。例如若屬教學不力類型者，教師應積極配合輔導計畫之實施，而非一味地採取消極、被動方式，企圖敷衍了事，否則有可能因為不配合、不願意參與輔導計畫，而被視為輔導無成效，進而被認定為不適任教師致影響工作權。

就家長角色而論，發覺孩子在學校的學習狀況、生活態度出現偏差時，即應適時進行親師溝通、了解是孩子的個別因素？抑或是全班整體問題？若屬後者，且經親師溝通無效時，仍應依循正常申訴管道，向學校充分表達意見。學校在啟動調查之後，若經查證不適任情形屬實，該教師將遭解聘或不續聘之處分，更換教師自屬當然。惟處理疑似不適任

教師之過程，或許需要相當期間之調查、審議，若教師不適任情形嚴重者，於過程中，學校自然可依職權，調動、調整該名教師之職務；家長亦可向「編（調）班委員會」提出申請，要求學生調班。

處理建議

　　高級中等以下學校教師所面對的孩子皆屬未成年人，這些孩子有泰半的時間在學校生活、學習，教師的身教、言教對他們的影響甚鉅，因此隨時提升教學知能、維持良善品德，以適應多元、多變的社會型態，是身為教師應有的體認；家長面對不適任教師的問題，應即時進行親師溝通，依正常申訴管道，向學校或主管教育行政機關充分表達意見，切勿流於情緒、動輒訴諸媒體等體制外力，如此不僅不易解決問題，反而更容易製造另一項問題的產生。面對衝突、爭訟不斷的親師關係，實難奢求孩子能因此建立正確的人生價值觀，學校、教師及家長之間應共同戮力營造和諧的親師生優質學習環境，做為孩子學習的場域。

　　學校在處理不適任教師問題上，首應防範未然，於聘約中具體詳列不適任教師的行為態樣，平時更應做好教學品質、成績考核的把關工作；在啟動不適任教師處理機制時，應踐行正當行政程序，有嚴謹的調查程序、明確的告知行為、充分的陳述機會、合法的審議組織，必要時更可以引進學者專家予以協助、輔導；當合議制組織（如教師評審委員會）做成不適任屬實之決議後，學校必須明確通知當事人，並附記救濟途徑及救濟期間，只有在程序正義獲得落實，事實真相才不易被扭曲。

延伸思考

　　不適任教師既是問題人事，也是人事問題，處理它如同使用雙面利刃一般，積極妥善地作為，可以保障學生受教權，成為確保教學品質的後盾；但若稍有不慎，以致造成在處理程序、手段上的不完備或瑕疵，則或有發生侵害教師工作權之疑慮，更甚者還有可能惡化淪為教育行政者用以「剷除異己」的不當手段，應特別注意！

　　此外，家長或學校就不適任教師問題的處理，也常遇到訴諸或面對媒體的場合，此時更應小心應對，除了不能輕忽媒體訊息傳播對於閱聽大眾的影響力之外，舉凡不適任教師的個人權益保障（例如個人資料、隱私……等）、受影響學生的保護（例如受影響或受害的詳情、個人資料、隱私……等）、調查程序及處理結果的程序正義要求……等，皆要特別留意一旦在媒體的曝光或推波助瀾下，是否可能會使議題或處理過程失焦，甚而對相關當事人等造成無謂的二次或三次傷害。

學生長水痘或感染腸病毒等傳染性極高的疾病時，老師可否要求學生在家休息，不要來上課？應如何處理？

法律觀點 ✍️

　　中華民國《憲法》第21條明文規定，人民有受國民教育之權利與義務。在第二次世界大戰後，「接受國民教育」之性質，普遍地從國民義務觀轉而認為是一種國民權利觀。所以，當老師要求學生在家休息，禁止其到校就學，就是限制學生受國民教育之權利，應當要有法律依據，才符合「法律保留」原則。

　　至於現行可以作為依據的法律，主要是根據兩個法律：第一個是《傳染病防治法》，該法第12條規定：「政府機關（構）、民間團體、事業或個人不得拒絕傳染病病人就學、工作、安養、居住或予其他不公平之待遇。但經主管機關基於傳染病防治需要限制者，不在此限。」所以，老師只有在主管機關基於傳染病防治需要，限制學生到校後，才能要求學生不要來學校上課。舉例而言，行政院衛生署在民國97年6月10日因腸病毒疫情嚴峻時，成立了「腸病毒中央流行疫情指揮中心」，並於同年6月12日以腸中指字0970000003號文公告：「一、……若小學低年級（一、二年級）、幼稚園與托兒所，於一周之內，同一班級有二名以上（含二名）幼童經醫師臨床診斷為手足口病、或疱疹性咽峽炎、或疑似腸病毒感染時，該班級應停止上課十天。二、違反前項規定者，將依傳染病防治法處新臺幣三千至一萬五千元罰鍰。」故學生長水痘或感染腸病毒等傳染性極高的疾病時，學校在符合法定條件下是可以直接宣布停課，但是也等於要求已感染疾病的學生和其他未感染疾病同學全部都不

要到學校來上課。第二個法律是《學校衛生法》，該法第13條第1項規定「學校發現學生或教職員工罹患傳染病時，應會同衛生、環境保護機關做好防疫及監控措施；必要時，得禁止到校。」所以，老師在經學校認定該特定學生罹患法定傳染病後，為做好防疫及監控措施必要，禁止學生到校上課後，得要求該特定學生不要來學校上課。

教育觀點

　　我們應該教育學生「更理性的」看待各種疾病！

　　「生、老、病、死、苦」雖是每個人生所必須經歷的過程。但是，利用「同學感染傳染病」這樣一個「活生生的教材」在教室中出現的機會，我們應該對學生們介紹以下幾個概念，以幫助學生認知更多法制面上，可用以對抗疾病威脅的權利：（一）幫助學生認知到「學校上課是一種基本人權」，就是認識所謂的受教權。（二）幫助學生知道「保有健康的身體也是一種基本人權」，是所謂的健康權。（三）國家有義務做好防疫工作，國家公務員怠於執行防疫職務，若造成損害，就有國家賠償的問題。（四）幫助學生知道，國家應就已感染疾病的學生的受教權和未感染疾病同學的健康權之間的基本權衝突，做更公平而具體的解決規定。（五）當有了公平而具體的規定，應予以遵守規定，特別是依據《傳染病防治法》第62條規定「明知自己罹患第一類傳染病或第五類傳染病，不遵行各級主管機關指示，致傳染於人者，處三年以下有期徒刑、拘役或新臺幣五十萬元以下罰金。」不能輕忽。

處理建議 ✍

一、給家長的建議

（一）正視傳染病的存在：家長不能因學生生病在家休養，有另行安排人員照顧的麻煩，就漠視學生生病的事實。因為，若不快速應變，拖過一天，造成的損害就可能擴大數倍。

（二）切勿將照顧病童的責任轉移給老師，老師的專業在教學，而不在照顧病童。

（三）適度的向家長會求援，大家都有「分身乏術」的時候。因此，各校的家長會組織與功能，應該要適度的發展出類似的支援功能，協助照顧會員的生病小孩，以防止傳染病的擴散。

（四）對於未受限制且仍有體力可上課的傳染病染病學生，該傳染病的相關傳染途徑和防範措施，應向醫師詢問清楚後轉知老師。

（五）清楚為學生所投保之保險，有無因傳染病的住院醫療給付。

二、給老師的建議

（一）區分學校的權利與老師的權利，學校衛生法第13條第1項之規定，得直接禁止罹患傳染病的學生到校，是學校的權利非老師的權利，老師必須透過學校健康中心或其他學校行政部門，經校長核示，才能通知家長領回或命令不可到校。

（二）老師應尊重學生的隱私，知悉傳染病或疑似傳染病病人之姓名、病歷及病史等有關資料者，不得洩漏。相關法規均有保密義務規定，教師務必注意尊重學生這部分的隱私。

（三）老師發現疑似傳染病病人，學校的負責人或管理人也有通報義

務，行政院衛生署也訂有傳染病防治獎勵辦法，獎勵通報的人員。

（四）基於學生的受教權，建議老師要盡力提供補課措施。當然，增加老師的負擔之後，必然會產生排擠的作用，進而影響到其他學生的受教權益。因此，也要建議學校提供資源協助完成補課措施。

（五）隔離、防範、勸導與強制並行，平常要多做好各種防範措施。另外，也要建議老師不要過度的強調「全勤」這個概念，克服萬難當然是希望學生養成的積極態度；但是，如果會影響到身體健康時，還是要勸導學生在家休息，特別是針對感染「非法定傳染病」的學生。學生在家休息，可以減少病毒在教室中「依次傳遞、久久不去」的發生；若是勸導無效時，老師還是要把生病的同學，安排在適當而不易傳染他人的位置，讓他載口罩，以及避免與其他同學有密切接觸；但不可有歧視或孤立該學生之情事，以尊重其受教權。當學生感染「法定傳染病」而勸導無效時，就必須請學校行政主管出面決定是否禁止到校，以保障其他學生的健康權。

延伸思考

　　是不是每一種具有傳染性的疾病，老師都應該以「禁止染病學生到校上課」方式處理？答案當然是否定的！誠如前述，只有基於防治政府公告的法定傳染病，而且以有需要給予限制者為限，而所謂的法定傳染病，行政院衛生署疾病管制局會於適當防疫需求時點，重新公告各類法定傳染病種類表。例如，98年06月19日就公告有：第一類傳染病：……H5N1流感。第二類傳染病：……登革熱……、德國麻疹……。第三類傳

染病：……腸病毒感染併發重症。第四類傳染病：……H1N1流感、水
痘。第五類傳染病：……病毒性腸胃炎……等法定傳染病。除了仍將校
園內多種較為常見的傳染病公告在表類之內，也將H1N1自第一類傳染病
調整為第四類傳染病。

　　何謂「有需要給予限制」，一方面要看該傳染病的嚴重性與傳染
力；另一方面則要看限制染病學生的損失為何？兩相比較感染疾病的學
生損失是否過大？這樣一個思考過程，若能在立法或是中央或是地方教
育行政主管機關層級，就已經建立完成明確的標準，學校執行起來會容
易一些，畢竟有些學校狀況不一或沒有足夠的資源去判斷停課或禁止到
校標準！

學生在校有嚴重行為偏差問題影響到其他學生，學校依法可請父母帶回管教，但若家庭功能失衡，是否有其他處理方法？

法律觀點

　　把學生交給親人／或父母帶回管教，一般也稱為「停學」，原則上是可以請家長帶回，但學校必須有一與家長溝通的過程。

　　根據教育部《學校訂定教師輔導與管教學生辦法注意事項》第22點指出，如果有特殊情況可以帶離現場，並可尋求校外機關協助帶離之後，也可安排到圖書館輔導室等。但以上比較像是特殊狀況下的緊急措施。而當把學生帶離現場時，要請家長到場，如果學生狀況嚴重者可提班親會討論。

　　一般來說，學校在處理上有幾個階段：

一、突發狀況盡量不要動輒請家長帶回，可以帶離現場或並尋求校外資源協助，並邀請家長共同來學校討論怎麼協助。

二、如果是不止一次的突發情形，而經過評估，學校老師已採用的策略跟效果都不理想的時候，根據《學校訂定教師輔導與管教學生辦法注意事項》第26點提到，學生獎懲委員會特殊管教措施總共有以下幾種：（一）交由其親權人帶回管教；（二）規劃參加高關懷課程；（三）送請少年輔導單位輔導，或移送警察或司法機關處置。

　　以上所列都是屬於最重的處置，已經影響學生的學習權、受教育權及人格尊嚴，這些處置依學生獎懲辦法請輔導室跟導師表示意見，經學生獎懲委員會討論之後才可以執行。

　　如果要執行較重的處置時要尊重親權人，要給其表達意見等等。如

果學校確定是交給親權人帶回，每次以五日為限；且在事前要進行家訪並與親權人討論，要確定帶回管教是有用的，如果學校家訪發現家庭失能，當然不應選擇一個無效的方法。必要時可提前中止，事後給他補課。

《學校訂定教師輔導與管教學生辦法注意事項》第24點、第25點、第26點都有以下邏輯：它是最後手段性，在狀況很嚴重時才會出現。這個手段至少有兩個前提：

一、當家長介入協助的時候，其實是有一門檻的：要事先做家訪跟親權人做面談，藉以評估效果，這裡有程序性規定的存在。

二、功能上強調最後手段性，它要求學校必要時跟家長做協調以確認是否確實有此必要，所以學校事前進行的評估程序是要從實體上判斷，家長介入協助是否能改善狀況，若是肯定的才能採行。

尤有進者，不僅做事前的評估，在家長帶回管教時，也應確認家長帶回輔導管教的效果。例如，臺北市教育局頒布的《臺北市國民中學學生獎懲準則》第6條第1項第4款第3目即規定「……（三）交由家長帶回管教。管教期間，學校輔導老師及導師應做家庭訪問，繼續予以適當之輔導管教。」即寓有此意義，畢竟親師協力才最有可能給予學生有效的協助。

教育觀點

此問題的回答，分為兩個部分：（一）學生有嚴重行為偏差問題學校是否可依法請其暫時停學由父母帶回管教？（二）若學生家庭功能失衡，除了暫時停學，是否還有其他處理方法？

　　首先，針對第一部分，學生有問題行為，依照友善校園的觀點而言，應由教訓輔三方共同合作建立個案輔導機制，給予相關輔導，目的在於協助學生改正行為。「暫時停學」只是用來協助學生的一個方法，而此法是否收效，需有以下兩個前提方能成立：（一）該生很愛上學；藉由暫時剝奪其喜好，進而要求其調整甚至改正行為，方能收效。反之，若該生已有中輟問題，以暫時停學的方式企盼其改正偏差行為，無異緣木求魚。（二）父母有能力管教；讓學生暫時停學，由父母帶回管理，需要家長有能力處理該生行為問題，此法才能達到改正學生行為的目的。然而許多學生的行為問題，皆與其家庭因素有關：若家長本身已無能或無力管教，將學生推回給父母，學校以為眼不見為淨，結果只是讓問題依然存在。

　　至於第二部分，學生家庭功能失衡，就更不適宜以暫時停學來處理學生的問題，此時要強化的，應該是國家責任及社政福利資源的介入，包括對於學生家庭經濟上的支援，對學生行為提供諮商輔導的協助，甚至應該要有國家保證，讓部分因為家計因素無暇管教子女的家長，在有限福利經費的支援下，還能接受即時有效的父母責任教導方案，例如：養育技巧、溝通技巧、衝突解決方法，以及讓家長了解有哪些社會資源可以尋求協助。

　　再者，停學是否可以做為懲罰學生的手段之一？也是值得探討的事。雖然在許多國家，「停學」都被視為是一種嚴重的懲罰手段；詳視此法之所以能收輔導管教之效，有其社會環境背景，例如，父母重視教育的比例偏高、社會對教育的重視程度亦高。反觀我國，並未具備以上所述的社會環境，反而家庭功能有逐漸式微的趨勢。學校能否用暫時停學之手段改善學生的偏差行為，爭議仍大。

　　況且現今社會環境複雜，學生輔導工作也相較以往困難許多，更需

要提升輔導處室的專業功能，及全體教師們合作與努力，落實三級預防機制；同時引入社會資源，包含，高風險家庭的通報、轉介專業心理諮商人員之協助，或依照學生之個別需求安排特殊課程等等。

　　學生的行為改變，不會突變性的急轉直下，必定有一段歷程，在這些歷程中，教師和家長都有責任，要覺察、要輔導、要相互溝通與配合、親師共同對於學生做盡可能的協助與處理。因為，就輔導工作而言，並無百病均有效的「萬靈丹」，唯有秉持教育理念，針對個別學生需求，給予其最適當的協助與輔導；如果學生的行為問題嚴重，就想將其推回給家庭，只是讓問題不斷的循環與擴大。

處理建議

　　學校對於學生輔導工作，應積極向全校教師宣導及落實三級預防概念與工作內容。一級預防透過日常的各種教育活動，了解及掌握學生的學習及家庭狀況；二級預防則針對個別學生之需求，予個別協助或輔導；三級預防則是針對特殊困難之個案轉介專業協助。

　　至於學生嚴重行為偏差影響其他同學，這部分可能包含影響上課秩序等立即性問題，學校應建立相關機制，讓嚴重影響上課的學生能「暫時」脫離原班級至行政處室或其他具輔導功能之處，一方面不影響其他同學的受教權益，同時也提供該生所需的輔導效能。不過此法，並非長久之計，對於行為偏差學生，如何能在班級中獲得成就感與認同，才是解決之道。任何「暫時」脫離班級或是學校的方法，都不是永久之計。

　　即便是學校要依照《學校訂定教師輔導與管教學生辦法注意事項》第26點，將偏差行為學生讓家長帶回管理，不僅需遵循一定的程序與規範，確認家長的配合情形，且要謹慎實施。同時也要能與社政、警政單

位密切配合，才能收其輔導功效。

延伸思考 ✍

　　學生的教育歷程，除了課業知識上的學習外，更重要的是人格態度的養成。在知識的學習上，學校教師自然應肩負較高比例之責任。但是，學校教育的完成，仍需要家長盡力配合，例如：關心子女生活習慣的正常，注意子女飲食狀態與習慣的養成，每日簽聯絡簿，每日至少陪伴子女30分鐘聊聊學校事務，主動與教師聯絡關懷子女學校學習現況，參加親師座談會，參加親職講座等等。所以親師的教育行為是息息相關，如果親師可以合作，便會有加乘的效果，反之則大大遞減教育的成效。

　　然而親師能否順利合作，除了取決於老師的態度之外，父母能否配合也是重要的一環，父母的觀念、行為影響親師合作的情形可大略分為四種類型：第一種是對於老師有偏見、敵意，例如：惡意批評、辱罵老師。第二種是對於學校的要求，十分消極不配合，甚至對學生漠不關心，例如：不配合學校活動、不配合管教學生等。第三種是父母強勢干預老師的管教及教學方式，例如：對於作業內容有意見、對於是否穿制服或是幾點到校等有意見。第四種是父母本身的觀念行為嚴重扭曲，無法成為學生之身教榜樣，例如：父母有吸毒、暴力、賭博等違法行為。

　　不管父母的行為屬前述的哪一種類型，教師都不能因父母的觀念、行為而處罰學生，甚至讓學生停學。反之老師更應努力與父母溝通教育理念與原則，或是適時尋求適當的資源協助介入處理，避免學生夾在老師與父母之間左右為難。

　　學生的成長歷程中，家庭教育和學校教育是不可分割的！所有的努

力，都應該以學生的利益為最佳考量，也因此，教師與家長間，應該呈現出的是合作、信任、相互支援。

第二篇

平等保護

UNIT 9

學校限定專收男生或女生有無違反平等原則？

法律觀點

　　自從83年大法官365號解釋做成以來，關於男女平等或性別平等的意義已有基礎的審查標準，原則上法律不得為任何差別待遇，「因性別而為之差別待遇規定僅於特殊例外之情形，方為憲法所許，而此種特殊例外情形，必須基於男女生理上之差異或因此所生之社會生活功能角色上之不同，始足相當。」

　　根據93年6月通過施行之《性別平等教育法》第13條規定「學校之招生及就學許可不得有性別或性傾向之差別待遇。但基於歷史傳統、特定教育目標或其他非因性別因素之正當理由，經該管主管機關核准而設置之學校、班級、課程者，不在此限。」也就是說，公私立各級學校限定專收男生或女生原則上是違法的，除非該學校可以舉證：此乃因男女生理上之差異或因此所生之社會生活功能角色上之不同，又或者此專收特定性別之招生政策乃基於歷史傳統、特定教育目標或其他非因性別因素之正當理由，而且已經該管主管機關核准，否則即屬違法。

　　另外，可能還違反《國民教育法》、《教育基本法》，屬於單一性別學校那個學區的學生被強迫一定要去上只有男生／女生的學校，個人無法選擇。《教育基本法》第4條前段規定：「人民無分性別、年齡、能力、地域、族群、宗教信仰、政治理念、社經地位及其他條件，接受教育之機會一律平等。」

　　臺灣社會最近討論熱烈的案例，包括軍校，例如中正預校截至99年

只招收男性，或有些護專只收女性等，其性別限定之招生政策是否違法。另外，單一性別之國、高中也可能引發爭議，最明顯的為臺北市公立高中招生基本上乃依男女二分之制度來填寫志願。各該學校可能會提出此男女分隔乃基於歷史傳統，在這裡傳統應該受到嚴格的檢驗，純粹從法律角度上來說，歷史傳統不代表它必然被維持，存在已久之價值或制度不代表一定具備正當性，學校必須要說明它具有什麼樣的價值必須被維持，歷史與傳統本身不代表即有正當性，只是正當性可能的源由而已。

軍校向來主張此校特色為其對培訓「市民軍人」（citizen-soldiers）教育目標及「逆境式」（adversative method）教育方式之堅持，而此類教育模式不適合女性，且對男性則只有在純男性之環境最有效，所以拒收女性，此乃教育目的使然並非歧視，乃因軍事之本質女性不適任，然而現行志願役已有愈來愈多之女性，可見透過適當之入學考試篩選，女生是適任的。國防部為何在人數上每年仍做不同之限額？如此以性別區隔或有性別限額之招生政策可能無法通過合憲性與合法性之檢驗。

至於「善意的」基於「家長式的關心」所為的分隔案型，例如單一性別之國、高中，會不會因其表面上看來較無明顯的歧視動機，司法者因此可能採用密度較低之審查標準，而尊重行政機關所做之決定，則有待觀察個別學校與行政機關如何論述分隔理由。另外，新設立學校如果沒有提出進行男女差別待遇之理由，即無法通過這個檢驗標準，即不應再做男女區隔。而對於既有的學校，比如純男校、女校，基於傳統或是基於科目，像是餐飲科只收女生，此等根據性別角色刻板印象之招生政策，將來理應受到愈來愈嚴格的挑戰。根據性別平等教育法之精神，未來如果不能提供上述條文所說之例外原因，這些根據性別角色刻板印象所做之男女差別待遇都可能面臨合憲性挑戰。

教育觀點 ✍

　　根據《性別平等教育法施行細則》第2條規定「性別平等教育法所稱性別地位之實質平等，指任何人不因其生理性別、性傾向、性別特質或性別認同等不同，而受到差別之待遇。」性別研究學理上對於性別之詮釋已經超越一般社會與主流法律體系願意肯認的生理男性與生理女性之區隔，而這樣在知識論層次的改變也透過93年立法正式成為我國法律體系之一部分，目前依法性別之涵義應至少包含生理性別、性傾向、性別特質或性別認同等。

　　然而，真正的核心在於社會對男女性別之認知仍採取十分狹隘之二元論法，以致有國中生葉永鋕因其性別特質不同於一般人的性別角色刻板印象，而受欺凌的悲劇。又例如時有所聞政治人物之不當發言，「穿裙子的不適合統領三軍」，或者今年北市政府教育局行文各校，要求研議防止高中職以下學校社團假藉名義誘導吸收學生從事「同志交誼」活動等，當性別平等教育法的主管機關都不清楚多元性別之概念，要如何確實將「多元性別」的觀念融入教材，甚至在校園現場解決學生的疑惑，是當前要務。

　　本題雖然看起來為關於生理性別男女分隔，實際上這樣分隔的環境將助長培養與複製二元刻板印象，而僵化的男女二元刻板印象並非「隔離而平等」，長久下來將導致男尊女卑的社會習俗與實務。性別隔離的觀念深入人心，一般人經常會以「男女有別」為思考起點，日常生活中我們對服裝、設施等的隔離習以為常，教師、學生、家長可能尚未準備好面對問題的癥結。上述關於軍校只招收男性的實務操作，其中「男子氣概」養成的核心即是依賴「性別隔離」，改變「性別隔離」現狀將直接撼動「傳統男子氣概」養成的重要機制，恐怕這才是多數人都還沒準

備好去面對的核心問題。性別平等教育始於破除「男女分隔」，但並不終於男、女平等，事實上我們期待所有的人都能依其意願、能力、與認真學習的態度平等分享學習機會，找到自己獨特之潛能，亦即任何人不因其生理性別、性傾向、性別特質或性別認同等不同，而受到差別之待遇，都有機會發展探索自己的潛能。

處理建議

　　2005年初美國哈佛大學校長Lawrence Summers於一場學術研討會中發言指稱：「科學和工程領域女性人數少是『先天生理因素』所導致」會後有三位校長聯合為文駁斥Lawrence Summers之「先天生理因素」說。其一為John Hennessey（電腦科學家，史丹福大學校長），其二為Susan Hockfield（神經科學家，MIT校長），其三為Shirley Tilghman（分子遺傳學家，普林斯頓大學校長）這三位校長說：該問的不是「在數學、科學與工程領域中，女性能否出類拔萃？」而是「我們該如何鼓勵有能力的女性，在這些領域中追求專業生涯？」不久，Summers校長黯然下台。繼任者為Dr. Drew Gilpin Faust，哈佛大學28屆暨首位女性校長。此為2005年「美國轟動之性別事件—哈佛大學校長Lawrence Summers黯然下台事件」。

　　根據研究顯示，「很少有課程會被視為僅適合單一的性別來上課，以往護理課程大多被安排給女學生來上課，現在連護士學校也開放給男性來就讀。」林佳範（民93）。護士學校畢業之男性護士表現的優秀，女性工程師創造的績優，以及第39屆全國技能競賽金牌選手車床職類由20歲的小女生杜姿玲稱王；花藝職類則由念電機工程的大男生楊紫加奪下金牌。（2009-11-03 中國時報 盧金足／台中報導）此等創記錄的成

績，打破了傳統刻板文化中「性質上僅適合特定性別者」的價值迷思。亦即證實學校沒有理由專收男生或女生，以性別隔離壓抑學生之特質或才能，進而影響生涯發展。現狀之呈現，在在證實了個別差異確實大於性別差異！

　　學校不以性別而為招生之取捨標準，或「學校之招生及就學許可不得有性別或性傾向之差別待遇。」僅是性別平等教育行動力的開始；更積極的做法應是學校不僅遵守《性別平等教育法》第13條之精神，更應執行《性別平等教育法》第1條之內涵「落實性別地位之實質平等」。唯有深入探討《性別平等教育法》第17、18、19條有關於課程教學與研究之實施，及依《性別平等教育法》第6條之精神「依法設置性別平等教育委員會，實踐學校委員會應盡的任務」等，以及具體實現《性別平等教育法》第14條之「學校不得因學生之性別或性傾向而給予教學、活動、評量、獎懲、福利及服務上之差別待遇。」之內涵等，則探討「學校限定專收男生或女生是否違反平等原則」才具意義。以下為具體建議：

一、落實「性別平等教育融入課程設計之教學」，使具備性別意識，去除性別刻板化。鼓勵學生發揮潛能，不得因性別而有差別待遇。

二、鼓勵學生修習非傳統性別之學科領域，以廣開更豐厚的生涯規劃。

三、創造並規劃無性別偏見之學習環境與空間，以鼓勵並滿足學生之探索需求，不應因性別而受限制。

四、擬訂校園性侵害及性騷擾之防治規定，落實校園性侵害性騷擾事件之危機處理，以強化校園之安全防範，不僅安定學生信心，亦增加學生面對危機時之應變能力，使獲得充分就學權之保障。

　　推廣社會教育與家庭教育，以延伸學校教育之成效，全面推廣性別平等之觀念，去除性別刻板之迷思。

延伸思考

　　探討學校招生不應因性別而有所限制之餘，應進一步思考學校的文化背景建構的過程，解構與重建之困難度與合理性。想像原來只有單一性別的學校，進來另一批異性學生，不管是環境設置、空間規劃、甚至醫護設施、盥洗設備，以及文化的氛圍，均很難滿足新進之異性學生的需求；因此應重新思考是否有足夠的準備，能讓學生有歸屬感或不致造成尷尬？是否能有足夠的心理建設和說服的能力，以解答或面對外界的疑惑眼光？就成為必須做好足夠準備的課題。若只是為了滿足法源或回應外界的期待，而做了形式上的改變，則將成為另一種實質上的性別霸凌。

　　事實上，早期曾有一所國小附設幼稚園，在進用第一位男性幼稚園教師之前，先實施了兩年的性別平等教育融入課程教學活動，像是舉辦了無數場如：「家長該不該跟孩子談性？」、「男女身心大不同嗎？」、「我是男生但我很喜愛花藝！」、「我是女生，但我很愛工藝！」等包含生理教育、性別意識、性侵害防治教育等內容的親職教育講座；還為此出版家長通訊並於週會舉辦「家長回饋單」有獎徵答等活動。但是儘管學校方面已花了兩年的時間做足了「性別平等教育融入社區課程活動」的功課，然而在當時，該校依然面臨接不完的詢問及質疑電話。雖然最後在校內同儕老師、行政與家長的溝通協調，以及男性幼稚園教師本身的努力下，以兩個月的時間平息所有社區家長、甚至民意代表的疑慮，成功地達成另一種性別平等融入社區的文化教育。但是此一事件的發生，仍不免讓人省思。在一個已是教育部選定，並已落實「性別平等教育融入課程」的實驗學校，卻在選擇男性幼稚園教師進入校園的現實層面上，仍不免發生如此問題，則其他學校所面臨的困境可

想而知。雖然疑慮在兩個月後平息，但是這兩個月對此男性教師的工作權、學生的受教權、仍然有著某種程度上的影響。

　　所幸後來，隨著《性別平等教育法》的公布，以及社會的氛圍，價值思考，有著與以往迥異的改變；法源的基礎成了積極者仰賴的依據，法源的基礎更成了反對者無形的壓力；但是人們的進步、觀念的改變與理想仍有落差。時間或許會是解決問題的良方，只是社會均等價值的權利卻無法等待。因此若要突破現狀，根本之道是否應在於雙管齊下？一方面不僅要仰賴政府決策的公權力；另一方面必須持續思考如何發揮文化內涵提升的效力、社會脈動的激勵，以及個人自發的行動力；以驅動教育機會均等，包容社會價值多元的原動力。

學校招生能否有性別的保障名額？

法律觀點

以是否符合男女平等之憲法保障做為審查標準，原則上法律不得為任何差別待遇，「因性別而為之差別待遇規定僅於特殊例外之情形，方為憲法所許，而此種特殊例外情形，必須基於男女生理上之差異或因此所生之社會生活功能角色上之不同，始足相當。」

然而如果是針對弱勢族群之優惠性差別待遇，其是否違憲？如果為了彌補因為過去歷史上國家系統性、錯誤地對整體女性之歧視，包含法律、政治、社會與經濟上各方面之制度性歧視；或者考量目前社會上仍持續發生的男尊女卑觀念致資源分配不均等之現實，並且為達到實踐性別平等之目標，而採行階段性的優惠型差別待遇，而且其內容也經仔細設計、並無過於粗糙，在德國、美國依性別所為差別待遇在這樣的條件下，有些實際案例已通過合憲性審查。例如，德國有些邦所制定通過之公務員法，其中附有例外開放性條款之婦女優先名額（Frauenquota）規定，德國憲法法院曾宣告合憲，而沒有開放性例外條款之幾個邦的公務員法則被宣告違憲。在個案上得視保障名額實行之範圍、所欲達成之國家政府目的、與其實質操作內涵而定，不可一概而論。

臺灣目前在學校招生政策上施行的優惠性差別待遇多在針對解決對原住民族群之弱勢地位，並無實施對於性別之保障名額。而事實上除了高等教育中碩士博士生比例仍具性別差異之外，其他的教育場域大多在性別比例方面呈現平衡之狀態，但是，進一步細緻觀察在高等教育層

次，個別學科領域仍存有男女差異，仍存有男理工、女人文之傾向，是否要針對個別學科設立保障名額，以鼓勵不同性別學生修習非傳統科目，目前少有討論，似未見教育主管機關有積極之作為。

教育觀點 ✍

　　優惠型差別待遇施行之成功祕訣，在於社會大眾了解其意義與預計達成之目標，且定期地檢討成效，在達成任務後理應取消或廢止，因為它的本意是進行社會改革工程的手段，而非終極目的。優惠型差別待遇不應該成為政府部門給性別少數（政治意義上而非數量上）的小惠或只是「政治正確」的表面功夫，否則將導致因保障名額進入體制之女性被歧視，如果缺乏廣泛討論與共識形成，將陷進入男性傳統主導場域之性別少數先驅者於不義，更不可能達成性別解放目標。

　　先進國家大多不允許性別保障名額。以美國為例，波士頓的法院於1975年表示：性別配額是不公平的。在未來，所有的應試者都應該在彼此間受到衡量，即使那意味著班級裡將會容納數目不均等的男孩或女孩。

　　根據民國93年公布之《性別平等教育法》第13條規定，「學校之招生及就學許可不得有性別或性傾向之差別待遇。但基於歷史傳統、特定教育目標或其他非因性別因素之正當理由，經該管主管機關核准而設置之學校、班級、課程者，不在此限。」亦即原則上不允許，除非有正當理由並經主管機關同意而具法定要件者，始能成為例外。

　　若學校招生能有性別的保障名額亦即可因性別因素而享有特別權益之措施，除了有違《性別平等教育法》第13條規定，亦明顯違反性別平等教育法之立法精神「性平法第1條：為促進性別地位之實質平等，消除

性別歧視，維護人格尊嚴，厚植並建立性別平等之教育資源與環境。」林佳範（民93）之研究指出「保障名額是一種很明顯的差別對待方式，很容易加深既有的性別偏見，例如加深某性別能力上劣勢，雖然其係在追求實質的機會平等。再者，其亦容易忽視相同性別者，在其他基礎上例如階級、種族、國籍等之平等問題。應盡量先尋求其他追求實質平等的方式，例如用更多元的因素來評量，不要過度凸顯性別因素。」

　　然而基於現實考量，長久以來經由文化傳承、社會建構、男尊女卑、男武女文、男強女弱、男理工女藝術的不同期許與不同標準，所形成的價值觀已深入人心並形成極為理所當然的習慣。研究顯示「比馬龍效應」之應驗，在教育者有意識的期許下，不僅影響受教者教育生涯中的自我期許，也進而掌控著求職生涯中的成就選擇。

　　因此建立均等社會的規劃，應首先考量傳統與現代銜接過程困境，再透過矛盾與衝突省思，進而突破困境，建立共識，性別保障名額正可舒緩困境，也提供衝突與論辯、進而達成共識建立機會。

處理建議 ✍

　　基於前述的說明，學校招生是否採用「性別的保障名額」，原則上是不適合的。但考量整個社會文化下的性別差異，又非絕對不許；因此，各級學校首先應檢視目前有無就招生針對性別給予保障名額，若為否定，應該就不必再採擇。如果是肯定的，也不必急於更動，但可考慮「定期檢視」，目前所採取的差別待遇是否符合「歷史傳統、特定教育目標或其他非因性別因素之正當理由」的要求。

　　另一方面，大學校院或許較可以獨自思考上述問題，高級中等以下學校的招生方式尚可能涉及地方政府聯合招生的權責，因此前述「定期

檢視」的工作，應由地方政府教育主管機關檢討並評估，在適當的時點，有充分的理由下，再做必要的調整。

　　換言之，當下暫時以積極性的補償教育（或稱優惠型差別待遇）為手段，實施性別保障名額；待整個社會的價值趨於平衡，再逐漸去除差別待遇。採循序漸進的手法，其目的乃在促進不同性別者成就感的滿足，以真正落實性別地位之實質平等。對於招生能否有性別保障名額，亦應考量文化建構之過程因素，能視特殊情況，在主管機關同意下，以「性別比例原則」取代「性別保障名額」。並應遵循以下之原則：

一、有條件的實施積極性的補償教育。一方面在過程中採取欠缺（不足）補償，另一方面積極的實施性別平等教育。此暫時性的替代方案，應視情況而實施「性別保障名額」制度，以過程補償，差別待遇之提供做為手段，以彌補由於文化建構與傳統價值迷失過程所損失之權益，亦即以積極性的補償機會，提高均等社會實現之效能

二、實施「性別保障名額」乃社會價值重建過程之手段，而非終極目的。待目標達成，即應停止實施。

三、應充分向社會大眾及家長說明實施之緣由，使充分理解「性別保障名額」之背景因素、價值內涵與欲達成之目標

四、應定期檢討實施成效，以做彈性調整或策略改進之參考。

五、以《性別平等教法》第1條「為促進性別地位之實質平等，消除性別歧視，維護人格尊嚴，厚植並建立性別平等之教育資源與環境」為終極目標，並積極的以《性別平等教法》第14條「學校不得因學生之性別、性別特質、性別認同或性傾向而給予教學、活動、評量、獎懲、福利及服務上之差別待遇。但性質僅適合特定性別、性別特質、性別認同或性傾向者，不在此限。學校應對因性別、性別特質、性別認同或性傾向而處於不利處境之學生積極提供協助，以改

善其處境。」為實踐目標應遵循的策略。

延伸思考 ✍

　　望文思意，「性別保障名額」其實是另一種深化並複製某一弱勢性別的涵義；「性別保障名額」之「保障」一詞，明顯的具有視女性為弱勢性別之刻板化意象；而「比例原則」則具有視實際情況而彈性實施之涵義。《性別平等教育法》之立法精神及內涵即做了現實考量，而有性別比例原則之規定。

　　根據行政院主計處2011年2月編印之「性別圖像」中指出：「若單獨分析女性被害類型，2009年以搶奪2,325件居首（占44.8％），強制性交2,034件次之（占39.2％），合計達8成4；此外，女性被害搶奪案件占全國同類案件88.6％，強制性交占95.9％，顯示該2類案件暴力犯罪被害人明顯集中於女性。」基於此，《性別平等教育法》第7，8，9，30條中，分別規定「性別平等教育委員會委員的設置人數、校園性侵害性騷擾事件發生時，調查委員的人數比例等，均有女性委員不得少於二分之一的名額限制。」一方面考量現實中女性確曾有遭遇不平等待遇的經驗；一方面又顧及避免再落入複製女性為弱勢性別的刻板化窠臼中，而以「性別比例原則」取代「性別保障原則」。因此「以性別比例原則」取代「性別保障原則」其宣示意義及教育意義確實大於實質意義。

　　學者楊婉瑩（民91）曾指出「從中央民代全面改選以來，婦女保障名額可以說是形同具文，女性候選人往往在其選區高票當選，當選席次也遠遠在保障名額的規範之上，當此制並無提升婦女參政人數的實質效益時，其存在反而對於依靠個人實力當選的女性候選人形成負擔，似乎依靠婦女保障名額乃是對於個人實力的一種質疑否定。」因此她提出

「告別婦女保障名額，迎向性別比例原則。」觀念。她以攸關婦女參政的婦女保障名額為例，「第五屆立委選舉結果，女性當選機率遠高於男性。當我們樂觀的相信女性不是弱勢時，也同時發現一個弔詭的現象，中央民代中女性所占的比例，從未超過四分之一，即便女性參選表現優於男性，能力上並非弱勢，但是在政黨提名的過程中，女性仍然受到壓抑，整體婦女參政的機會結構仍未打開，關鍵不在於女性能不能當選，而在於她有沒有被政黨提名。也因此國內婦女團體近年來推動婦女參政時，不再推動保守的『當選保障名額』，而改向要求各政黨採取一定的『提名性別比例』。」

「女性受到壓抑」現象，並不只存在於參政團體，而是普遍存在於各個攸關權力爭取的社會角落。很多實例證明當能力被標籤化賦予某一性別的專屬權時，要突破確屬困難，但是也確曾有人透過努力做了突破。如：某一年插花比賽由男性選手獲勝；車床比賽之女性勇得冠軍，即為明證。

但是暫時的得獎並不代表可在某一已被霸占的領域中得心應手的發揮，因為當權力與利益糾結時，傳統與群眾的力量必然會做連結而給予打壓。因此根本之道不在於名額的保障而在於如何突破「個別差異大於性別差異」的事實，以確保性別平等的觀念。為整體打開婦女參政的機會結構「1995年的調查報告指出：在36個國家中共有84個政黨採取了性別比例原則。近年來，臺灣也有朝向政黨的性別比例原則發展的趨勢，由政黨制定提名的性別比例，象徵了政黨對於性別平等概念的前進，以及對於婦女參政態度的轉變。」（楊婉瑩，民91）。

我們希望能整體打開「發揮潛能，不限性別」的結構，衷心迎接「以性別比例原則取代性別保障名額」時代的來臨，並透過教育全面推動。雖是過渡時期，卻具有宣誓「承認過去文化建構下的不均等現象，

也願意承擔未來積極改進」的意義。

　　為建立性別意識，去除性別刻板化觀念，並在兼顧現實，機會均等、教育輔導原則下，積極性補償教育及性別平等教育之雙管齊下，齊頭並進，始能快速改變現狀，提升均等的價值；而以「性別比例原則取代性別保障名額」應是一個值得探討並深思的議題。

UNIT 11

學校可以限制特定的課程給單一性別的學生嗎？餐飲學校實習課，要求女學生穿裙子，是否構成性別歧視？

法律觀點

　　限制特定課程給單一性別學生原則上不可以；餐飲實習要求女生穿裙子確實會有疑慮。按《性別平等教育法》第14條第1項規定：「學校不得因學生之性別或性傾向而給予教學、活動、評量、獎懲、福利及服務上之差別待遇。但性質僅適合特定性別者，不在此限。」，處理此類因性別而差別對待，主要可以從以下幾個面向來思考：

一、從性別平等的觀點為基礎，所有的課程從受教育權的角度來看，應該是所有的課程都可以讓所有的人去修習，所有課程的學習，很難想像是不能由某種性別的學生去上，否則就是所謂的「差別待遇」。

二、現在社會上所有工作很難想像是不能給某一種性別的人所從事。像現在武裝任務的職業軍人也有女性，在很多工作板塊當中，過去我們習慣上認為不適合女性／男性來從事的職業迷思現在也都逐一被打破。

　　任何一個課程對於來修習的學生有某些條件的限制，應該要看課程的設計，但以性別做為限制的原因很難成為一個理性的理由。過去習慣的觀點應該被挑戰，正如同每一個工作在社會上都已經被正名任何性別都可從事。

　　不過餐飲學校要求學生穿裙子其實是另一個問題，從避免歧視的角度來看，如果學校也要求男生穿裙子，是否就沒有歧視？這才是真正的

問題。我們到底是認為穿裙子是一種歧視？還是女生穿裙子是一種歧視？

　　從教育的角度來看，任何人都可以得體地為自己打扮，這是一個「人」的自我實現。據《教育基本法》第3條：「教育之實施應本有教無類、因材施教之原則，以人文精神及科學方法，尊重人性價值，致力開發個人潛能，培養群性，協助個人追求自我實現。」在教育法令上是強調人格的自我實現，所以如果純粹從學生的服儀打扮上來看，愈來愈多看法是不一定要有強制的服裝。如果有制服，那它的概念是團體榮譽感的形塑等等。這在教育現場上仍然占有相當的地位，也通常可以被接受。所以原則上來講，假設這則規定是經過一個討論程序、一個合法程序，學校要求學生穿裙子大概不會被認為是不可以。

　　但如果是要求男生一定要穿褲子，女生一定要穿裙子，這牽涉到另外一個問題，因為我們特別強調他是一個實習課程，如果學校實習課程的設計跟安排是考慮到目前的職場上，比如絕大多數的女服務生，或是有相當程度的女服務人員都是穿裙子的，因此讓學生提早適應，為了怕我們學生未來在職場上不熟悉穿裙裝，所以要求學生去練習與適應。如果在專業領域上確實有這種情形，應該不能認為是性別歧視，前提這是實習所必要，換言之，學生基於學習之考量，有穿裙子的「練習」與「適應」是一回事，但一律穿裙子就未必需要。

　　當然如果學生在性別上有特殊強烈的性傾向認同困境，應該加以考量而做例外處理，此在《性別平等教育法》第14條第2項「學校對因性別或性傾向而處於不利處境之學生應積極提供協助，以改善其處境。」就是本此意旨為規定，學校應予注意。

教育觀點 ✍

　　完全構成性別歧視，違反《性別平等教育法》第14條：「學校不得因學生之性別或性傾向而給予教學、活動、評量、獎懲、福利及服務上之差別待遇。」

　　性別多元性，已成為人類普遍的認知與價值。限制特定的課程給單一性別的學生，與餐飲學校實習課要求女學生穿裙子，都是起因於性別角色刻板印象之具體作為，不但違背教育應注重個別差異，充分發展人的個性與潛能，並使之自我實現的教育目的；也不能順應世界潮流，養成具多元觀與國際化的公民；不合乎開放社會，培育具創意而多元的人材需求。

　　由於性別角色刻板印象存在著以男性為主體，以女性為邊緣角色的看法，對於男性特質的評價均高於給予女性的評價。因此，學校規定實習課之穿著，或限制特定的課程給單一性別的學生，將構成性別歧視，強化性別角色社會化、性別分工體系、與性別地位及權力上差異，違反教育本質與性別平等教育之精神與內涵。

　　無論從生理、心理或社會學的觀點，性別多樣性已在現今之實務與理論的研究上，得到相當充分且明確的支持。學校所謂的「性別」常僅以傳統外顯之生理性別為依據，甚至以生殖器官區分性別，認為只有男和女之分，並僅僅以此性別基礎，將概括化的人類特性與特徵做不同性別的分配，並不考慮個別的差異性：武斷、主觀、僵化地畫分男女的能力、特質，規範男女角色行為、態度與價值，以及社會分工與期待，影響著男女的發展。男、女傾向將文化界定的性別刻板印象融入個人的自我概念中，致使很多女性自我設限，抑制潛能的充分發揮，而男性亦常受競爭挫折與壓力所苦，其他少數性別之處境更為不利。因此，在教育

內涵上，學校常以「男主外，女主內」、「女尚文學，男長理工」、「女重家庭，男重事業」等刻板印象或偏見與期待，據以設計課程、規範學生行為舉止、區別職場試探，以及知識與能力的培養。如此，不知扼殺了多少學生做自己的機會，也窄化了多數女學生或不同於傳統性別定義學生的興趣與成就。

　　性別單一的分類方式，不具科學之客觀性，忽略性別角色社會化，以及個人性別特質，甚至個體間存在的基因變異性等性別多元性的問題。即使從自然科學或醫學的角度來看，代表性別除了性染色體之外尚有性腺、內外生殖器、性激素等生理因素，其在個體間的變異性也一直有實例發現，並非一般人所認為的單純只有所謂的男女之分。就社會學的觀點，「性別」並不是簡單的差別或固定的分類，而是在社會生活中，由於關係、界限、認同與形象，且受權力與資源分配等因素之交互運作，在社會化之過程中逐漸形成，存在於特定的歷史情境，再以深刻而經常不合理的方式，形塑個人形象與人格，規範行為與生活。在《性別平等教育法施行細則》中，「性別」亦界定其含「生理性別」、「性傾向」、「性別特質」以及「性別認同」等多元性別的概念。

　　性別平等是實質的平等，重視差異受到尊重，同時，確信個別間的差異，遠比所謂的男女不同更大、更為有意義且重要。

處理建議

一、學校行政措施

　　學校應即刻停止限制特定的課程給單一性別的課程規劃，以及廢除對餐飲實習課，要求女學生穿裙子的規定。

二、依法申請調查，或檢舉

學生、家長、教師或其他人都可以至學校「學務處」承辦校園性別事件之窗口向學校「性別平等教育委員會」申請調查或檢舉承辦該業務單位或主辦人員，若為學校（或校長）可向縣市政府「性別平等教育委員會」申請調查或檢舉。

三、調查處理的基本程序

學校或縣市政府「性別平等教育委員會」窗口接獲申請調查或檢舉應於二個月調查完畢，並提出調查報告與處理建議，必要時，得延長一個月，可延長二次。學校或縣市政府應依該「性別平等教育委員會」之建議於二個月內處理完畢，並以書面通知當事人，對處理結果可提出申覆。（詳見《性別平等教育法》、《性別平等教育法施行細則》、《校園性侵害、性騷擾或性霸凌防治準則》）

四、落實性別平等教育

（一）提升教師性別平等教育知能、營造校園性別平等文化

解構僵化的性別刻板印象，重新建構多元性別觀，牽涉轉化學習之歷程，必經由意識覺醒、自我增能、世界觀重建的歷程。即以反思、質疑和批判性思考重新建構知識，透過自我處境的省察重塑自我概念，再由意識覺醒和行動實踐的相互激盪中產生新的認知基礎，這是一個漫長的過程。因此，學校除落實各學習階段之「課程綱要」，設置多元、選修課程，融入性別議題於課程教學與活動之外，應致力教師教學知能提升，營造校園民主與性別平等文化。無論組織制度與典章、設備之籌建與使用或師生互動、校長領導等，隨時重視民主參與與性別觀點。

（二）加強課程教學，規劃多元性別課程

「餐飲學校實習課，要求女學生穿裙子，是否合理」是一個很好的教材，可經由審慎課程規劃，統整不同學科間之教材與教學，利用班級教學或全校性活動，或辦理「辯論會」、「班會提案」討論、「週會話劇」表演或課間師生「互動討論」議題等，以學生參與之教學形式，適時提供機會激發全校師生自我檢視，建立性別敏感度，在各種爭辯、討論間，創造餐飲實習課穿著的重新思考，建立共識。並可藉此延伸討論：男、女穿著規範與習俗、性別歧視的關係，並發展同理心、欣賞不同文化，增進做不同的選擇和勇於挑戰制度性歧視的能力。

（三）關心少數性別處境，與不同教育階段的性別問題

除「生理性別」之外，「性傾向」、「性別特質」以及「性別認同」等少數性別，例如同性、雙性、跨性別，或娘娘腔等外表或行為與社會性別期待不同學生的受歧視處境，如何加強教育讓更多人理解、包容與尊重；如何營造關懷的環境協助這些少數性別更有尊嚴與自信是教育的重要課題。而不同教育階段應有不同的重點，才能使性別教育效果更合符需求，例如國小男學生成績不如女學生，高中社團社長卻多數為男生的現象；國小具性騷擾的嬉戲、國中「兩小無猜」的戀情、高中分手的藝術等都是不同教育階段應重視的性別問題與教育責任。

延伸思考

在法制面上，這種做法是可以討論的。從法制面的角度思考，要考量這是一個實習課程，實習課程的安排要考慮貼近職業現場，如果裙裝是餐飲職業現場的主流，加上裙裝的穿著可能需要訓練，例如如何穿得漂亮？如何穿著裙裝做合適的服務且避免服飾的髒污。如果把它當做是

職場上實習課程的話，可能就不是歧視。所以如果男性從業人員在職場上通常不用穿裙裝，自然不需要這樣的實習。在實習課程上，如果考量到職業現場的話，這樣的限制不適合立刻把它判定為性別岐視。

但如果是這樣，要有兩個重點：

一、在老師指導的過程當中，要把剛剛的考量做一個呈現，讓學生有所了解。

二、特殊性傾向的學生對於自己的打扮有特殊的要求、特殊的自我期待，此時在教育立場，實習課程的活動操作跟學生人格健全發展是可以取得平衡的，學校老師應該去說明這個情形，而不是一味用嚴厲的方法做不友善的對待，這樣才能減少不必要的衝突。

在這裡要強調，任何一個跟性別議題有關或其他差別待遇時，最重要考慮的是在教育上的目的，所有權利的限制應該都要有一合理的理由。實習課是將來工作上所必要，才是規範合理存在的基礎。所以餐飲科有穿裙子的必要性那就要練習。比如我們現在看到很多軍警院校系所學生，他們有一些類似身高的限制。這樣的限制就可能構成一個歧視，因為這恐怕是以貌取人。一個軍人他個子比較矮是否會造成他工作上的重大困擾？身高應該是不會構成正常工作的影響，除非他是身高特別矮，在團體生活中或工作上有重大障礙，在執行緊急任務上有它的困難等等。所以只是微量的差距，而沒有顯著的差異性卻受到限制的話，應該認為那是不合理的限制。因為這對於從事軍警工作沒有任何的意義。

何謂校園裡的性騷擾、性侵害？

案例思考 ✍

　　曉君今年國小六年級，因為發育的較早，總是會被男同學以身材作文章、以戲謔的外號稱呼她，或偷掀她的裙子，使曉君十分不自在，總是彆彆扭扭的穿著寬鬆的衣服或彎腰駝背，也不太敢與人交談。

　　嘉華從小十分熱愛運動，國中時期更入選排球校隊，時常代表學校到外地受訓或參加競賽。沒想到在一次外宿期間，帶隊的男教練藉故要嘉華獨自到教練房間，伺機對嘉華上下其手並強行擁吻，使嘉華十分恐懼，但又怕告訴別人之後，會遭到教練報復而失去校隊選手資格，不知道應該找誰幫忙？

　　小庭上高中後沉迷網路交友，因而結識一名已在唸大學的男網友並相約見面，第一次見面男網友即將小庭帶回租屋處，兩人於半推半就下發生關係；事後該男網友即避不見面，小庭亦十分懊悔，打算追究該名男網友之法律責任。

法律觀點 ✍

　　針對「校園性騷擾、性侵害事件」，相關的法律大致上有：《刑法》、《性侵害犯罪防治法》、《兒童及少年福利與權益保障法》、《性別平等教育法》、《性騷擾防治法》、《性騷擾防治法施行細則》、《性騷擾防治準則》、《校園性侵害、性騷擾或性霸凌防治準

則》、《性騷擾事件調解辦法》等相關條文。例如《刑法》第221條至第229-1條「妨害性自主罪章」規定了各種態樣的性侵害罪責，《性別平等教育法》、《性騷擾防治法》等法規詳細的規定了學校及主管單位處理性騷擾或性侵害事件時，應遵守之流程及處理方式。

　　但要適用以上法規時，應該先對何謂「校園性騷擾事件」及何謂「校園性侵害事件」有初步認識，才可以正確適用法規。

壹、何謂性騷擾事件？

一、有關「性騷擾事件」，現行相關法條包括：

　　《性別平等教育法》第2條第4款、《性騷擾防治法》第2條、《性騷擾防治法第25條》、《性騷擾防治法施行細則》第2條等規定。

二、具體行為類型

　　單以法條內容來看，有時候無法很明確了解內容，國內外學者曾嘗試將性騷擾類型化並舉例說明，其中較為完整的是Grube在1992年出版的書中，將性騷擾分為3大類、11小類，分別為：

（一）言詞上的要求

　　1.性勒索：透過發生性關係行為用以交換各種好處、金錢或是職務升遷；或是威脅要求發生性關係，以免被解僱。

　　2.表示性的興趣：用親密或是羅曼蒂克的話語死纏爛打或要求發生性關係，一再地要求侵犯個人隱私。

　　3.關係上的示好：面對面、寫信、打電話、簡訊或網路的方式示好，尋求建立較為親密的社會關係，性的慾望並沒有明顯的直接

表達出來，但不斷重複地示好。

4.隱約的示好或提出性要求的壓力：性要求的目標或對象較為不明確，從互動的本質分析即可察覺出有騷擾的意味，如詢問個人的性行為或透露自己的性生活態樣等。

（二）言詞上的評語

1.個人的評語：針對某特定性別且當面做出一些評論，如猥褻的評斷或嘲笑身體的特徵、三圍或性生活的情況等。

2.主觀的物化：在他人面前或背後公開評論身材、性特徵或性生活。

3.性類別化的言詞：在工作場所中充斥詆毀或是輕視性別的言語、黃色笑話。

（三）非言詞方面的行為

1.性傷害：強迫且具有攻擊性的行為，如強迫發生性行為。

2.具有性意味的碰觸：短暫的性接觸，如輕拍、捏、掐等行為。

3.具有性暗示的姿勢：非為直接接觸的行為，但其行為引發試圖產生身體上的接觸，如色瞇瞇盯著看、吹口哨、跟蹤等。

4.與性有關的資料：具有性意味的電影、雜誌、海報及圖片等。

三、總體來說，所謂「性騷擾事件」係指：

只要發生「一切不受到歡迎，與性或性別有關的言行舉止，且因而使被騷擾者感到不舒服、不自在，覺得被冒犯、被侮辱；在嚴重的情形下，會影響被騷擾者就學、就業甚至日常生活之作息與表現」的行為，就可以算是性騷擾事件。

貳、何謂性侵害事件？

　　一般人通常認為「性侵害事件」必須是行為人用暴力手段與被害人發生性行為或是猥褻行為才屬於「性侵害事件」，其實不是這樣，只要是在被害人不是很願意的情形下發生，或即使被害人並沒有不願意，但因被害人年紀太小，此時也算是「性侵害事件」，依法條的分類有以下數種情形：

一、《性別平等教育法》第2條第3項概括規定：「性侵害：指性侵害犯罪防治法所稱性侵害犯罪之行為。」而《性侵害犯罪防治法》第2條則規定：「本法所稱性侵害犯罪，係指觸犯刑法第221條至第227條、第228條、第229條、第332條第2項第2款、第334條第2款、第348條第2項第1款及其特別法之罪。」

二、《刑法》第221條及第224條是屬「強制型性侵害」包括強制性交罪及強制猥褻罪。這是一般人最容易理解的情況，此種性侵害型態，行為人採用強制或暴力的手段，使被害人抗拒無效，即使抗拒也沒有用而遭強行得逞，甚至是心裡想抗拒但無法抗拒（例如被下藥或被恐嚇），是屬於對被害人人身自由及身體自主權之侵害最為強烈的一種性侵害型態。

三、《刑法》第225條是屬「乘機型性侵害」包括乘機性交及乘機猥褻罪。此種性侵害型態，被害人也是處於不能抗拒或無法抗拒的狀態，但被害人此一不能抗拒之狀態或原因，不是因行為人的行為所造成，有可能是被害人自己的行為所造成（例如被害人自己嗑藥或喝醉酒不省人事），亦有可能是被害人天生處於這樣的狀態（例如被害人智能不足，對於性侵害行為並沒有認知，亦沒有抗拒），都仍屬於性侵害的範疇。

四、《刑法》第228條是屬於「利用權勢型性侵害」亦包括利用權勢性交及利用權勢猥褻。此種型態性侵害的行為人通常對被害者有一種權威、照顧或從屬關係，例如長官對下屬、老闆對職員、扶養者對被扶養者（養父對養女）、球隊教練對球員，在「校園性侵害」型態中則為老師或校長對學生性侵害；在不對等的關係中，強勢的一方（地位較高）利用此一權威關係的優勢，要求弱勢（地位較低）的一方與之發生性交或猥褻行為，處於弱勢一方雖有拒絕的權利，但因害怕自己因此陷入生活困頓，或是工作上沒辦法升遷之類的原因（例如日前媒體報導繼父要求繼子或繼女與其發生性行為，繼子或繼女因害怕自己及母親生計落空而無法拒絕），因而勉強同意，此時被害人的意願已經受到某種程度的侵害，亦屬於性侵害的一種型態。

五、《刑法》第227條是屬於「準強制性交罪及準強制猥褻罪」，此時即使該未滿16歲的男女生是在自願的情況下發生的，但是行為人還是有犯罪。這是因為立法者考慮到未滿16歲的青少年少女想法還不健全，對「是否為性行為及猥褻行為」還不適合擁有完整之自主權，所以就算行為人有得到該幼年男女之同意而跟他發生性交或猥褻行為，該行為人之行為仍係屬「性侵害犯罪」，以加強對幼年男女身體權及性自主權之保障。

參、「校園性侵害事件」及「校園性騷擾事件」的適用範圍？

一、《性別平等教育法》第2條第7款針對適用對象有所限定，性侵害事件或性騷擾事件必有一方為學生身分，若二方均非學生（例如：教

師騷擾教師），則不在「校園性侵害或性騷擾」之範圍內，應循其他途徑解決。然因「校園性侵害」事件較「校園性騷擾」事件嚴重許多，且已為犯罪行為，涉及刑法規範，多數案例應比照其他犯罪事件循「司法途徑」為主，「行政途徑」為輔，不像「校園性騷擾」事件多以「行政途徑」懲處而已。

二、若「校園性侵害事件或性騷擾事件」發生在不同學校的學生之間，有無試用餘地？又「教師」定義為何？如果是代課老師或是教官、學校醫務室或健康中心人員是否包括？對此，《校園性侵害、性騷擾或性霸凌防治準則》第9條規定：「本法第2條第7款所定之校園性侵害、性騷擾或性霸凌事件，包括不同學校間所發生者。本法第2條第7款之名詞定義如下：一、教師：指專任教師、兼任教師、代理教師、代課教師、護理教師、教官及其他執行教學、研究或教育實習之人員。二、職員、工友：指前款教師以外，固定或定期執行學校事務之人員。三、學生：指具有學籍、接受進修推廣教育者或交換學生。」（相關法條的規定，可以參考《校園性侵害、性騷擾或性霸凌事件防治準則》）。

肆、小結

　　總結來說，「校園性騷擾事件」及「校園性侵害事件」包含範圍很廣，案例中的曉君受到其他男同學性騷擾而影響學業及日常作息，是典型的「校園性騷擾事件」；嘉華受到教練利用權勢予以猥褻，是屬「利用權勢猥褻」之「校園性侵害事件」；而小庭雖是在半推半就下與男網友發生關係，但因小庭未滿16歲，男網友恐還是難逃「準強制性交罪」之法律制裁，雖然兩人就讀不同學校，但依《校園性侵害或性騷擾防治

準則》第9條規定，仍是屬於「校園性侵害案件」，應加以注意。

教育觀點 ✍

　　所謂「校園裡的性騷擾、性侵害」，乃指校園裡的學生，因為性別因素，例如生理性別、性別特質、性傾向或性別認同等，受到歧視、羞辱、威脅、暴力等身體或精神之傷害。性騷擾、性侵害是校園暴力問題，亦為學校防治教育的重要內容。在法律上，是否構成性騷擾、性侵害事件，則依《性別平等教育法》第2條第3項定義為依據，而其事件之防治與發生後之處理則以《性別平等教育法》第四、五章，以及《校園性侵害、性騷擾或性霸凌防治準則》為主。發生時所涉及之對象包括校長、教師、職員、工友或學生，也包括實習、代理與代課教師，或與學校有契約關係的約僱人員等。「校園裡的性騷擾、性侵害」防治的目標，應能積極落實學生受教權、人格尊嚴之維護，終極目的則應以教育方式消除性別歧視，促進性別地位之實質平等。

　　在本質上，性侵害、性騷擾仍由於傳統、刻板印象的男女性別二元論，忽略性別存在的多元性質，以及社會制度長期以男性為主，形成女性的弱勢與抑壓成為第二等人，在機會與資源分配受到剝奪，人格受貶抑的現象。同時，對於性別氣質、性別認同或性取向等不同於傳統所認定的性別角色之表現模式，亦常予以歧視、傷害。例如同志，男生膽小、溫柔具女生特質之學生受到歧視，繼而遭霸凌的現象。性侵害、性騷擾行為之行為主體係透過處於環境中之權力優勢，基於性意圖對於弱勢者之侵略行為。例如，學校教師對學生而言享有專業權力，以及掌握學業成績與資源之優勢，加以男老師對女學生、體育教練對選手，或教師對年幼學童，則享有更為多重的權力優勢。可能造成被害人（學生）

對於該行為人（教師、教練）之基於性意圖的侵略行為，不敢伸張，因而影響該被害人之人格尊嚴、學習或表現；或使被害人喪失或減損其學習有關之權益。其他學生間，如成績優劣、學長學弟、體型體弱、年齡大小等都可能造成性騷擾或性侵害的事件。

　　一般所認為的性騷擾行為是一種非自願性、不受歡迎、令人不愉快的（感受），且與性或性別有關的言語或身體的行為（含內容與樣態），包括指基於性別、性別特質、性取向所為而含有歧視之行為，且該行為的目的或結果，會影響正常生活（含學習與工作）之進行（結果），例如：

一、言語：猥褻的話、開黃腔、三字經、話中不當隱喻、性別有關之歧視言語、取笑身材、性別特質、提出要求發生性行為或服務、性意味之言語等。

二、視覺：展示有性意涵或性誘惑之影片、色情海報、圖片或影像，以及其他有關性別之網路歧視文字與影像，或衣著暴露、暴露性器官等。

三、態度與行為：與性別有關之侮辱、蔑視或歧視之態度與行為，如對同志、所謂「娘娘腔」、「男人婆」、性別角色分工等刻板印象而形成的歧視、霸凌等，或毛手毛腳、胡亂吹口哨、色眼亂瞄、故意親（貼）近、不當擁抱、撫摸頭髮與身體部位、糾纏不清，分手暴力、過度追求，以及指導學習時之互動與身體接觸逾越界限、性別有關具歧視意涵的規定、作業或獎懲等。

四、其他：例如：學生間之身體或性器官相互觸模，或「阿魯吧」、「草上飛」等以身體撞擊物體之嬉戲、「兩小無猜」的合意性行為、師生戀等都是常見的校園性騷擾或性侵害事件。

學生遭受到學校教職員或其他學生的
性騷擾、性侵害，應該怎麼辦？

法律觀點 🖎

　　延續前篇性騷擾及性侵害事件之案例，若學生遭受到校園性騷擾或性侵害事件，甚至發現身邊有疑似案例發生，都應該立即蒐集證據，向有關單位提出申請或告訴等請求，以防止校園性騷擾及性侵害事件愈演愈烈，也期望對被害人的傷害能降到最低。

　　此時，處理方法可分為「行政上的申請」及「司法上的告訴」，可分別說明如下：

壹、提出申請要求行政調查與懲處

一、申請管道

　　依據《校園性侵害性騷擾或性霸凌防治準則》第10條第1項之規定及第17條第1項等相關規定，如果有學生受到教師、職員或其他學生的性侵害、性騷擾或性霸凌時，申訴的管道如下：

（一）誰有權提出申請？

　　學生本人、學生的法定代理人（例如：父母親）可以提出申請，而其他「任何」知情的人（例如：導師、其他老師、學生的阿姨、鄰居、同學、朋友），也可以提出檢舉，都可用「書面」或「言詞」的方式，向學校申請調查。申請人如果不方便自己出面（例如：學生的父母親工

作繁忙無法請假、受害學生過於傷心而不願意到學校），可以簽署「委任書」之後，委由「代理人」代替申請人提出申請。

（二）向誰提出申請？

一般而言是向該學生就讀的學校單位提出申請，但要特別注意的是，如果加害人是學校的首長時（例如：校長），則只向學校申請調查會產生「球員兼裁判」的疑慮，所以申請人就不適合再向學校申請，而應該向其上級主管機關（例如：教育局）提出申請；而如果行為人係於兼任學校所為者，應向兼任學校申請。

二、申請流程

依《校園性侵害性騷擾或性霸凌防治準則》第10條規定，申請人提出之申請不拘形式，得以「書面」或「言詞」申請皆可：

（一）用「書面」申請的話，只要有「書面的形式」即可，所以不管是要請律師發一份律師函、寄一張存證信函、或都是寫一封信寄到學校或放在學校單位的辦公室，都是可行的方法。

（二）依《校園性侵害性騷擾或性霸凌防治準則》第17第1項條規定，申請人用「言詞」提出申請時的話，學校或主管機關（加害人是學校的首長時）就要先做成「申請紀錄」，並且要讓申請人或檢舉人「朗讀或閱覽」，並且「確認記載無誤」後才簽名或蓋章。所以，學校不能草率地隨便記載，也不能記載申請人或檢舉人沒有陳述的事實，更不能改變或曲解申請人或檢舉人的原意。因此，一定要向申請人或檢舉人朗讀（例如：申請人或檢舉人不識字）確認無誤，或者請他們閱讀後確認無誤，最後才簽名或蓋章於紀錄之上。

（三）上述的「書面」或「申請紀錄」，依據《校園性侵害性騷擾或性

霸凌防治準則》第17條第2項，有幾個「應記載的事項」：一、申請人或檢舉人姓名、身分證明文件字號、服務或就學之單位及職稱、住居所、聯絡電話及申請調查日期。二、申請人委任代理人代為申請調查者，應檢附委任書，並載明其姓名、身分證明文件字號、住居所、聯絡電話。三、申請調查之事實內容及其相關證據。學校或主管機關於做成相關書面時，應予注意。

貳、提出刑事告訴要求司法機關偵辦

一、告訴管道及流程

依《刑事訴訟法》相關規定，如果有學生受到教師、職員或其他學生的性騷擾或性侵害時，提出刑事告訴的管道如下：

（一）有哪些事件可以提出刑事告訴？

刑事訴訟程序限於刑法或特別刑法有規定之犯罪行為，才可以適用，所以一般較輕微的性騷擾事件，通常程度上還沒構成犯罪，不能提出刑事告訴；而程度較重的性侵害事件因涉及刑事犯罪，多半可提出刑事告訴要求偵辦。以前篇所引的性騷擾事件及性侵害事件的法條及案例來看，《刑法》第221條至第228條所規定的性侵害事件都可提出告訴；性騷擾事件中則僅有涉及《性騷擾防治法》第25條之「強制觸摸罪」，因有「二年以下有期徒刑」之刑責規定，也是刑事犯罪的一種型態，可以向司法機關提出刑事告訴，除此之外的性騷擾事件，都還不得提出刑事告訴。

（二）誰有權提出告訴？

學生本人及學生的法定代理人（例如：父母親）都可以獨立提出告

訴，請求司法機關偵辦，若是對於兒童及少年犯罪者，主管機關也有告訴權；也就是說，即使被害人是自願的而不提出告訴，父母親或主管機關仍然可以獨立提出告訴。告訴權人如果不方便自己出面，告訴權人可以簽署「委任書」之後，委由「代理人」代替申請人提出申請。

（三）向誰提出告訴？

　　告訴權人可以向犯罪行為發生地或是犯罪嫌疑人住所地的地檢署或警察局提出告訴都可以；提出告訴時可以自己寫告訴狀，也可以口頭陳述請警察制作筆錄，或是像一般電視報導到地檢署按鈴申告也可以。

二、應注意告訴乃論及告訴期間的規定：

（一）何謂告訴乃論？

　　一般而言只要有犯罪行為發生，國家或司法機關就應該要追究行為人的責任，就算被害人不願意追究行為人，國家司法機關仍然要依法偵辦，予以處罰，這些犯罪行為就叫做「非告訴乃論罪」，也就是一般常說的「公訴罪」。但在某些特殊情況下，立法者考慮到因為犯罪情節比較輕微，或是行為人跟被害人關係密切等原因，就同意給予被害人選擇的權利，如果被害人想追究並提出告訴，國家司法機關才會依法偵辦；相反的如果被害人自己都不想追究了，那國家司法機關也就不追究，這就是所謂的「告訴乃論罪」。

（二）校園性騷擾事件及性侵害事件中，哪一些屬於「告訴乃論罪」？

　　《性騷擾防治法》第25條第1項規定之「強制觸摸罪」，需有被害人或被害人法定代理人提出告訴，國家才會追究。

　　在被害人未滿16歲的情況下與其發生「性交行為」或「猥褻行為」，就算被害人是願意的，行為人還是構成犯罪；但是若行為人本身

也未滿18歲，那在這種情況下就會給被害人選擇的機會，看他有沒有要追究或提出告訴，也就是「告訴乃論」。

（三）告訴乃論罪要在多久時間內提出？

《刑事訴訟法》第237條規定：「告訴乃論之罪，其告訴應自得為告訴之人知悉犯人之時起，於六個月內為之。」如果沒有在期間內提出告訴，被害人就會失去提告的機會，就再也不能追究行為人的責任，要特別注意。

教育觀點 ✎

性侵害、性騷擾在本質上，是一種性別歧視與權力不對等的暴力行為。由於傳統、刻板印象的男女性別二元論，忽略性別存在的多元性質，形成對女性，以及性別氣質、性別認同或性傾向等不同於傳統所認定的性別角色之表現者常遭受歧視與傷害。性侵害、性騷擾行為之行為主體常透過處於環境中之權力優勢，例如地位、知識、年齡、體力、身分、族群或資源等不對等狀況，基於性的意圖對於弱勢者之侵略行為。學校教師對學生而言享有專業權力，以及掌握學業成績與資源等多重的權力優勢，而學生間之男女、學長、同儕文化等的傳統與壓力亦往往形成另一型態的權力優勢。學生遭受到學校教職員或其他學生的性騷擾、性侵害，可能造成被害人（學生）對於該行為人（教職員或同學）之基於性意圖的侵略行為，不敢伸張，因而影響該被害人之人格尊嚴、學習或表現；或使被害人喪失或減損其學習有關之權益。因此，如何以教育方式，消除性別歧視，維護人格尊嚴，促進性別地位之實質平等實為教育的重要課題。

教育人員對於學生遭受到學校教職員或其他學生的性騷擾、性侵害

之覺察、辨識能力，以及所有教職員工與學生，於知悉學生發生性侵害、性騷擾事件時，有勇於即時舉發的道德勇氣，尤其受害學生之勇於尋求家長、同學或教師之協助與申請調查，才能使性騷擾、性侵害事件迅速、即時有效處理，避免危機擴大，化危機為轉機。因此，除應加強親職教育，增進親子情感與溝通能力，並應積極發展校園公平、正義文化，提升校園內人際互動、師生關係之安全、信任與共識，以使學生遭受性騷擾、性侵害時能即時覺察、顯露事跡，以獲取處理之先機。而教師的專業知能、處理事件的機制與資源之整備，則為有效處理學生遭受到學校教職員或其他學生的性騷擾、性侵害事件，保障學生學習權之關鍵。

處理建議

一、建立基本態度與觀念

（一）正面、開闊與教育的心態看待學生遭受性騷擾、性侵害事件。無論學生是「加害者」或為「被害者」都是需要協助與教育，應正視學生行為責任之教育機會與契機，體認掩蓋、忽視事件事實，無法維護所謂的「校譽」。

（二）學生遭受性騷擾、性侵害不是學生的錯，是學校的教育機會，應積極同理受害者之感受，真實接納其情緒，切實消除罪惡與羞恥感。

（三）處理過程中應積極保障學生之學習權，維護人格尊嚴、重視隱私保護。

（四）「教育」重於「懲處」，「改善環境」優於「推卸責任」。尤其

學生為加害人時，更應以「宜教不宜罰」之原則處置。

二、掌握學生性騷擾、性侵害事件之處理先機、整備輔導網絡

（一）全體教師之教學與活動融入防治教育，營造友善、無歧視之班級文化，發掘學生問題。

以人人都是導師之概念，建構學生在校之初級輔導網，讓所有教師於教學活動中都有能力嗅到危機的存在，發掘稍縱即逝的機會，協助學生。

1.隨機融入性別平等教育，建立身體自主權觀念，並落實使學生了解學校處置性侵害或性騷擾事件之機制、流程、運作與救濟方法，並予以練習機會。

2.運用學生之身體、行為、情緒、作業、出缺勤、學業成績、交友、金錢等線索，獲取關鍵性之辨識指標，搜尋可能形成性侵與騷擾的蛛絲馬跡或因素，並隨時例出清單，以為預防，適時處理或通報的資訊。

3.運用團體動力等輔導知能提升班級經營之效能，增進學生間的相互關懷、信任、互助與友情，也在尊重、理解與包容中，建立多元觀。

（二）輔導教師為主體，並建立學校之輔導專業團隊，協助受害與加害學生。

1.建立諮商輔導機制，協助相關當事學生，包含個別輔導、小團體輔導、成長營等。

2.提供學校其他教師、家長的教育輔導諮詢、進修與支持。

3.進行個案之認輔，以及系統之追蹤輔導機制之規劃、執行與管

理。

4.成立危機處理小組，避免危機擴大。

（三）社會資源整合的概念，建立與社政、警政、衛生、醫療等單位以及其他社福、民間團體之共同支援，形成學生完整之安全輔導網絡，切實追蹤輔導。

1.建立網路，掌握校內外資源，以供發生事件時之運用。

2.網路與危機小組的實際運作之運用、連結。

3.引進社會資源協助輔導專業、臨床工作等資源，協助相關當事人。（含短期安置、諮詢服務等。）

三、設置流暢、有效之通報系統，建立即時回饋機制

（一）除法定之申請（或檢舉）窗口（學務處）與校安通報、責任通報之外，學校應建立因地制宜之內部通報系統，增設專人管理之專用信箱、電話或電子郵件帳號，使學生能隨時，有隱私、無恐懼並能尊嚴地主動求助，同時有即時的回饋機制，以建立權威並獲得信任。

（二）消除教師通報障礙，並在內部通報系統中，發展能互信、共同面對問題、處理危機的能力與團體意識。此內部通報系統除了各任課教師與負責預防危機的人之外，也應涵蓋各相關行政人員、學生家長或家長委員會，並能與校安通報、責任通報相互連結，增加效率，避免警訊被忽略或太晚呈報學校之專責單位，造成危機。

（三）加強全校師生之性侵害、性騷擾防治教育與宣導，隨時提供完整、充分、正確之相關資訊與處理案例等。例如已修訂、公布之性別平等相關法規及其配套措施；可供諮詢、求助之學校單位與

負責人名單，以及申請或檢舉之程序、表件等。

四、破除性騷擾（或性侵害）迷思，提升判別能力

（一）性騷擾（或性侵害）迷思

1. 她一定做了什麼、穿了什麼、說了什麼，才會被性騷擾（或性侵害）。

2. 她／他沒有當場言詞拒絕，所以不算性騷擾（或性侵害）。

3. 她／他事隔多日才申訴，內情恐怕不單純。

4. 他是個好老師、好先生（或他已結婚、家庭幸福），怎可能騷擾（或性侵害）別人？

5. 會不會是誣告？為了報復或權力鬥爭？

6. 男性會被騷擾（或性侵害）嗎？

7. 同性之間也會性騷擾（或性侵害）嗎？

8. 她／他被性騷擾（或性侵害），怎麼還能笑？（能上學、吃得下飯？）

9. 她長得這麼「安全」，你相信她被騷擾（或性侵害）嗎？

10. 這是女生太過敏感？缺乏幽默感？

11. 這是關心，怎會是性騷擾（或性侵害）？有這麼嚴重嗎？

12. 他／她們本來關係那麼好（好朋友、男女朋友、得力幫手），怎可能是性騷擾（或性侵害）？

13. 這是追求、試探、情趣，怎算性騷擾？

14. 光天化日下怎可能發生性騷擾（或性侵害）？

15. 性騷擾（或性侵害）這種事情永遠都不會發生在我的身上。

（二）簡單初步的判別示例

1. 被害人的主觀感受。

2.被害人即時的抗議或抱怨，或曾對他人提起、記下日記。

3.是否影響被害人正常生活，例如常缺課、作業未交、遲到、交友改變等。

4.生理或心理有異於往常的表現。

5.身體有外傷。

6.兩造是否有上下隸屬、權力不對等或師生關係。

7.過去是否有性騷擾他人之紀錄（性騷擾史）。

8.加害人性騷擾行為重複發生的頻率（性騷擾史）。

五、積極審慎處理、落實追蹤輔導

學校知悉事件發生時，應即成立處理小組，由校長擔任召集人，學校一級主管擔任當然委員，並指定一人為執行祕書，統一事權，並應依事件之需要，即行擬妥處理分工表，設立單一窗口，對外發布必要之資訊、溝通或解答問題。

另調派專人處理相關文書事務，必要時聘請相關專業或有處理事件經驗之校內外人士為委員或擔任諮詢，並得另指定發言人，啟動學校之危機處理機制，依法進行處理並落實追蹤輔導。

處理小組工作，主要可分為輔導與行政兩部分業務：

（一）輔導業務

以輔導人員為主成立輔導團隊，成員包括學生輔導專責單位主管、校護、輔導教師、輔導專業人員、導師，得聘任校外輔導專業人士擔任諮詢顧問。並由輔導專責單位主管擔任組長或召集人，主要任務如下：

1.組織輔導團隊擬定整體輔導計畫，計畫內容應包含相關學生個人、班級及全校師生與家長，並依特質需求，分工進行輔導，召開會議，亦得適時修正計畫。

2.進行責任通報與校安通報，並積極建立、連絡支援網絡。

3.建立行為人之個案輔導紀錄，並依專業倫理妥適保存及管理相關當事人依法建置之資料。

4.必要時遴選合適之個案（受害或加害學生）管理者，建立證人保護措施、當事人之輔導與協助，同時依需要尋求資源、妥善再分工。

5.負責追蹤輔導相關計畫之擬定與執行，其輔導內容應包括：

（1）提供個別輔導與諮商或家庭諮詢與支持。

（2）提供處理小組與其他教師諮詢或相關資源之資訊。

（3）協助相關社會福利資源轉介或尋求衛生醫療協助。

（4）提供班級團體輔導課程、教師進修與親職教育。

（5）研擬適性或補救教育，維護學生之學習權。

（二）行政業務

　　由學務（訓導）、教官、教務、總務、人事、會計主管暨相關人員組織行政組，並推舉一人為組長或召集人。

1.協助召開「性別平等教育委員會」會議、組織調查小組，依法進行事件之調查、處理與評鑑。

2.擬定處理作業程序之相關時程表，以供「委員會」討論、追蹤提醒並督導「性別平等教育委員會」所設之專人在限期完成各項作業，例如聯絡開會、紀錄、保密、準備表格資料。通知受理與否、申復結果等。

3.協調彈性處理出缺勤紀錄、學籍與課程等相關事項，以配合《性別平等教育法》第23條所規定在事件處理之「必要之處置」，以保障當事人之受教權與工作權。例如：

（1）教務處與學務處應依法辦理、修訂相關「校規」，「成績考

查辦法」等，以彈性處理學生出缺勤紀錄、補考與補救教學等學籍、課程補救，以及成績考查（評量）之處理，或以「特殊事故」（含在家教育與資源班）、校際間學分、成績相互採計、選修科目與課目內容彈性變更等相關之學習內容與成績考察問題。

（2）人事主管協助教師調整工作性質或場所，彈性處理相關教師出缺勤紀錄。

4.整合校內外資源提供經費，安排課程時間、場地、遴選適任教師，以協助輔導人員進行學生必要之輔導措施。

5.規劃、執行、評鑑《性別平等教育法》第25條對加害人之「處置」規定之課程等內容。

6.後續報復情事之預防與處理，以及懲處、追蹤、通報主管機關等行政程序處理。

延伸思考

當校園校侵害或性騷擾事件發生時，通常波及的不只是被害人個人，也隱藏對校園其他所有師生人身安全之高危險因子。因研究顯示性侵害及性騷擾案件之行為人，通常反覆再犯的機率極高，若未適時揪出該行為人，對其惡行予以懲戒及治療，不僅受害人時時提心吊膽擔心再受侵犯，即使校園中其他師生，亦有遭受侵害的可能性。因此，《校園性侵害或性騷擾防治準則》除賦予被害人及其家長有權提出「申請」及「告訴」外，其餘所有知情之第三人均可提出「檢舉」，啟動調查小組調查之機制。然此時可能涉及隱私權之衝突，亦即，被害人可能不願意因性侵害或性騷擾事件曝光導致自己隱私內容被攤在陽光下，造成被害

人心靈的二度傷害；因此，若不知被害人有無自動提出「申請」之意願時，該知情第三者即面臨「提出檢舉」或「保護被害人隱私」的兩難課題。

於此情形下，我們認為該第三人仍應提出檢舉為宜，一方面因行為人再犯可能性極高，若未適時遏止，恐使下一個受害人再受侵犯，是以為保護所有師生的校園安全，實應儘早揪出惡狼。其次，為保護被害人之隱私，性平法等相關規範均已規定嚴密之「保護義務」，就被害人、檢舉人及證人等人身分資料予以保密，以祕密方式進行調查，並安排社工人員介入輔導受害人，使其了解性犯罪被害人並不可恥，可恥的是行為人，建立正確心態，知道應勇敢揭發並面對行為人惡行，以免其再犯而禍及他人。

此外，行政程序的申請同時涉及有無「時效」問題，因相關法律均未明確規定，為確實保障被害人，我們認為解釋上不應予以「法律上的時效」之限制。然因性侵害及性騷擾事件本身調查困難度就很高，如果再加上時日已久，恐怕會大大提高調查及確認犯行的困難度；因此我們建議，受害人或知情的第三人仍以儘速提出「申請」、「告訴」或「檢舉」，以把握「事實上的時效」，加速事實之調查與釐清。

UNIT 14

學生遭受到學校教職員或其他學生的性騷擾、性侵害,學校應該怎麼處理?

法律觀點

　　針對「校園性騷擾、性侵害事件」,相關的法律大致上有:《刑法》、《性侵害犯罪防治法》、《兒童及少年福利與權益保障法》、《性別平等教育法》《性騷擾防治法》、《性騷擾防治法施行細則》、《性騷擾防治準則》、《校園性侵害、性騷擾或性霸凌防治準則》、《性騷擾事件調解辦法》等相關條文,其中有許多規定重複的地方,故針對「學校及主管單位處理性騷擾或性侵害事件時,應遵守之流程及處理方式」,本文主要依據《性別平等教育法》(以下簡稱《性平法》)與《校園性侵害、性騷擾或性霸凌防治準則》(以下簡稱《防治準則》)之規定(民國100年2月10日教育部臺參字第1000010432C號令修正發布版本),加以整理並說明。

　　其次,學校的處理流程僅能針對「申請權人提出申請要求行政調查及懲處」的部分來處理,因為學校只有行政調查權及懲處權,並沒有司法偵辦權,所以若「校園性騷擾或性侵害事件」的受害人或其他有權告訴之人另外提出司法刑事告訴,學校則不介入司法調查;也就是說,學校處理的流程單純只針對行政流程部分來處理,是獨立於司法調查之外,不互相干涉也不互相排斥的。

壹、學校接獲申請或檢舉後之處理流程

一、學校何時應開始處理疑似「校園性騷擾事件」或「校園性侵害事件」？

（一）接獲申請或檢舉：依《性平法》第28條及《防治準則》第10條規定，於被害人或其法定代理人提出申請，或有人提出檢舉時，學校即應接手處理。

（二）經媒體報導：《防治準則》第20條規定：「經媒體報導之校園性侵害或性騷擾事件，應視同檢舉，學校或主管機關應主動將事件交由所設之性平會調查處理。」

二、通報義務

《防治準則》第16條規定：「學校或主管機關知悉校園性侵害或性騷擾事件時，應依相關法令規定向各該主管機關通報；學校並應向主管機關通報。」

三、三日內交查義務

《性平法》第30條規定：「學校接獲申請或檢舉後，應於三日內交由所設之性別平等教育委員會調查處理。」此外，《防治準則》第15條也規定：「若接獲申請調查或檢舉之學校或主管機關無管轄權者，亦應將該案件於七個工作天內移送其他有管轄權者，並通知當事人。」

四、二十日內通知是否受理並敘明理由之義務

《性平法》第29條及《防治準則》規定學校或主管機關應於接獲申

請調查或檢舉後二十日內，應以「書面」通知申請人或檢舉人是否受理。

若學校決定「不受理」，則通知應敘明理由，依《性平法》第29條第2項規定，下列情形應不予受理：

1. 非屬本法所規定之事項：受害人或加害人必須至少有一方是學生（例如：學生性騷擾教師），才會屬於「本法所規定」之事項；但是，若受害人與加害人均非學生，（例如：教師性騷擾教師，則不屬於定義中之「校園」性騷擾），也就不屬於「本法所規定」之事項。

2. 申請人或檢舉人未具真實姓名。因此，匿名檢舉或是黑函攻擊，學校得不予理會。

3. 同一事件已處理完畢者。為了不違反「一事不二罰」的原則，已處理過之事件，自係不應再為處理。但是，學校應就「當事人是否同一」與「事件是否同一」做出更細緻之判斷，加害人與被害人不同時，通常較容易判斷；而是不是屬於「同一事件」，有時卻容易會產生爭執。（例如：日前曾發生某教師對某學生性騷擾數次，之後並且性侵害未遂，學校之前僅就性騷擾部分調查並處分，之後學生若再提出性侵害之調查申請，並非屬於「同一事件」，學校即不得「不為受理」。）

五、教示義務

不受理通知除應敘明理由外，並應告知申請人或檢舉人，若有不服得以「申復」之期限以及受理單位，以便申請人或檢舉人不服學校不受理通知時，能再提起救濟。「申復」以一次為限，如「申復」有理由，則校方或主管機關即應將全案交由性別平等委員會處理；如「申復」無

理由，行為人（即事件中之加害人）得於30日內另行依《性平法》第34條規定提出救濟。

貳、學校受理調查期間應注意事項

一、調查小組應注意事項及應遵守義務

（一）調查小組的成立

《性平法》第30條規定：學校或主管機關性別平等教育委員會處理校園性騷擾及性侵害案件時，得成立調查小組，其中女性成員人數比例，應占成員總數二分之一以上。

（二）遵守法定期間義務

《性平法》第31條規定：學校或主管機關性別平等教育委員會應於受理申請或檢舉後二個月內完成調查。必要時，得延長之，延長以二次為限，每次不得逾一個月（所以調查期間最多不能超過四個月），並應通知申請人、檢舉人及行為人。

（三）配合調查義務

《性平法》30條第4項規定：性別平等教育委員會或調查小組依本法規定進行調查時，行為人、申請人及受邀協助調查之人或單位，應予配合，並提供相關資料。

（四）迴避義務

《防治準則》第21條第2項規定，為了避免「調查」與「輔導」兩種不同角色所可能產生之衝突，校園性騷擾事件當事人之輔導人員，應迴避該事件之調查工作；參與校園性騷擾事件之調查及處理人員，亦應迴避對該當事人之輔導工作。

（五）保密義務：

《性平法》第22條第2項及《防治準則》第23條、第24條均有規定：學校對於當事人、檢舉人及證人之姓名或其他足以辨識其身分之資料，應予以保密。而且對於記載相關人等姓名之原始文書應予封存，不得供閱覽或提供他人。除此之外，除「原始文書」之外，另行製作的任何文書，相關人等的真實姓名及其他足以辨識身分之資料均應刪除，並且以代號為之。

二、對受害人調查及處理時應注意事項

（一）調查方式及注意事項

《防治準則》第23條規定學校或主管機關調查處理校園性侵害或性騷擾事件時，應依下列方式辦理：（一）當事人為未成年者，接受調查時得由法定代理人陪同。（二）行為人與被害人、檢舉人或受邀協助調查之人有權力不對等之情形者，應避免其對質。（三）學校或主管機關基於調查之必要，得於不違反保密義務之範圍內另做成書面資料，交由行為人、被害人或受邀協助調查之人閱覽或告以要旨。（四）學校或主管機關就行為人、被害人、檢舉人或協助調查之人之姓名及其他足以辨識身分之資料，應予保密。但有調查之必要或基於公共安全考量者，不在此限。（五）申請人撤回申請調查時，為釐清相關法律責任，受理之學校或主管機關得經所設之性平會決議，或經行為人請求，繼續調查處理。主管機關認情節重大者，應命學校繼續調查處理。

（二）彈性處理義務

《防治準則》第25條規定為保障校園性侵害或性騷擾事件當事人之受教權或工作權，學校於必要時得為下列處置：（一）彈性處理當事人

之出缺勤紀錄或成績考核，並積極協助其課業或職務。（二）尊重被害人之意願，減低當事人雙方互動之機會。（三）採取必要處置，以避免報復情事。（四）減低行為人再度加害之可能。（五）其他性別平等教育委員會認為必要之處置。

（三）避免重複詢問原則

　　《性平法》第22條及《防治準則》第29條均規定「避免重複詢問原則」：前者規定學校調查時應給予雙方當事人充分陳述意見及答辯之機會，但應避免重複詢問。後者則規定：基於尊重專業判斷及避免重複詢問原則，學校對於與校園性侵害或性騷擾事件有關之事實認定，應依據性平會之調查報告，以免被害人一再回想及回答，造成多次傷害。

（四）主動轉介及提供協助

　　《性平法》第24條規定及《防治準則》第26、27條分別規定：學校或主管機關應視當事人之身心狀況，主動轉介至各相關機構，以提供必要之協助。或者是直接對於當事人提供心理諮商、法律諮詢、課業協助、經濟協助等等必要之協助。

三、行為人應配合義務

　　《性平法》第30條第4項規定行為人於學校調查程序進行當中，應配合並提供相關資料，若行為人拒絕，可由學校依「性平法」第36條規定報請主管機關科處1萬元以上5萬元以下之罰鍰，並得連續處罰至其配合或提供資料為止。

參、學校受理調查結束後應採取措施及懲處規定

一、建立檔案並通報之義務

（一）《性平法》第27條規定：學校應建立校園性侵害或性騷擾事件及加害人之檔案資料。而加害人轉至其他學校就讀或服務時，學校也應於知悉後一個月內，向加害人現就讀或服務之學校「通報」。但是，通報之內容「僅限於」加害人經查證屬實之校園性騷擾事件時間、樣態、加害人姓名及職稱或學籍資料（《防治準則》第33條第1項）。換言之，並非所有的內容均得通報。

（二）此外，《性侵害犯罪防治法》第8條也規定，醫事人員、社工人員、教育人員、保育人員、警察人員、勞政人員，於執行職務知有疑似性侵害犯罪情事者，應立即向當地直轄市、縣（市）主管機關通報。

（三）但《防治準則》第33條第2項亦同時規定：主管機關或加害人原就讀或服務之學校就加害人追蹤輔導後，評估無再犯情事者，得於前項通報內容註記加害人之改過情形。

二、懲處義務

《性平法》第25條及《防治準則》第30條規定：學校調查完成後確認性騷擾行為確實存在，應由學校或主管機關在接獲報告後二個月內對加害人做出懲處，並為其他適當處置（例如：記過或調職、經被害人同意後向被害人道歉、接受八小時之性別平等教育相關課程、接受心理輔導、其他符合教育目的之措施），在此類懲處涉及當事人身分改變之情形，應給予書面陳述意見的機會。若其他機關依相關法律或法規有懲處

權限時，學校應將該事件移送其他權責機關懲處。

三、教示義務

《防治準則》第31條第2項規定，若學校受理且處理後，將處理結果通知申請人或檢舉人，申請人或檢舉人亦不服處理結果時，亦得提出「申復」，而學校亦應明白記載「不服得以申復之期限以及受理單位」於通知書之上。

四、妥善保管加害人檔案義務（《防治準則》第32條）

加害人之檔案資料（分為原始檔案與報告檔案），應指定專責單位保管。

教育觀點 ✍

學校是教育的場所，父母、社會都堅信其環境安全、教師專業，也因此獲得信任、託付與較高的道德、價值期待。校園一旦發生性騷擾或性侵害事件，不論是學生與學生，或是學生與教師間，甚至教師之間的性侵害或性騷擾事件，往往會成為新聞報導的焦點。尤其中小學所有對象皆在兒童及少年相關法律之保護範圍，為「國民義務」教育階段，國家的責任與社會的要求必然更為嚴峻。

校園性侵害或性騷擾事件不論對學校教育目標之衝擊，或是學校組織、行政處理能力的挑戰而言都是一種危機，常令單純的學校人員與原有機制窮於應付，也往往因一時的忽略而造成人員傷害、形成學校面臨四面楚歌，無法挽回的局面。自《性別平等教育法》公布、施行之後，「校園裡的性騷擾、性侵害」事件處理有更明確的規範與責任。當發生

事件時，學校應有正確的認知與態度、誠實面對，能以精熟的技巧與專業，依法處理、追蹤事件發展，並持續輔導相關當事人。學校發生事件時，學校能認真處理與面對，當能借力使力，增強行政能力，強化組織內部之凝聚力，提升性別平等教育品質與效果。而學生為加害人時，亦應本教育之立場，以「教育」重於「懲處」的基本信念，積極改善校園環境，推展法治觀念與性別平等教育，並以「宜教不宜罰」之原則處置。當教師為加害人時，則應以嚴格的教師倫理加以檢視，以學生之受教權與所受影響為處置的主要考量。

因此，無論學生遭受到學校教職員或其他學生的性騷擾、性侵害，學校都應該認真對待《性別平等教育法》，即時依事件之類型、對象等資訊，通報主管機關或113專線，以促資源統整與到位，並運用教育專業知能，誠實面對法律、積極處理，維護學生之學習權。

處理建議

一、建置完備、運作自如的預防機制

學生是校園的主體，其生活、學習、相互溝通於校園情境之中，因此從學生的思想、行為與學習情形常可獲得校園性別事件發生的主要線索。學校認真辦教育，加強師生關係與友善校園環境的營造乃為預防機制建置的根本。平時學校應以公共衛生的概念提升防治教育品質，建立危機管理觀念與機制，無論在危機預防，掌握或處理過程或問題之解決都有很大的幫助。

（一）建立三級預防機制

1.一級預防：建立整體教育系統，落實全校性防治計畫。

2.二級預防：篩選與輔導高關懷群，學校建立有篩選指標、建立檔案、介入輔導。

3.三級預防：危機處理機制，即能建立處理流程、培訓種子、資源統整、網絡建置。

（二）強化預防機制之功能與內涵

1.建立危機預防與風險指標，隨時搜尋可能形成性別事件危機的資訊系統，建立校園安全地圖。

2.建置完備的組織制度，激發各成員間同舟共濟、團隊合作，相互信任，且對性別平等教育具有共識之情懷。當發生事件時，除能有「自信」面對之外，更具備有處理的真正「能力」。

3.重視平時學校行政人員之訓練，以及行政效能與效率之提升。

4.設立有效的「危機處理小組」組織，能於平時即加強教育與訓練，提升功能，以因應危機的機制。

5.建立校內外緊密、功能性的支持網絡。

二、掌握事件發生的關鍵時機

（一）「通報」應視為性騷擾、性侵害事件預防與處理的第一步

　　「通報」不只是遵守法令、程序的問題，也是學校掌握資訊的重要關鍵，更是處理性別事件時，獲取各方相關資源之必要條件，例如，主管機關的行政資源與支持、專業人員之配合與協助，以及處理人員監管適切的訊息，以適時採取行動。發生性騷擾、性侵害事件時應避免孤單獨行，因而產生可能的狀況。「通報」系統除了負責性騷擾、性侵害事件的專責人員之外，更應涵蓋各相關的人士，例如各行政人員、教師、學生與家長委員會等的校內通報系統。學校應設有專用之聯絡e-mail、單位電話，以及

業務重點，通報的型式、路徑、內容、相關人員的角色與職責等資料，並輔以清楚、流暢的通報範例，公告周知。同時，積極消除通報心理障礙，以使學校隨時搜尋可能形成危機、發掘稍縱即逝的機會，並能依法進行責任通報（113通報）與校安通報（通報主管教育機關）。

（二）進行「誠懇溝通與輔導」避免事件擴大

所謂「一步錯，步步錯」，即是因為關鍵的時間與人的溝通和處理態度出現問題。唯有把握關鍵時機，讓受害者得到支持，讓學校所有人員獲得充分正確的事件資訊，感受同舟共濟、團隊合作，熱誠參與處理之責任感，才能避免事件擴大。事件發生之第一時間「危機處理」機制之運作應即應展開，指定專人，設立單一發言人、統籌窗口，並召開相關會議，整合資源並建立行政分工表。此時之溝通技巧、誠意與專業知能至為重要。學校應即時組織輔導團隊，擬定整體輔導計畫，轉導對象分別為，相關當事人、相關班級（包含學生與任課教師）及全校師生與家長，依其特質與需求，分工進行支持輔導，以及其他必要之說明與溝通，極力避免事實遭到曲解、製造或傳播是非，或讓有心人操作、利用，而致危機擴大，造成更難處理的局面與傷害。

此時，輔導人員對受害者與加害者之協助，班級之團輔等至為重要，應即時進行。例如：唔談、同理與支持，掌握當事者心理狀況，並協助焦慮與情緒之處理，若有生命安全、精神狀況不穩定、嚴重創傷失落，以及法律通報等，應即時會同相關專業人員處置。教務與學務單位人員亦應積極進行學生學習權之保護，與避免二度傷害之相關措施，例如，調整班級與任課教師、學業成績與出缺勤之彈性處理等。

三、落實性別平等教育與行政一體之運作

（一）體認校園「性騷擾、性侵害」事件之處理，不是《性別平等教育法》立法的唯一目的

　　《性別平等教育法》開宗明義：「為促進性別地位之實質平等，消除性別歧視，維護人格尊嚴，厚植並建立性別平等之教育資源與環境。」為立法之宗旨。

　　因此，如何透過性別平等教育之落實，以防患「校園性騷擾、性侵害事件」之發生應為學校處理事件之指導原則；避免性別事件之再發生為「校園性騷擾、性侵害事件」處理之最終目標；校園性侵害或性騷擾防治教育應予以重視，但它不等於學校落實性別平等教育。

（二）性別平等教育委員會與行政一體

　　處理校園性侵害或性騷擾事件時，「性別平等教育委員會」之性別專業權與學校組織之行政權責應分工而合作。原則上，性騷擾、性侵害事件之事實認定，並提出調查報告與處理建議，屬「性別平等教育委員會」之專業範圍，應受到完全的尊重，而執行「調查報告」中之內容或「處理建議」，則應屬行政職責，其責無旁貸。平時性別平等教育委員會有擬定性別平等教育實施計畫，協助執行與落實，並檢視其實施成果之任務（性平法第6條），但應依相關法令與行政運作之規範與行政單位分別負責，團隊合作，才能達成效果，學校應制定具體、明確之章則，據以運作。

四、依法調查處理，重視機會教育

（一）調查過程嚴守《性別平等教育法》與《行政程序法》

　　堅守程序正義，對於受害人與加害人之陳述、證據應予以同等重視，且應依《行政程序法》與相關規定程序進行，並充分讓相關當事人了解補救之機制，例如申複、濟救，或可運用之資源等。調查人員應以客觀、公正、專業的態度對待相關當事人，並依法迴避、保密、通知等。

（二）處理與教育應並行

　　處理的過程是性別平等教育的重要時機，也是性別平等教育的最好教材，應把握教育的契機，關心教育的內涵，無論校園安全、師生性別平等意識的建立，或其他資源之整合與投入都應在學校發生性騷擾、性侵害事件處理的過程中加以一併思考，藉機開發資源、建立（修整）機制。同時，運用行政會報、導師會議或各科教學研究會，討論相關之校園案例或新聞事件，由檢視與批判中逐步建立正確之性別平等觀，也由處理經驗中熟悉程序、技巧，提升專業知能、發展學習組織，以促成師生積極主動關心性別平等與性騷擾、性侵害問題，只有養成終身學習的習慣才能使學校之處理品質不斷提升，發揮真正助人的功能。

延伸思考 ✍

　　校園性別事件產生危機，可能是事件本身，亦有可能是對此事件的認知狀態，在情況急遽轉變之前可供反應的時間很有限，且威脅學校或決策單位之價值、目標或個人安全，因此處理過程複雜、多元，且具不確定性。校園性侵害或性騷擾事件一旦發生，學校即應進入危機處理的

階段已如前述。而校園文化常受科層體制之行政倫理與業務本位的影響，處理時必要之資源整合與人員之機動性常感不足，人員之性別專業素養又仍處發展階段。因此當性別事件發生之初，學校常無法掌握先機，衍生後續處理之問題與困難。例如：

一、了解學校生態之專業人力難找，依法應成立之功能小組（例如調查小組、危機處理小組）成立困難。

二、相關當事人與學校的即時危機未能確實掌握，或有足夠的專業人力即時介入處理，因此衍生問題。

三、行政支援系統遲遲無法建立，後勤資源無法適時到位，「性別平等教育委員會」運作與功能受限制。

　　為解決以上處理性別事件時的窘境，應考慮於性別平等教育委員會，設置「常務委員」駐校。必要時常務委員以學務、教務與人事等一級主管為當然或諮詢委員，或聘請相關專業或有處理事件經驗之校外人士擔任諮詢，以組織為具行政權與專業權威之團隊，做為性別事件之「常設統整機制」。此團隊因人數較少，易安排定期研討、進修性別相關議題，增進相關知能，並培養相互默契。

　　此機制於平時，可做為學校性別平等教育之人才培育與諮詢中心，發揮「性平會」駐校推動性別平等教育的積極角色，亦可以審議申訴或檢舉案件之「受理與否」。一旦事件發生即行介入處理或協助，不但可以避免事件擴大，亦可提升性別事件處理之品質。

　　其功能說明如下：

一、統整機制為常設，且駐校，則一經發生事件，校長即可召集開會，研商策略，並規劃、整合資源。除積極籌備「性平會」開會事宜，且可積極處理即時性的危機，同時進行行政溝通與整合、提供校長處理時之諮詢，並能做為辦理申復之窗口或過渡平台。

二、目前依性別相關法令成立之「功能小組」繁多，疊床架屋，致使校內人員疲於奔命，甚或有相互推諉、指責之情況。此「常設統整機制」除可成為性別專業與行政權之協調、溝通平台之外，亦可將學校相關之「防治處理機制」，例如懷孕學生事件之「處理小組」與性侵害或性騷擾事件之「調查小組」加以統整，促使處理性別事件之機制單純化，增進行政之橫向聯繫與效能。

三、常設機制易安排計畫性之定期進修，因此常務委員或一級主管易接受有系統之進修課程，可成為學校「人材庫」與「種子」教師之來源。必要時這些成員即可投入「調查小組」或「處理小組」，不但可以避免「功能小組」成軍匆促，人才難覓之苦，亦可因成員間長期培養默契，因而提升處理、調查之品質。學校更可因此而激發內部自我提升的能量，營造校園性別友善的文化。

四、常務委員於平時亦可做為學生懷孕事件「申訴信箱」，或為申請、檢舉性別事件時之過渡機制，以協助、答詢相關當事人的問題。同時由於其為駐校，方便持續與系統督導，以協助學校落實性別平等教育計畫，以及調查與處理建議之執行、追蹤與輔導。

五、「常設統整機制」仍屬性別平等教育委員會，其主要功能在協助處理即時性的危機，以及性別委員會調查事實前之準備、調查過程中之後勤支援，與處理結果之持續追蹤、協助與督導，因此其之設置將可提升性別平等教育委員會之運作功能。

基本架構、流程與功能如下：

校園性別事件處理參考架構

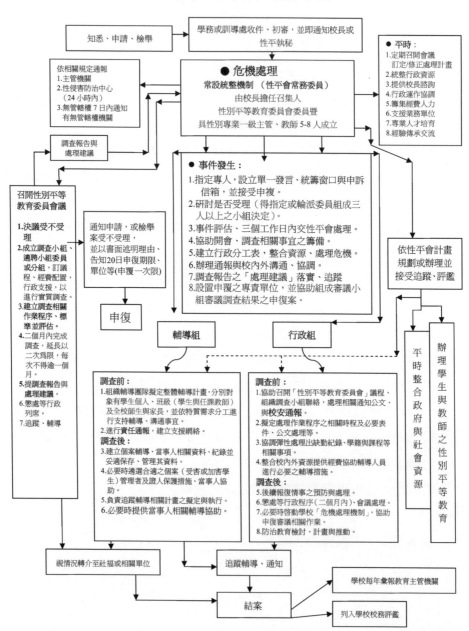

學校可以要求懷孕的學生離開學校嗎？
學校對於懷孕的學生應如何處理？

法律觀點

我國《教育基本法》第4條規定，人民無分性別、年齡、能力、地域、族群、宗教信仰、政治理念、社經地位及其他條件，接受教育之機會一律平等。對於原住民、身心障礙者及其他弱勢族群之教育，應考慮其自主性及特殊性，依法令予以特別保障，並扶助其發展。

也就是說，受教權是人民的基本權利，不容因個人際遇如懷孕而被剝奪，針對懷孕學生之受教權，《性別平等教育法》（民國93年6月23日公布實施）特別做出保障，其第14條第1項規定，學校應積極維護懷孕學生之受教權，並提供必要之協助。學校如有違反，按《性別平等教育法》第36條第1項可作處罰，學校違反第13條、第14條、第20條第2項、第22條第2項或第27條第3項規定者，應處新臺幣一萬元以上十萬元以下罰鍰。隔年6月發布之《性別平等教育法施行細則》第11條也明訂，本法第14條第3項所定必要之協助，應包含善用學校依「原住民學生升學優待及原住民公費留學辦法」的規定，原住民學生報考高級中等以上學校新生入學考試，除研究所、學士後各系招生不予優待外，凡是參加以考試分發入學者，只要具備原住民身分[2]，即可享有依其意願申請總分加百分

---

2 依照原住民學生升學優待及原住民公費留學辦法第2條規定，該辦法所稱原住民學生或原住民，其認定依中央原住民主管機關之相關規定，換言之，必須是依照原住民身分法經登記有案之原住民始適用之。另依前開辦法第5條、第6條規定，原住民學生報考高級中等以上學校時，應於報名時繳交其本人之全戶戶口名簿影本一份，戶口名簿上並應有山地原住民或平地原住民記事，如未以原住民族籍身分報名或未送繳前條規定之證件者，不予優待，事後不得以任何理由申請補辦或補繳。由此觀之，加分優待可依原住民學生意願自由選擇是否申請，並非自動給予。

之二十五。

　　內外資源，提供懷孕或生產學生之適性教育，並採彈性措施，協助其完成學業及提供相關輔導。是以，學校不僅不可以要求懷孕的學生離開學校，更應該對懷孕學生提供必要的協助。

　　教育部並於94年7月續頒《學生懷孕事件輔導與處理要點》，規定各級學校應從教育、輔導以及協助三個面向，保障學生受教平等權。其中要點包括：學校不得以懷孕為由，明示、暗示學生休學、轉學、退學或請長假；放寬女學生懷孕請假、休學及修業年限；課業、學籍、成績考查、評量採彈性措施；協助整合各項資源；定期通報主管單位彙整資料；以及提供友善的校園環境等，該要點並另附有學校輔導及處理學生懷孕事件注意事項以及流程，供學校做為處理學生懷孕事件的依據。

教育觀點

　　對仍處教育階段學生，面對懷孕身心之緊張、惶恐與無助，絕非外人所能想像。家人、朋友的關懷與支持或可稍緩緊繃情緒，但往往效果有限；真正能進一步協助與提供資源的應是以學校為主體所組成的教育與輔導系統。除了根據法源通報主管機關外，學校應將事件之發生視為社會教育與學校教育闕漏之一環，探討省思教育體系中的不足：是否曾有計畫的指導過學生生理教育課程，指導迎接及面對青春期的成長與變化？是否指導過能以尊重態度與不同性別他人互動？是否備有成熟自主能力抉擇情感？是否指導過面對強權與暴力傷害身體時的應變機制？是否有足夠的生理知識及心理準備做好避孕或懷孕的準備？若不小心懷孕了找誰求助？如何應變？有沒有可能懷孕而不自知？學生懷孕不自知甚至流產於廁所中的案例偶有聽聞，家庭學校是否有該承擔的責任？只有

透過學生懷孕事件的發生深思檢討並研擬具體可行計畫，才是根本緩解主體學生焦慮，策勵客體學生發揮行動力積極突破自我之良方。

處理建議 ✍

　　利用事件轉為教育契機，除了避免責備、刁難、排斥就學，甚至歧視眼光在校園中的閃爍穿梭等反教育行為外，學校應將家長納為溝通團隊，積極研擬並深思協助與輔導懷孕學生計畫。從教育、生活、諮商、法律、醫療等各層面探討，以提供懷孕學生必要之資源並鼓勵全校師生建立友善校園氛圍，及無性別刻板化環境。具體策略如下：

一、協助與輔導懷孕學生，使獲得必要之支持與協助

　　學校對懷孕學生之協助應先經過審慎評估並配合環境實務，其原則：

（一）提供必要之環境資源，以因應懷孕學生生理變化或特殊之需求。如彈性調整教室位置、教室桌椅大小、高度及盥洗室設備等

（二）彈性處理學生之出缺席並實施補救教學，以提高就學興趣、滿足學習需求並減緩課業壓力。

（三）提供心理輔導與諮商服務，以減緩身心壓力，樂觀看待未來。

（四）協助提供醫療與護理之諮詢服務，以促進身心之健康。

（五）協助提供法律資訊或法律諮詢服務，以安定心情，確認自己之所需。

二、提供全校學生必要之知識、觀念以化解疑惑，建立友善而安全的校園氛圍

　　學校內同儕的眼光態度常是懷孕學生的壓力來源。掌握機會適時教育不僅可化尷尬、異樣眼光為同理、支援的力量，也可趁機為在校學生提供完整的性別平等教育課程。提供在校學生課程內容可包含：

（一）提供《性別平等教育法》及相關之法律常識，並協助之法律資源。

（二）設計生理教育課程，使了解身心之成長與變化，青春期之迎接、護理與應變知識，並協助知識或資源不足者之策略。

（三）設計性別互動課程，使了解性別與多元性別之平等對待方式、無歧視性別互動觀念與態度。

（四）剖析使了解社會文化建構中，性與權力的關係，樣態、既存的刻板印象，突破的困境與行動力的發揮，並協助知識或資源不足者之策略。

（五）設計情感自主權課程，使了解情感選擇中應具備的條件包含：以尊重他人感受為基礎，以自己能選擇、自主並愉悅的情感為重要因素，以尊重他人身體自主權為必要態度，並協助知識或資源不足者之策略。

（六）設計性侵害防治教育課程：擇取社會案件實例，分析並探討發生之樣態、原因，受害者可能產生之後果心境、輿論壓力，進而建立身體自主權的觀念防範之策略，並協助之策略 。

三、與家長的溝通

　　提供懷孕學生家長必要之資訊，法律常識之提供，及支持子女的態

度與策略。解答在校學生家長可能之疑惑，利用親職教育講座設計「父母如何與孩子的談性？」課程，提升家長性教育知識、必要之法律常識、同理子女與他人子女之心態。

延伸思考

2008年一部美國影片「鴻孕當頭」，在寫實的基礎上，具體呈現什麼是懷孕女學生的「友善環境」。十六歲的女主角和喜歡的男同學發生關係之後意外懷孕了，在告訴父親和繼母的時候，他們雖表驚訝，卻沒有動怒，尊重女孩自己決定生下嬰兒後送人領養。在學校上課或在醫院產檢時，挺著大肚子的年輕女孩雖也會遭到側目，但總有好友或父母在旁適時護衛或打氣。就這樣，女孩邊懷孕邊上學，生下並送走嬰兒之後，繼續她十七歲的人生。在看似順利的過程中，她其實對自己、對關係、對生命，都另有一番深刻的體會。

讓我們想像另一種版本：一個意外懷孕的女學生因為擔心真相曝光之後種種可怕的結果，因此自行購買服用RU486或是由朋友陪同做了人工流產，因為尚未成年，她只能找醫療水準較差的診所，任憑醫生敲竹槓；她也有可能拖到無可隱瞞，不僅已無法做人工流產，在被父母嚴厲斥責之後，休學在家或被安排進入機構待產，有許多甚至被安排直接結婚了事；也有少數從頭到尾瞞過了家人師長，最後在家裡或學校廁所產下嬰兒。

第二種版本或許更符合我們的現實。這樣的女學生到底有多少？真實數字不得而知。根據教育部的統計，民國95年高中職懷孕女學生只有153位，但如果我們參考另一些數據，事實則遠非如此。民國95年15至19歲的女性共生出5,086位嬰兒（民國96年數字為4,317位），而這個年齡層

的就學率超過95%，也就是說，在四、五千多位嬰兒的母親中，原本都應該在學，但她們絕大多數卻因為懷孕與生產而從校園中消失了。她們懷孕生產的過程如何，學校不得而知，學業如何接續或根本不再復學，學校因為無從掌握當然談不上協助。還要注意的是，這些都是十五歲以上的數據，如果將國中生也納入考量，人數還會更多。一般推估，青少女的人工流產數是生產數的二至三倍，如果是這樣，懷孕數可能高達10,000～15,000。即使沒有選擇生下嬰兒，這些女學生的醫療處境和身心狀況，也令人憂心。

要如何避免意外懷孕，是另一個重要議題（或許更重要）。但是，我們在談的是「已經」懷孕的女學生，因此，我們眼前有兩條路：一是讓她們繼續自動消失，自行去解決問題；二是提供比現狀更好的做法，協助她們渡過這個階段。我們的校園可不可能開始廣納各式各樣的學生，以及她們的人生處境，而不是和過去一樣以「清除」的方式維持校園的「純淨」？

因此，讓女學生了解並學會照顧自己的身體很重要，教導男生共同負起避孕責任也很重要，但即使這樣做了，但人生還是難免有意外。意外懷孕發生時，希望女學生不會被片面譴責，不需要自行擔負後果，仍可以繼續擁有受教權和許多選擇的權利，這檢驗著我們的校園環境是否友善和人性化。至於有些校長或老師擔心，懷孕學生繼續留在學校會讓其他學生「有樣學樣」，暴露出的則是我們的教育針對懷孕、生產、養育這些議題的著墨有多麼單薄，學生才有可能會以為生養孩子是件輕鬆的事。反過來說，因為班上或校園中有懷孕同學，或許學生們可以從她們身上學習到關於懷孕、關於生命更多的事也不一定，或許這也是生命教育非常好的素材！

一般學校是否應主動發覺身心障礙學生有哪些特殊教育及相關服務的需求？並提供哪些適當的服務？

法律觀點 ✍

　　依照《特殊教育法》第3條：「本法所稱身心障礙，指因生理或心理之障礙，經專業評估及鑑定具學習特殊需求，須特殊教育及相關服務措施之協助者；其分類如下：一、智能障礙。二、視覺障礙。三、聽覺障礙。四、語言障礙。五、肢體障礙。六、身體病弱。七、情緒行為障礙。八、學習障礙。九、多重障礙。十、自閉症。十一、發展遲緩。十二、其他障礙。」，另外依照第17條明文規定：「托兒所、幼兒園及各級學校應主動或依申請發掘具特殊教育需求之學生，經監護人或法定代理人同意者，依前條規定鑑定後予以安置，並提供特殊教育及相關服務措施。」因此身心障礙學生是指經由評估及鑑定具有學習需求，需要特殊教育及相關服務措之協助的12類障礙學生。而各級學校有責任主動發覺學生因生理或心理的障礙而有特殊教育需求，並依規定進行鑑定安置的程序，一旦確認學生符合《特殊教育法》第3條定義之身心障礙學生，必須提供特殊教育及相關服務措施。

　　《特殊教育法》進一步規範了學校及各級主管機關對身心障礙學生所應提供之教育及服務。詳言之，為因應特殊教育學生之教育需求，其教育階段、年級安排、教育場所及實施方式，應保持彈性，特殊教育學生得視實際狀況，調整其入學年齡及修業年限；特殊教育之課程、教材、教法及評量方式，也應保持彈性，適合特殊教育學生身心特性及需求（第12、19條）。

另外，為充分發揮特殊教育學生潛能，各級學校對於特殊教育之教學應結合相關資源，並得聘任具特殊專才者協助教學，且身心障礙教育之實施，各級主管機關應依專業評估之結果，結合醫療資源，對身心障礙學生進行有關復健、訓練治療，各級主管機關並應提供學校輔導身心障礙學生有關評量、教學及行政等支援服務（第20、23、24條）。

　　同時，各級學校及試務單位不得以身心障礙為由，拒絕學生入學或應試，並應提供考試適當服務措施，各級主管機關也應依身心障礙學生之家庭經濟條件，減免其就學費用等，提供經費上之幫助（第22、32、33條）；而各教育階段之學校為使各教育階段身心障礙學生服務需求得以銜接，應提供整體性與持續性轉銜輔導及服務，並提供適當之升學輔導法（第29、31條）。

教育觀點

　　特殊教育目的乃實踐教育機會平等原則，透過提供適性教育，使身心障礙學生充分發展身心潛能，培養健全人格，進而能夠增進服務社會能力。由於特殊教育服務對象限定於有特殊教育學習需求的身心障礙學生或資賦優異學生，為使教育資源能夠運用到此類學生，透過立法的程序，制定身心障礙學生的資格與鑑定程序。就國內目前特殊教育的運作機制，學生要獲得特殊教育服務，必須先取得合法的特殊教育服務資格。因此學校單位有責任透過不同的管道發覺疑似身心障礙學生，並依據程序提報鑑輔會進行鑑定，確認有特殊教育的服務需求，從學生之優弱勢能力評估，學生適合的教育安置，所需要的教學、評量、環境調整、轉銜輔導等及其他相關服務，做為學校單位提供特殊教育服務的依據。

　　適當的特殊教育及相關服務乃基於學生的需求，《特殊教育法》特別強調特殊教育的實施具有彈性，乃針對個別需求而個別擬定之個別化教育計畫或特殊教育方案。每一位身心障礙學生所需要的服務並不相同，如果單從家長、學生個人的觀點或學校所能提供的項目做為選擇的依據，不僅是違背特殊教育的宗旨，更忽視身心障礙學生合法的受教權。

　　學校是身心障礙學生在家庭之外，最重要的支持系統，亦是整合家庭、社區單位之間的居中體系，透過學校主管機關的資源系統整合，才能運用各項軟硬體的教育輔助資源，並協調不同的專業人員（如：特教教師、普通教育教師、醫療復健人員、社工員、職業輔導員等）提供身心障礙學生最適切的服務。

處理建議

　　對於部分身心障礙學生或家長而言，身心障礙手冊或鑑定證明如同一個護身符，以身心障礙者的身分要求校方提供所有法令條文上所列出的各項服務項目。實際上，這樣的觀念不僅違背法條的原則，更造成教育資源的浪費。

　　在高級中等學校以下就學之身心障礙學生，其特殊教育服務需透過個別化教育計畫會議，由學校行政人員、特殊教育及相關教師、學生家長，必要時邀請相關專業人員及學生本人共同參與，擬定符合身心障礙學生個別需求的個別化教育計畫。高等教育階段之身心障礙教育，則是以特殊教育方案實施。

　　身心障礙學生和家長有權要求學校依據其身心特質與需求，不論在普通班級或特殊班級的課程、教材、教法及評量方式，應保持彈性，進

行個別化的適性教育；但教育輔助器材、相關支持服務、考試服務和經費補助必須透過學生能力需求評估，擬定個別化教育計畫或特殊教育方案，家長和學生無權單就個人觀點或個人利益要求一定要提供某項設備、服務或經費補助。

延伸思考 ✍

　　在普通班級中常會出現處於灰色地帶的孩子，亦無法達到身心障礙鑑定資格的門檻，又有些身心問題或在學習或適應上明顯困難學生；以及因文化差異、社經條件，老師常常求助無門，既無特殊教育服務及相關專業服務依據，也較難獲得社會資源的挹注。然而，這些學生卻是需要關懷、需要協助、亦需要有專業的輔導諮商和教學與行為輔導策略介入的學生。面對這些邊緣化的學生，不論是教育專責單位或第一線的現場老師們都必須正視並共同思考擬定對策。學校單位至少要落實「三級預防」的輔導支持系統，並整合全校性的資源網絡，結合社區或社會資源進行共同的協助。

　　「每一個孩子都應是國家的寶」，因材施教更是「一個也不能少」。這部分的問題不僅已經明顯的浮現於教育討論議題，重大社會案件亦顯示出缺乏適時、適當、適切的個別化教育服務所造成的遺憾。

　　教育應以所有學生的需求為考量，能夠符合公平、正義的原則，使每一位學生都能夠從環境中獲取發揮個人內在潛能的機會。特殊教育及相關服務不能僅著眼於治療而忽略早期預防，對於未鑑定為身心障礙學生或有特殊服務需求的學生需要透過普通教育與特殊教育之間合作，共同評量學生的教育需求，發展有效的學習與輔導策略，使學生能夠身心健全發展。各級教育主管單位應更加重視與強調「預防失敗」，並使學

生能夠從學習過程中獲得「成功經驗」，能夠經由自我肯定的歷程，學習自尊、自重與自信。避免因個人能力限制或環境因素的影響，造成內在衝突與自我放棄的結果，失去教育的意義。

UNIT 17

身障生是否有選擇受教育方式的權利？

法律觀點 ✍️

　　民國98年11月18日修正之《特殊教育法》第17條規定：

　　「托兒所、幼兒園及各級學校應主動或依申請發掘具特殊教育需求之學生，經監護人或法定代理人同意者，依前條規定鑑定後予以安置，並提供特殊教育及相關服務措施。

　　各主管機關應每年重新評估前項安置之適當性。

　　監護人或法定代理人不同意進行鑑定安置程序時，托兒所、幼稚園及高級中等以下學校應通報主管機關。

　　主管機關為保障身心障礙學生權益，必要時得要求監護人或法定代理人配合鑑定後安置及特殊教育相關服務。」

　　《特殊教育法》第6條規定「各該主管機關辦理身心障礙學生鑑定及安置工作召開會議時，應通知有關之學生家長列席，該家長並得邀請相關專業人員列席。」第21條規定「對學生鑑定、安置及輔導如有爭議，學生或其監護人、法定代理人，得向主管機關提起申訴，主管機關應提供申訴服務。」

　　就法律條文而言，身心障礙學生本身並沒有教育選擇權，法律主要保障身心障礙學生對於鑑定安置的申訴權；監護人或法定代理人除了申訴權，亦有鑑定安置程序的同意權，以及鑑定安置會議的參與權。

　　身心障礙學生的監護人或法定代理人有權不同意接受鑑定安置，但因其個人決定可能造成身心障礙學生的受教權受損，無法接受到特殊教

育的服務，因此學校單位必須通報各縣市的教育主管機關。一旦身心障礙學生之監護人或法定代理人同意接受鑑定，但不願意配合鑑定後的安置及特殊教育服務，可主動提出申訴，主管教育機關依法提供申訴服務；但若監護人或法定代理人不提出申訴而採取不配合的方式，為保障身心障礙學生應有的教育權益，盡早提供特殊教育及相關服務，必要時主管機關得要求監護人或法定代理人配合鑑定後安置及特殊教育相關服務。

教育觀點

　　國內特殊教育的實施分為四個教育階段：「學前教育」階段、「國民教育」階段、「高級中等教育」階段、「高等教育及成人教育」階段。《特殊教育法》第10條有明文規範：「第1款學前教育階段及第2款國民教育階段，特殊教育學生以就近入學為原則。但國民教育階段學區學校無適當場所提供特殊教育者，得經主管機關安置於其他適當特殊教育場所。」主要的原因特殊教育的服務型態依據學生之學習需求具有多樣性，並非每一所學校皆有資源班或特教班，部分障礙類型學生因其能力特質與學習需求，設有特殊學校，如：啟智學校、啟明學校、啟聰學校等。

　　就融合教育的精神而言，提供家長和學生自主的教育選擇權是重要的基本條件。但以國內目前的教育現狀而言，在國民義務教育階段，為確保身心障礙學生能夠適性安置，必須經由各縣市特殊教育鑑定安置輔導委員會（以下簡稱鑑輔會），針對身心障礙學生進行教育需求評估，評估報告中註明優弱勢能力，所需之教育安置、評量、環境調整、轉衛輔導等及其他相關服務之建議。鑑輔會的成員涵蓋學者專家、教育行政

人員、學校行政人員、同級教師組織代表、家長代表、專業人員、相關機關（構）及團體代表，針對身心障礙學生的能力、特質與各項需求服務提供不同的專業觀點的建議。

國民義務教育階段之後的高中職或大專院校教育階段，因採用多元入學方案，身心障礙學生和家長有權利依據自身的學習需求與生涯規劃，選擇不同的入學管道與入學方式。雖然目前高中職教育階段臺北市、高雄市及臺灣省分三區辦理身心障礙學生12年就學安置，但家長和學生得依據12年就學安置的辦理方式與條件自行選擇是否參與此入學方案，或選擇其他對自身更有利的入學方案。

簡言之，就教育立場，在國民義務教育階段，為保障身心障礙學生能夠獲得公平的受教權益，透過鑑輔會的專業團隊形式的運作方式，以嚴謹的鑑定安置程序和具體的評估報告將不同教育需求的身心障礙學生安置到不同的特殊教育服務系統，以符合身心障礙學生之學習需求。非國民義務教育階段的教育選擇權回歸於家長和學生，若家長和學生不滿意目前的就學環境，可比照一般學生參加轉學考、重新入學的機制，或者放棄入學，依據個人的生涯規劃尋求其他學習管道或提早進入就業職場。

處理建議 ✍

就身心障礙的教育選擇權而言，國民教育階段之身心障礙學生若未接受鑑定安置或其監護人與法定代理人拒絕接受鑑定安置，比照一般學生透過戶籍所在地的學區制進入公立國中、公立小學，學校不得拒絕入學，但學校內可能未設有特殊班級，也未有特殊教育專業教師提供教育服務，若學生有特殊教育學習需求，就無法接受適性的課程、教學與各

項專業服務。

　　為使身心障礙學生能夠獲得適當的教育服務，透過鑑定安置的程序，可以跨學區就讀於普通公立學校的特殊教育班級，如集中式特殊教育班、分散式資源班、巡迴輔導班或就讀特定的特殊學校。但家長不能選擇就讀的班級、導師或任課教師，也不能依據個人的喜好，指定跨區想要就讀的公立學校。身心障礙學生就讀的學校和特殊教育場所仍需經由鑑輔會的決議。

　　身心障礙孩子的家長需了解自己所具有的相關權益，以及可以幫助孩子的方式，不僅參與鑑定的評估過程，提供必要的資訊，更必須參加鑑輔會舉辦的鑑定安置會議，於會場上具體提出孩子的教育需求與家長認為最適當的安置環境。若認為鑑定安置的結果有爭議，亦可向學校提出申訴，為孩子爭取適當的受教權益。

延伸思考

　　就教育選擇權的觀點，誰是受教育的主體？誰有真正的選擇權？當身心障礙學生未成年時，法律主要保障監護人和法定代理人的同意權、申訴權和會議參與權，從家長的角度為孩子把關，可是在整個過程中，並未強調身心障礙學生對於整個過程中「知」的權利與教導學生「自我倡議」的重要性。身心障礙學生可能渾然不知鑑定安置意義與目的何在？或者沒有人用身心障礙學生所能理解或接受的方式解釋鑑定安置對其個人的幫助或可能的限制，以及鑑定安置結果對於自身學習權益的影響或可能需要調整或改變。身心障礙學生仍然是被動的接受大人們的安排，並未能學習到自我覺察、自我了解、自我接納的能力。這非常可惜，也值得家長、老師、教育主管機關重視的部分。

　　進入高中職教育階段的身心障礙學生而言，逐漸邁向成人的過程中，需要了解自己的優弱勢能力、限制與需求，了解不同學習環境的利弊得失，學習透過溝通的方式告訴他人自己的想法、意見與需求。家長或老師在此階段應扮演協助者和資訊提供者的角色，而非代言人或決策者，以免剝奪了身心障礙學生學習自立和自我決策的能力。

　　此外，更重要的是所有權的概念，對於家長而言，子女並非是自己的所有物，而是個別獨立的個體，從家長的角度為子女思考最好的教育方式固然是一種愛的表現，但若家長在意的並非子女的受教權而是自身的權益或面子問題，輕忽教育的關鍵時期，不僅得不償失，造成的後果恐怕難以彌補。因此老師、學校教育單位有責任和家長進行親師溝通，提供必要且充足的教育資訊，透過合作機制，促進身心障礙學生的學習與成長。

學校如何避免因為種族因素而對原住民學生予以歧視?

前言 ✍

　　臺灣早期是個移民社會,歷經不同政權的殖民,這些歷史經驗中的異文化交遇,往往造成原住民族傳統的生活空間、社會組織及文化不斷受到壓縮和崩解。原住民族的弱勢由來已久,自1980年代開始,隨著政府解除戒嚴令,臺灣的社會運動,如勞工運動、學生運動或婦女運動開始有更大的發展空間,而原住民族本身亦開始針對語言、文化、經濟等議題提出相關政策與法令的建議,為原住民族的政治、經濟、社會、教育、文化等發展而努力。近十年來,受到國際上多元文化及臺灣本土化的思潮影響,原住民族的文化漸受重視,政府也挹注資源,希望透過教育來保存原住民族文化。多年來努力的成果包括了正名、恢復姓氏、還土地、廢除吳鳳神話、反雛妓等。民國86年的憲法改革,增訂《憲法增修條文》第10條第11、12項《原住民族條款》的規定,做為原住民族個人權利與族群集體權之基本權利保障。《原住民族教育法》也依憲法精神制定,並於87年公布實施,成為原住民族教育發展及維護原住民之民族教育權重要的法律依據。足見國家在促進原住民族教育發展的政策方向已然確立,當務之急在相關教育政策的規劃,以及落實政策執行。目前我國的原住民教育政策,在教育部主導下仍不脫主流價值的思維和框架,雖有《原住民族教育法》之制訂,卻始終沒有真正落實原住民族教育的精神與目標。

　　人權價值的核心與絕對性乃在於人性尊嚴的尊重、維護與體現。我

國憲法雖未明文例示，惟透過大法官會議解釋，如釋字第603號所闡釋：「維護人性尊嚴與尊重人格自由發展，乃自由民主憲政秩序之核心價值。」確立實係我國憲法保障基本人權之核心價值。立基於此，自由權和平等權的概念是兩項對於現代人權論述最具影響力和激勵的核心原則。正如《世界人權宣言》第1條所揭示：「人人生而自由，在尊嚴和權利上一律平等」。西元2007年9月13日聯合國大會通過之原住民族權利宣言亦「申明原住民族與所有其他民族平等，同時承認所有民族均有權有別於他人，有權自認有別於他人，並有權因有別於他人而受到尊重。」並於該宣言第2條確立「原住民族和個人享有自由，與所有其他民族和個人平等，有權在行使其權利時不受任何形式的歧視，特別是不受基於其原住民族出身或身分的歧視。」綜此，建立和實踐平等、無歧視、尊重差異與多元的價值觀，實係踐履校園族群人權環境的基石。

　　邇來社會上屢屢發生對於原住民族的不當言論，包括：海基會的宣傳廣告使用了不雅字眼來稱呼原住民、警察用擴音器對原住民社區大喊「死番仔」、海巡署官員在上課時公然說出歧視原住民的內容，以及為了讓原住民族保持精純，是否可限制原住民與他族通婚等驚人之語，對於國家強調人權立國的法治國原則，著實造成了顯著的影響。

教育觀點

　　臺灣是個多元族群的社會，不同的族群分別在不同的時空背景下來到臺灣這塊土地上，無論族群政治中的權力關係如何演化，原住民族始終處在這個架構中的底層，原住民族群不僅在人口比例上占少數，在政治經濟上也淪為弱勢。我國《憲法增修條文》第10條即明令「國家肯定多元文化，並積極維護發展原住民族語言及文化，國家並應依民族意

願，對原住民族教育文化……予以保障扶助並使其發展。」憲法中強調國家有義務保護進而發展原住民族之教育，政府亦積極推動相關政策，以符合憲法所揭示之精神。

在現今校園人權環境的探討上，原住民族學子常會遇到的歧視大致上包含「文化歧視」、「制度歧視」，而這其間又環繞在「學生之間的歧視關係」、「學校對原住民學生的歧視關係」、「學校對原住民學生家長的歧視關係」，以及「學校軟硬體設備對於原住民學生的不友善關係」。

在文化歧視的面向上，呈現在前揭四項構面的不對等關係包括有：「學生之間的歧視關係」較常見者如族群標誌的羞辱；「老師對原住民學生的歧視關係」則如將原漢學生之學業成就落差歸咎於其族群身分；「學校對原住民學生家長的歧視關係」則如將社會對於原住民族負面印象投射在原住民學子身上；「學校軟硬體設備對於原住民學生的不友善關係」則如友善校園環境規劃缺乏族群多元的思維。

以民國76年的解嚴為分水嶺，臺灣的原住民族教育政策與發展有下列三個方向轉變：

一、單一民族→多元族群

由一開始去日本皇民化思潮的「祖國化」及同化政策，視全體臺灣人民為單一族群的思考方式，轉變為確立臺灣為一多元族群所組成的社會，捨棄過往僅從多數族群（漢人）的角度，思考原住民族政策之擬訂。

二、原住民（山胞）教育→原住民族教育

早期談論原住民教育時，僅將原住民族學生視為一個與主流社會相

似之個體，教育目標與一般多數族群無異，遵循「山地平地化」之態度。民國87年《原住民族教育法》的立法，該法第4條確認原住民族教育之定義為：「原住民族之一般教育及民族教育之統稱。」明確肯認原住民族的教育不單僅是學習現代社會之知識內容，亦包含了對於自身民族傳統文化知識的學習。

三、形式平等→實質平等

早期將原住民學生比照邊疆學生待遇，給予齊頭式平等之待遇，未曾思考原住民學生生活習慣、價值體系、文化系統與其他一般學生存在必要性的差異；其後原住民族教育法的施行，以「尊重原住民主體性，發展原住民族教育」為目標，發現各族群間之差異，給與適性發展。

法律觀點

平等是人權的基石，特別是對於原住民族來說，種族與族群之間的平等是平等權的至要關鍵。環顧世界上大部分國家組成的多元民族現象，原住民族議題的跨國性均係當前各個國家政府所必須正視的迫切問題。種族或族群平等的理想典範是指消除一切形式歧視，每個人享有同樣的社會、法律和經濟地位，並且不管經濟成長或是文化和宗教等差異，每個人在生活各層面享有相同的權利和平等的對待。種族與族群平等是一項綜合性的權利，一方面強調每個人的平等，同時也積極尋求保護平等具體的方法。自1990年代以來的憲法改革運動，我國逐漸接受基於個人主義和無差別待遇的反歧視原則所形塑之傳統人權架構，已經不足以保護以群體或集體意涵為主的少數族群和原住民族權利。據此，漸次擴張人權的內涵，先是從保障個人權利到群體權利，繼而是從主張，

建立以多元文化與實質平等為基石的原住民族權利。

　　然則，在制度歧視的面向上，呈現在前揭四項構面的不對等關係包括有：「學生之間的歧視關係」較常見者如教育資源分配上的差異；「老師對原住民學生的歧視關係」則如將教育補助與扶助措施歸咎於其族群弱勢身分；「學校對原住民學生家長的歧視關係」則如將社會對於原住民族社會地位負面印象投射在原住民學子身上；「學校軟硬體設備對於原住民學生的不友善關係」則如教學評量標準缺乏族群多元的思維。

　　當前規範原住民族國際人權基準的最重要兩項國際文件莫過於國際勞工組織《第169號公約》以及聯合國《原住民族權利宣言》，除此以外，則以世界人權法典—《世界人權宣言》、《公民權利與政治權利國際公約》與《經濟社會文化權利國際公約》為輔。民國98年3月31日立法院通過聯合國《公民權利與政治權利國際公約》，以及《經濟社會文化權利國際公約》，並三讀通過《公民與政治權利國際公約及經濟社會文化權利國際公約施行法》。前揭《國際公約施行法》確立兩公約所揭示保障人權之規定具有國內法律之效力，並依據公約施行法第3條之規定，在適用此兩公約時，應參照兩公約之立法意旨及其人權事務委員會之解釋。是以，現行《憲法增修條文》第10條第11、12項有關多元文化與原住民族權利的規定，藉由《國際公約施行法》的通過，促使前揭有關《公民權利與政治權利國際公約》與《經濟社會文化權利國際公約》取得國內法的地位，更確認了原住民族基本權利的憲法位階。

　　因此，在主流族群所建構的政治、經濟、社會及教育制度中，倘若無法將原住民族視為主體、目的及價值，很容易在前揭各項結構與制度產生對於原住民族的許多歧視，進一步更將對其造成排斥或強迫與主流族群同化。據此，對原住民族文化主體性及尊嚴之保障除了既有國內法

規範外，更有兩公約中對於民族發展及文化權利保障之規定。具體言之，即係《公民權利與政治權利國際公約》第27條，與《經濟社會文化權利國際公約》第15條。

　　原住民族在臺灣存在的事實源遠流長，長久以來其發展有一些消長，目前仍實踐其生活文化模式的有十四個族群。根據行政院主計處民國99年最新的統計資料顯示在臺灣的原住民人數為504,531人，占全國總人數的2.18％。近來臺灣社會一再發生歧視原住民的事件，顯示臺灣社會對於原住民族群多元文化的知識與理解相當薄弱。在人權發展所確立之多元文化與實質平等的潮流下，我們期待每個人都擁有欣賞他者文化的認知與能力，以減低個人或國家的我族中心主義。中等學校教育所追求的全人教育，是多元文化教育實踐的關鍵，大專以上之人權教育則在建立實質平等與無差別待遇原則的人權課題。

處理建議

　　從原住民族歷史發展的觀點來看，臺灣係屬一墾殖型社會，歷經荷西、鄭氏、滿清、日治、國治等不同時期的政權治理，形塑成今日臺灣社會主要係由五大族群所組成，包括：河洛人、客家人、外省人、原住民與新住民。具體而言，原住民族係指其祖先在外來殖民者或入侵者來到前就已經在當地居住，而在目前居住的社會處於非統治地位。其文化特質不同於主流社會，具有自我認同意識，民族身分係由該民族自己決定的民族。有時也包括外來移民，在某些特殊情況下，少數民族係指他們在社會上或法律上的從屬地位，而不一定指人數較少，所以少數民族和原住民族是有區別的。

　　將多元族群之價值觀、知識論、世界觀，融入教育體系及原住民族

教育課程與政策的規劃中，其核心價值為：「自主」、「平等」、「尊重」、「多元」、「共榮」。

多元文化教學內容與教材的生活化：長期以來部落社區與學校的關係並沒有適當的建立，以致於部落對年輕族人的教育與文化傳承無法居於主導的位置，若要健全民族教育的發展，部落的主體性必須要被強化，甚至主導學校教育的內涵，方能達此目的。

發展原住民族與多元文化教材及教學方法：規劃建立原住民族教育長期資料庫，掌握原住民學生學習發展。其次，強化原住民學生學習輔導機制，協助原住民學生生活與學習適應。進而，制定「原住民族教育課程綱要」，並編纂中小學原住民族文化教材。

強化原住民族知識體系與內容：原住民族在臺灣這塊土地上，歷經不同的殖民政府，傳統文化、社會組織、價值體系，大致已經變得相當脆弱，如何在社會變遷的過程中保有族群文化的主體性，是一個值得省思的課題。知識是任何文化菁華之所繫，文化是原住民族永續發展的根本，設若一個族群文化已遭破壞，恐怕需要更長的時間來修復。推動原住民族知識體系與內容的發展主體應是原住民族本身，也就是說文化保存和教育傳承應該回歸原住民族部落、家庭及個人，讓原住民自我釐清對族群文化的權利與義務，才能發展出獨特的原住民族文化自主與平等地位。

延伸思考 ✍

民國82年，時任立法委員的林濁水及葉菊蘭首先提出「四大族群」之說，亦即河洛人（福佬人）、客家人、「外省人」及「原住民」。時至今日，臺灣「四大族群」的劃分幾已成為相當普遍的臺灣族群想像主

張。隨著工業化、都市化、乃至於全球化的發展，在臺灣多元族群的社會結構中，第五大族群的概念已然形成，亦即新住民。《公民權利與政治權利國際公約》第27條所保障之中華民國境內少數種族、宗教及語言少數之群體，在新住民的範疇內，包括語言上的少數，亦即外籍配偶族群；以及非國民所形成之少數族群，如外籍勞工。根據勞委會的統計，截至民國100年8月底止，外籍勞工人數總計為412,933人，包括產業類外籍勞工218,624人及社福類外籍勞工194,309人。

　　人權觀做為社會規範的整合工具，必須隨著社會的變遷而動，因應當代生活之需要而生，俾能維持其應有功能，除此之外，人權觀亦應有前瞻性之規範目的，經由法律明確、且具強制力之本質，發揮社會控制之功能，小至個人價值觀，大至整個國家社會體制，以引領社會的變遷。

　　為保障來自新住民家庭的學生接受完整、評等、適性與無歧視教育之權益，學校應提供適當服務措施，加強族群與人權的知能與意識，培養學生民主人權法治的素養，冀以降低或避免基於種族、語言、宗教、出生地、容貌等因素而產生之歧視或霸凌。同時，為消除因族群身分所生對於新住民家庭子女的歧視，考量新住民家庭的學生所具有之教育需求，各教育階段學校，應積極推動族群平等教育、開發具族群平等理念之多元教學方法與教材、將族群平等議題納入各級學校之課程綱要、訓練族群平等教育之種子教師、鼓勵大專院校廣開族群平等教育相關課程等多元教育宣導，共同建構無歧視之校園環境。此外，從《公民權利與政治權利國際公約》第27條所保障之規範要旨來看，學校更應對於基於種族、宗教及語言所構成之少數新住民學生，針對渠等語言、傳統文化、宗教與祭儀活動，積極地教育、傳播與推廣。

學校能否基於學生的原住民身分而給予特別待遇嗎？

法律觀點 ✍

　　臺灣原住民，指漢人移居臺灣前，即在臺灣定居，且與漢人擁有不同起源、文化及語言的族群，依據學者從語言、考古、文化等各面向的研究推斷，在十七世紀漢人移民臺灣之前，臺灣原住民在臺灣的活動至少已有8,000年之久，臺灣原住民在遺傳學和語言學的分類上被歸屬於南島語族（Austronesian），和菲律賓、馬來西亞、印度尼西亞、馬達加斯加和大洋洲等的南島民族族群有密切關聯。行政管理上則將原住民區分為山地原住民及平地原住民，原則上凡臺灣光復前原籍在山地行政區域內，稱為山地原地住，原籍在平地行政區域內，則稱為平地原住民[3]。

　　「特別」是「通常」的反義詞，因此只要與「通常待遇」不同，就稱之為「特別待遇」，故就字面言，特別待遇有可能是較有利的待遇，也有可能是較不利的待遇，但基於人性尊嚴及基本人權的保障，通常待遇應屬最基本的對待，所以除了法律有明文的規定，例如犯罪定讞被告的處遇以外，不可採取比通常更不利的對待，準此而言，特別待遇通常是指較有利的待遇。

　　若單純從我國《憲法》第7條「中華民國人民，無分……種族……，在法律上一律平等」之規定觀之，給予原住民學生特別待遇，似乎違反了種族一律平等的原則，然而就如前面所談到的，平等原則係採實質平

3　請參考原住民身分法相關規定。

等的概念，而非機械式的平等，因此究竟可否給予原住民學生特別待遇，應從原住民族於主流社會的處境予以綜合觀察。

世界各國的原住民因歷史、文化、環境……等因素，一向是處於被剝削的弱勢地位，若採機械式的平等觀，沒有給予特別的扶助，其反將陷於實質的不平等，故各先進國家大都會採取各種手段，以確保其境內原住民族能公平享用社會資源，進而維護其傳統及文化，以達文化多元的目的。我國《憲法增修條文》第10條規定「國家應依民族意願，保障原住民族之地位及政治參與，並對其教育文化、交通水利、衛生醫療、經濟土地及社會福利事業予以保障扶助並促其發展。」明文承認原住民族的應受保護地位，也是出於實質平等的考量。從上述的角度來看，學校基於學生的原住民身分而給予特別待遇，原則上不會被認為違反平等原則。

至於所採取的特別待遇是否符合比例原則，則必須在放在上面所提到的三項標準予以檢證，亦即，該特別待遇是否能達到憲法增修條文第10條有關原住民保護的目的？如果答案為肯定，再問該特別待遇會不會產生負面作用？如果答案為肯定，則再問會不會有該等負面作用明顯大於達成目的可能獲得的利益的情形？如果不會，我們才能說該特別待遇符合比例原則。

綜上，學校為達到憲法保障原住民的目的，而給予原住民學生特別待遇，原則上不會被認為違反平等原則，但所採取的方法，應符合比例原則，這樣才不會被認為違法或不當。

教育觀點 ✍

積極性的補償教育

　　多元族群的社會必然會遇到如何公正、合理分配社會資源的問題，臺灣社會長期來的漢文化本位主義，較缺乏對多元文化的寬容與尊重，非我族類的團體歧視心態，其來已久，一時間要能立即改正，誠非易事，因此班上同學若有歧視其他少數族群的現象或行為，恐非懲罰即能導正了事，但若放任不管，形同變相鼓勵，將使歧視更為嚴重，無法建立一個多元尊重的社會。

　　凡人大致均受制於環境的制約，大都是以自身的經驗去衡量、評價別人的行為，如果大家都來自相同的文化背景，問題還不大，但如果存在不同文化，即可能產生誤解，要消弭這種因文化差異而引起的誤解，最好的方法是讓不同文化的人相互了解彼此的文化差異，自然能減少誤解。因此班上如果有原住民或其他不同族群的同學，應可設計一些課程或活動，鼓勵同學分享其文化、語言、生活經驗……等，除可增進這些同學對於自己文化的自信外，同時可以讓其他同學認識多文元化，自然而然產生對於多元文化的包容與尊重，進而理解為何要給予弱勢族群學生特別的待遇。

豐厚主流文化的意涵

　　給予弱勢族群學生特別待遇，表面上看似會影響到其他學生的權益，然而在教育上保障弱勢族群學生，從多元文化的觀點而言，是讓主

流文化更加的豐富與多樣化；換個角度看，主流文化反而受惠更多。因此要讓大家都能接受這樣的做法，除了包容與尊重外，也要顧及其他學生的權益與感受，所以教育主管機關在選擇採用某種特別待遇的決策過程中，如果可以加強溝通管道，並讓權益相關的學生及家長有發表意見的管道及機會，應有利於所採行特殊待遇的被接受性。

　　民主的原則，少數服從多數，但如果僅停留在這種數人頭的階段，少數永遠是被欺壓、犧牲的對象，一個成熟進步的社會，少數應該受到尊重，甚至應該因其所處的弱勢地位，而分配更多的社會資源，用以維持其民族的生存及文化的傳承，從這個角度來看，一個社會裡少數族群是否被尊重，是衡量一個社會是否文明、進步的指標，更是民主社會的一大挑戰，也是教育的真諦所在。

延伸思考

　　臺灣是由不同族群所組成的移民社會，在不同時期分別有不同的族群基於相同或不相同的原因移居臺灣，除原住民外，早期由中國大陸來的移民，主要以福建籍為主，客家較後，民國38年間隨國民政府來臺的，雖然原籍遍及各省，一般統稱為外省籍，近來則有大量的外籍配偶及外籍勞工，這些在不同時期來到臺灣的不同族群，雖有個人的成就差異，但不同族群間，確實也有資源或地位的不平等，因此如何因應不同族群的不同需要，採取符合比例原則的具體作為，以達到實質平等的目的，值得大家思考。

處理建議

　　學校處理學生具有原住民身分而產生特別待遇的問題，首先要考慮合法性，也就是中央或地方政府的相關法規所有要求，需給予原住民某種方式（程度）的特別待遇時，應依規定辦理。

　　其次，要考慮妥當性，若相關規定不完備，無論是內容（實質）不完備或程序不完備，學校應盡可能使其完備，包括：

一、如何給予特別待遇始屬適當，程序上應聽取原住民學生及其家長之意見，避免美意落空，例如要很高的門檻才給予優惠，可能根本無人可以獲得優惠，或者提供優惠的項目是原住民學生並無興趣或意願去參與的，這種情形就應該避免。

二、部分特別待遇之給予可能會使其他學生相對感受到不公，應盡力謀求不影響其他同學之權益。例如，對原住民學生成績評定本身降低標準或加分不會影響其他學生，但在選拔或競爭特定機會時，加分容易造成其他學生感到不公。此時應考慮增額處理，甚至於外加名額處理，換言之，所謂給予特別待遇，應增加資源的投入，避免「二桃殺三士」，反而造成原住民學生與其他學生間的緊張關係。

三、學校平日應加強族群教育，教導不同族群學生間相互尊重、相互欣賞，才能根本改變因不了解所產生的漠視、歧視，甚至敵意。

UNIT 20

升學考試時，以通過原住民族語的測驗為加分條件，是否公平？

法律觀點

依「原住民學生升學優待及原住民公費留學辦法」的規定，原住民學生報考高級中等以上學校新生入學考試，除研究所、學士後各系招生不予優待外，凡是參加以考試分發入學者，只要具備原住民身分[4]，即可享有依其意願申請總分加百分之二十五的優待，如果取得原住民文化及語言能力證明者，則可享有以加總分（原始總分）百分之三十五計算之優待[5]，因此本問題應分二個層次來討論，首先應討論因原住民身分而予以加分，是否公平？再來討論以通過原住民文化及語言能力證明者而給予更優惠的加分，是否公平？

承續前一題的討論，憲法為確保多元文化而對原住民提供特別之優惠待遇，為實質平等的實現，並不違反平等原則，至於是否符合比例原則，則應視具體情形而定。因此關於對原住民學生提供加分優待是否公平此一問題，首先要問原住民的教育目的是什麼？加分政策是否能達到該教育目的？如果答案為肯定，接著要問加分政策有無負面作用？其負面作用是不會明顯大於達到目的所可獲得的效益？

---

4   依照原住民學生升學優待及原住民公費留學辦法第2條規定，該辦法所稱原住民學生或原住民，其認定依中央原住民主管機關之相關規定，換言之，必須是依照原住民身分法經登記有案之原住民始適用之。另依前開辦法第5條、第6條規定，原住民學生報考高級中等以上學校時，應於報名時繳交其本人之全戶戶口名簿影本一份，戶口名簿上並應有山地原住民或平地原住民記事，如未以原住民族籍身分報名或未送繳前條規定之證件者，不予優待，事後不得以任何理由申請補辦或補繳。由此觀之，加分優待可依原住民學生意願自由選擇是否申請，並非自動給予。

5   請參考原住民學生升學優待及原住民公費留學辦法第3條規定。

依照《原住民族教育法》第2條規定，原住民放教育是以「維護民族尊嚴、延續民族命脈、增進民族福祉、促進族群共榮」為目的，所謂「維護民族尊嚴」、「延續民族命脈」、「增進民族福祉」、「促進族群共榮」雖均為抽象的不確定概念，但依一般社會共識，教育對於一個民族要維護尊嚴、延續命脈、增進福祉、促進共榮等目的，應有正面的助益。但現有的教育體系並非專門針對原住民設計，以原住民所處的弱勢處境，再加上語言、文化的隔閡，原住民學生自是處於競爭的弱勢地位，從這個角度而言，加分政策的確有提升原住民學生競爭力的效果，經由共享教育資源進而達到「維護民族尊嚴、延續民族命脈、增進民族福祉、促進族群共榮」的目的。

　　此外，依照聯合國大會在西元1992年12月18日決議通過之「在民族或族裔、宗教和語言上屬於少數群體的人的權利宣言」，各國有義務採取適當的立法或措施以保護各自領土內少護群體的存在及其民族或族裔的文化、宗教和語言，為此各國除應使屬於少數群體的人有充分的機會學習其母語或在教學中使用母語外，並可酌情在教育領域採取措施，以鼓勵對其領土內少數群體的歷史、傳統、語言和文化的了解。嗣聯合國大會更在西元2007年9月13日決議通過《原住民族權利宣言》，進一步承認原住民族有權使用並振興其語言，並有權利以其自己的語言提供教育。由此可見提供原住民學生學習母語的優惠措施，為國際條約所普遍承認。

　　但加分政策也可能造成原住民學生被主流社會吸納，加速其與部落、家庭及傳統文化的疏離，對於其他學生也會造成排擠作用，此外加分措施也可能造成「正面歧視」，反而加深原有的「歧視」與「偏見」，這些都是加分政策可能產生的負面作用。對於第一個負面作用，應改變現行以融合為目的的教育政策，多增加關於認識及尊重含原住民

族在內的多元文化課程；另可思考在主流教育體系外，提供原住民學生傳統教育的多元選擇。對於第二個問題，《原住民學生升學優待及原住民公費留學辦法》第3條是採外加名額或增額錄取的方式以為因應，但這種做法的前提是整體教育資源（包括經費、軟硬體設備及師資）必須增加，否則都會有資源排擠作用。至於歧視問題必須透過教育及宣導。綜合而言，加分政策雖有上述的負面作用，但只要有適當的配套措施，仍不失為達到原住民教育目的的有效手段。

　　至於以取得原住民文化及語言能力證明而給予更優惠的加分條件，理論上可提供原住民學生學習母語的誘因，進而達到保存文化、振興民族的目的，但亦可能在原住民學生間造成另一種不公平，因經濟條件較佳之學生，可以經由補習或家教通過母語認證，對於經濟弱勢的原住民學生，形成另一種不公平，為避免造成弱者更弱之惡性循環，教育及學校當局應提供學習母語的適當環境及輔導，協助所有原住民學生在立足點上的平等，如此則以取得原住民文化及語言能力證明而給予更優惠的加分條件，仍不失為達成原住民教育目的的適當及有效的方法。

教育觀點 ✍

　　承續之前有關給予弱勢族群特殊待遇的討論，考試加分是諸多可供選擇的特殊待遇中，直接影響到其他學生權益的手段，但對政府而言，卻是最簡便也最不具財政壓力的手段，因而亟具爭議性，學校處理上，必須格外謹慎。

　　加分的目的是為了墊高弱勢群族學生在主流教育體制內的考試競爭力，然而讓弱勢群族學生進入主流教育體制，不應該是弱勢群族教育政策的唯一選項，因此國家應該有義務積極提供弱勢族群非主流教育的多

元選擇機會，以實現憲法保障多元文化的真諦。

　　弱勢群族學生進入主流教育體制，會有正反面的效應，學校應讓弱勢族群學生及家長充分了解其中的利弊得失，而能在客觀條件允許下本於自由意願選擇是否加分。

　　此外，加分確實會影響到其他學生的權益，若無適當疏導，不平之氣可能會出在享有加分的學生身上，從而強化或加深了原有的歧視，若能利用課程或活動的設計，讓同學了解弱勢族群學生在教育上所面臨的困境，而能以同理心去看待加分政策，當能有效減低同學間的不平心理。

　　加分是手段，不是目的，對於因加分而升學或入學的學生，馬上面臨學習及競爭問題，此時如何提供必要的輔導，以協助弱勢族群學生適應新的學習環境，即甚為重要，換言之，弱勢族群學生須要的不只是一次性的加分，而是持續性的協助。

處理建議

　　學校對原住民學生依族語測驗做為加分條件，其本意是提供原住民學生學習族語之誘因，固有其意義，但操作上應該有更多彈性及完整的配套做法。

　　目前的做法是以加分方式計算入學成績，隨著少子化帶來入學機會的增加，將來也可以考慮類似到國外留學的做法，族語測驗變成門檻，通過後即可（才可）申請入學。

　　另外也許可以嘗試使用族語測驗分級，成績愈好，加分愈多。

　　其次，加分固然能促成族語學習，但僅作為入學時之標準，也可能使部分原住民學生入學後不再學習（使用）族語，而變得生疏，因此也

許可以考慮，在就學期間中，持續做族語測驗，部分因原住民身分所享有之優惠是否能繼續享有，可視族語能力的表現（能否提升或至少維持）而訂，以促使原住民學生有更大的動機持續學習族語。

另外學校也應積極以學生社團或其他方式鼓勵原住民學生使用族語，並且也讓其他族群學生有機會學習原住民族語，才不會讓原住民的族語學習失去傳承的功能，變成只剩下加分的工具性目的。

延伸思考

原住民學生縱因加分而能入學，仍必須面臨學習及競爭問題，這時如何提供必要的支援及輔導，即成為重要的問題，否則原住民學生可能因程度落差而無法適應，甚或被淘汰。

臺灣現在有許多異國婚姻，依照統計，不久的將來，異國婚姻的生育的小孩，其人數甚至有可能超過本國婚姻生育的小孩，而這些異國婚姻生育的小孩，很有可能也會面臨與原住民學生類似的文化、語言等困境，如何提供必要協助與支援，協助這些異國婚姻生育的小孩接受合適的教育，是大家必須共同面對的問題。

UNIT
21
校規規定「頂撞師長應受懲處」，是否有侵犯學生的意見表達自由？

法律觀點

　　頂撞師長，係指學生對其言論的反駁，但往往亦隱含態度上的不遜。就意見表達自由之保障目的而言，若有意見之不同，權力當局不應因此而懲處之，反而應容忍不同的意見，此乃民主政治保障多元意見，所不得不然之立場（《憲法》第11條、釋字第445號）。然而，就學校之教育而言，往往必需指正學生的盲點，惟是否因此，即可「不容忍」學生的不同的意見？此外，隨之而產生學生態度之矯正需要，是否即可正當化，對學生的懲處？

　　指正學生的盲點，若學生不接受，有可能在其學習成績上會有所影響，惟並非需要在行為上對其懲處，否則可能有「不當連結」的問題。若僅是意見上的不同，教師則應包容其意見，共同檢視其所持觀點的理由，針對理由的內容來討論，才可能養成其理性溝通的民主素養，能與不同立場的人，尋求相互的理解。相反地，教師僅因學生的意見立場不同，即處罰學生，已侵犯學生的意見表達自由。

　　學生的態度不佳，往往成為學校處罰學生的理由。然而，反過來說，「尊敬」可以用規定的嗎？學生的尊敬態度，若不是發自內心，僅是因為學校「規定」，且若「不遵守」（如「態度不佳」），即懲處之，反而迫使學生「假裝」尊敬師長，這不是在教學生「偽善」嗎？就言論自由之角度而言，此則涉及「不表意自由」（釋字第577號），學生可否有不表示尊敬的自由？

釋字第567號理由書：「思想自由保障人民內在精神活動，是人類文明之根源與言論自由之基礎，亦為憲法所欲保障最基本之人性尊嚴，對自由民主憲政秩序之存續，具特殊重要意義，不容國家機關以包括緊急事態之因應在內之任何理由侵犯之，亦不容國家機關以任何方式予以侵害。縱國家處於非常時期，出於法律規定，亦無論其侵犯手段是強制表態，乃至改造，皆所不許，是為不容侵犯之最低限度人權保障。」釋字第656號，亦持相同見解：「國家對不表意自由，雖非不得依法限制之，惟因不表意之理由多端，其涉及道德、倫理、正義、良心、信仰等內心之信念與價值者，攸關人民內在精神活動及自主決定權，乃個人主體性維護及人格自由完整發展所不可或缺，亦與維護人性尊嚴關係密切。」

　　若參考釋字第567號理由書或釋字第656號，「態度」的管制，已更進一步地涉及到，內部思想的自由，甚至事關最低限度的人權保障，即所謂「人性尊嚴」的地步，應絕對不允許，國家以任何理由來侵犯之，因此，包括前揭「矯正學生態度」之教育理由，都不應允許。既然無法強迫學生尊敬老師，自然無法以其態度不佳為理由來處罰他。然而，這樣並不表示，頂撞老師的行為，就是「對」的行為，但是以事前校規明訂，來規範個人的態度，強迫學生「尊敬」，已侵犯到人權。然而，這也不是說當學生的言行達到公然侮辱的程度時，仍不能被處罰，因為，後者已涉及侵犯的他人的名譽。

教育觀點

　　「頂撞師長」，係指學生對師長言論的反駁，或態度上有不恭敬之處。若學生只是合理表達有道理的事，這只能算是「意見的不同」，並不能算是「頂撞」。「頂撞」二字通常是「態度」上的表達不合宜才會

導致。

　　會有「頂撞師長」的情事發生，表示學生在意見的表達傳達上，有需要教師指導與提點之處，平日即應培養學生對於「尊重」的概念，是要學習尊重每一個人。且「尊敬」是贏得的，並不是因為自己是教師身分，就能自然獲得學生的尊敬。教學時也應教導學生培養「理性溝通的能力」，學生的確有意見表達的自由，但若意見的內容是不恰當的，具有攻擊性或帶侮辱性的字眼，那學校的教育就有責任，來匡正其言行上的缺失。在多元的社會中，學習如何「用適當的態度清楚表達自己的想法與立場」是與人溝通的重要橋樑。現今教育現場有許多課堂，會以小組討論或上台報告分享的方式進行，也有許多「辯論性質」的社團，都希望學生能培養表達意見的能力和正確的態度。教師自身也必須擁有一定的素養，教師若未能先控制自己情緒，無法教導學生控制自己的情緒與培養學生理性溝通的能力。

　　罰則只是一種方式，用來警惕學生做任何事前宜三思而後行，避免犯錯，一旦犯錯，也應學習承擔，亦可藉此激發學生道德的勇氣。唯在法治的觀念下，處罰與其所欲達成目的，不能有不當連結，諸如：課業表現不佳，卻處罰學生掃廁所，要有相關的連結性，才能達到處罰的教育意義。故一旦學生犯錯，校方應以教導、訓導、輔導的機制讓學生檢討過錯，明白錯誤行為所產生的不良影響，承擔後果，從錯誤中學習，知所悔改，並在反思的過程中，了解規則背後的動機和意義，更學習身為一個法治社會中的公民所需具備的素養。

　　根據教育部《教師輔導與管教學生辦法》明訂，每個學校基於管理上的原則，都會將學生所需要遵守的事項，擬定成該校的「校規」，讓學生有可依循的規準。學校本身可視為社會的縮影，每一位持分者都享有應得的權利和義務，各司其職，共同建立和諧安全的校園。為確保個

人及整體的權益受到保障和尊重，學校必須明確訂定一些校園秩序的規範，使持分者有所依從，校規便因此而產生，校規的擬定，並非單方面只為了「懲處」學生，亦有許多的獎勵辦法與措施，其目的在於教育學生從日常生活中養成良好的行為和習慣，培養自律和法治精神。多數學校目前的做法，皆明訂校規，「頂撞師長」會受警告，甚至小過以上的懲處。

　　唯校規中有明訂「頂撞師長應受懲處」的規定，並不恰當，但若學生的言論已越過「侮辱」的界線，即應進一步處理。若學生並未有明確的侮辱言語，只以拍桌子、喝倒彩等不當行為來反應，教師應秉持教育專業，予以溝通和輔導。就教育之角度而言，學生的態度不遜，老師必須先化解情緒上的對立，才可能進一步地輔導學生；若是用強迫其服從，反而會造成更大的對立，而造成輔導上的困難。不然，僅是迫使其表面的服從而已，沒有促使學生人格發展的效果，反而使其養成偽善的態度。

　　以下幾點建議為原則，方屬合情、合理、合宜，既可維持教育現場的秩序與多數學生受教的權益，又可兼顧學生的基本人權。

處理建議

教師專業與教學倫理

　　教師本身除需具備教學相關專業能力外，也應掌握基本的輔導知能，避免情緒性的判斷，當在教學現場教師面對學生的頂撞時，應先處理自身被「頂」與「撞」的情緒之後，才有可能妥善處理學生的問題。

情、理、法

在教育現場中，老師在班級當中同時要面對很多的學生，為使教學活動能夠順利的進行，讓老師擁有一定程度的權威、受到適當的尊重，事實上有其必要性。因此，站在情、理的立場思考，此種規定似有其存在的必要，但這卻不表示在任何情況下，學生對老師不禮貌都應該受到懲處或是均得認為，此為管教的必要手段。教師不宜以此種「頂撞師長應受懲處」的規定，壓抑學生的言論與意見表達自由，或許此種規範當初制定之教育目的，在於希望孩子能透過此等規範，思索學生對老師應有的尊重；但另一方面，或許師長們也應思索對孩子更多的包容，同時探究師生衝突的事件中，師長的處置能否讓孩子服氣。因此，此種規定在法律依據上及其規定的方式，都還有很多討論的空間。

公平、公正、公開

為免除教師在師生衝突事件中單方面的情緒反應，在討論學生是否受罰時，最好可參照第三者意見，此角色可為導師、輔導老師、認輔老師、訓導人員或與學生相熟的師長，才能對該生行為做出更客觀的解釋和裁定。

學校應設立相關機制，讓學生與老師有衝突發生的時候，可以「暫時隔離學生」或是讓「老師離開教室」，讓雙方可以暫時冷靜、緩和情緒，但不至於變成老師曠職或學生曠課的機制。

校規的執行是以情、理、法為軸心，要求各持分者尊重和遵守。表面上是以規律來規範學生的行為，實際上是以潛移默化的方式使學生養成良好的德性和生活習慣，進而學會自律精神。「校規」依各校所訂立的標準不同，因「頂撞師長而受懲處」的真實案例，不勝枚舉。應在查明整件事的前因後果之後，再來下評斷，或許是因為老師先對學生有不

禮貌的言詞出現或侮辱，才迫使學生在盛怒的情況下，出言不遜，頂撞師長，此時，老師也應負起責任（教師負責傳道、授業、解惑，如果違反、侵犯他人，也將受到不同程度的干涉、限制甚或制裁），而非單方面懲處學生了事。基於教育本身的立場，若學生並非蓄意，或只是在意見上與老師相佐時，並不會依校規處置，是有可斟酌、商議的空間。「頂撞師長」應屬於倫理道德的缺失，應從「品德教育」的養成著手，重點應該著重於「如何教育學生用適當的態度去表達適當意見」，真正落實「正向管教」的教育精神，加強學生的品德教育，營造友善的校園，進一步創造和諧的社會風氣。

延伸思考

　　自由民主憲政，保障個人內心的意思自由，甚至有關反對自由民主憲政的言論，亦應受到保障，蓋若非如此，即非真正的保障「言論自由」。換言之，不主張言論自由的人，其主張亦受言論自由所保障。因此，考驗言論自由之程度，往往不在多數人所認同的意見，而更在於少數不被認同的意見，愈是如此的言論，能夠獲得保障，那你我就不必擔心，當我們的言論屬於少數時，而有被迫害之虞。然而，我們尊重某種言論的自由，並不表示我們即同意該言論的立場；我們所維護的言論自由，是我們所有人的自由。

　　就教育之角度而言，學生的態度不遜，老師必須先化解情緒上的對立，才可能進一步地輔導學生，若是用強迫其服從，反而會造成更大的對立，而造成輔導上的困難，不然，僅是導致學生，如前面所揭示，迫使其表面的服從而已，沒有促使學生人格發展的效果，反而使其養成偽善的態度。學校強制規範學生的態度，並無教育上的正當性。

學校能否以有「妨害校譽、破壞學校秩序與
紀律」為理由，用校規禁止學生的言論？

法律觀點

按《憲法》第11條規定：「人民有言論、講學、著作及出版之自由。」參照大法官釋字第509號解釋：「言論自由為人民之基本權利，憲法第11條有明文保障，國家應給予最大限度之維護，俾其實現自我、溝通意見、追求真理及監督各種政治或社會活動之功能得以發揮。」可知言論自由係人民極為重要之基本人權，不因學生身分或年齡大小不同，而生保障與否之區別。惟因言論自由權之行使可能與其他人權利有所衝突，因此立法機關得在合理範圍內對言論自由加以規範，且必須符合明確性原則與《憲法》第23條之規定；如涉及大學教學、研究及學生之學習自由等事項，則另需考量大學自治之原則，對大學之專業判斷予以適度之尊重（大法官釋字第445、462號解釋參照）。

依據《公民與政治權利國際公約》第19條規定，人人有保持意見不受干預之權利。人人有發表自由之權利；此種權利包括以語言、文字或出版物、藝術或自己選擇之其他方式，不分國界，尋求、接受及傳播各種消息及思想之自由。對於此等權利之限制須經法律規定，且係為（一）尊重他人權利或名譽；（二）保障國家安全或公共秩序，或公共衛生或風化，所必要者為限。值得注意的是，該公約第20條進一步規定，任何鼓吹戰爭之宣傳或鼓吹民族、種族或宗教仇恨之主張，構成煽動歧視、敵視或強暴者，應以法律禁止之。

學校以「妨害校譽、破壞學校秩序與紀律」之校規規定為依據，對

於與校方採取不同觀點的言論之學生，加以處罰，在各級校園並不少見。這個校規規定容易觸及到的問題有「規定的明確性」、「合目的性」、「比例原則」及「言論自由」等面向。首先，並非學生言論皆會妨害校譽、破壞學校秩序與紀律，是怎麼樣的言論、何等內容、產生何種結果始進行處罰？以上諸問題應於校規內明確規定，否則學生將會發生遵循困難，動輒得咎之「寒蟬效應」；同時，該結果與禁止言論之間是否有因果關係？禁止學生為某言論是否即可達成「維護校譽、維持學校秩序與紀律」之目的？以及禁止學生為某種言論之限制所帶來之益處，相較之下，是否比該限制所致之侵害為大？都應在制定與此議題相關之校規時，妥為考量。

此外，依據《教師法》第17條第1項第4款規定，教師除應遵守法令履行聘約外，並負有「輔導或管教學生，導引其適性發展，並培養其健全人格義務。」基於此規定，教育部於民國96年間訂定《學校訂定教師輔導與管教學生辦法注意事項》，雖未必具備法律或授權命令之強制力，但仍不失為各校訂定校規之參考。惟該辦法較集中於程序之規定，對於校規內容應如何訂定等實質問題，並未訂定。關於實質問題，我們可以從「侵害何等法益」來檢討。首先，學生言論可能侵害學校的名譽權及其他人格權，也有可教唆使其他人為破壞學校秩序之行為，此涉及的法益甚廣，因此整體來說，除「破壞紀律」讓人不易理解外，其餘規定亦略顯空泛，要件過於籠統，不符合法律「明確性」之要求。

進一步來探討用該等校規禁止學生的言論，是否適當？首先，應了解學生的言論內容為何？是對人或事的「評論」或「說明、敘述」？如果是「評論」性質，此時校方可從不同觀點進行評論或說明，真理愈辯愈明，反而是很好的生活教育機會。如果是學生對人或事的「說明、敘述」，則要看該敘述、說明是否為真實？是否為仇恨言論、歧視性言

論。學生是否有主觀上的惡意等。如果該敘述、說明並非真實且該學生有主觀上的惡意，例如：學生明知該言論內容非真實，仍於網路上散布「學校每學期超收學費新臺幣1萬元，做為校方教職員旅遊用」之不實言論。至於是否已發生「校譽受損」或「學校秩序遭破壞」之結果，亦須檢討；以前述「超收」言論而言，則可能已達「校譽受損」之結果，而達到得以校規處罰之程度。既然如此，我們仍認為除了處罰外，學校更應予以輔導、教育方式，並加強人權教育以減少使用處罰之手段。至於常見的案例以交異性朋友有損校譽為理由之處罰，則我們認為後者行為並無「校譽受損」之結果。

報載高雄師範大學日前召開校務會議通過在「學生獎懲規則」中增訂：「未經學校同意，而利用學校名義從事請願、集會、遊行者，應記予大過處分」的規定。如果在解釋上限縮「利用學校名義」為以校方名義從事者，則確有無權代理或侵害校方名譽權／人格權之可能。但如該規定係為「學生以該校學生名義為之者」，則該規定已過當限制學生憲法保障之言論自由及集會結社自由。蓋以「某校學生名義」從事請願、集會、遊行，客觀上並不會導致「校譽受損」或「學校秩序遭破壞」之結果，除非該請願、集會、遊行在校內發生，而校方對於請願、集會、遊行之處所及時間，業經適當程序制定相當規定，而學生仍違反這些學校規定，則因學生行為有可能破壞學校秩序，影響其他學生受教權或其他權利，始足當之。

教育觀點 ✍

學生能獨立思考並表達自己的意見，是民主教育目標之一；讓學生有發表言論的自由，不僅在保障基本人權，亦是落實民主教育。學校應

透過正式及非正式課程，培養學生具有表達意見的能力，並教導學生言論自由的界線何在，使其明白：表達言論雖是個人自由，但亦須為其言論負責。言論的界線既已在憲法、刑法等相關規定中，有明確的規範，學校自不宜於法律之外，另設限制，否則容易過度抑制學生，形成一言堂；學生也將因為怕動輒得咎，而對公共事務冷漠，習慣將自己定位為社會中不須發聲的一群。

以之前某大學曾發生的爭議為例，校方在學生獎懲辦法中規定，學生如果未經學校同意，而利用學校名義從事請願、集會、遊行活動，應記予大過處分。校方以學生活動可能會影響校譽為理由，限制學生的言論自由。從教育的觀點來看，「影響校譽」、「妨害校譽」乃主觀感受，校方以其主觀感受取代客觀標準，難以讓學生信服，不利民主教育實施。再者，維護校譽是否為學校教育重點？學校教育應以學生能力及態度之養成為重，還是以保護校譽、學校秩序與紀律為重？校方宜審慎考量。

校規是規範學生行為的依據，內容實不宜浮濫，應先區分學生的不當行為、言論，屬於涉己性或涉他性，再分別處理或處罰。如果是涉己性的不當行為，例：遲到、不交作業，不宜用處罰，而應以教育方式處理；如果是涉他性的不當行為，例：用言語或行動攻擊傷害同學，才是屬於可以在校規中訂定處罰的範疇。許多人將「管」與「教」混為一談，認為只要對學生嚴加管理及處罰，就能達到教育的效果。然而，處罰僅能暫時消除不當行為，無法將規範內化於學生心中。

本題之「妨害校譽、破壞學校秩序與紀律之虞」，泛指任何有可能影響校譽的情形，屬於極嚴苛的審查標準，學生容易動輒得咎，學校亦難客觀處理，反而造成雙方的不信任。最後，學生可能為了反對而反對，無法與學校理性溝通；也可能因習於壓抑自己的想法，忽略學習公

民參與的重要能力。

處理建議 ✍

　　當學生對外發表言論時，學校應先尊重其言論自由。倘若認為該言論引起社會對學校的不利觀感，校方可與學生溝通，充分了解其訴求動機及重點，再決定如何對外回應；亦可在校內舉辦相關議題之辯論會、公聽會等活動，讓正反意見兩面俱呈。如有必要，舉辦相關活動之結果可告知媒體，請媒體做後續之平衡報導。

　　目前仍有許多學校將「影響校譽」做為禁止學生自由發表言論的理由，且納入校規中，建議依據教育部或各縣市教育主管機關公布之校規檢視修訂原則及作業規定，召開有關會議檢討修訂現有校規，以利營造民主、多元之學校情境。至於學生若真的明確出現不當言論時，如：仇恨言論、歧視性言論，學校仍應予以處理。深入了解個案的動機及背景，加強人權教育，而不只是用處罰的方式處理。

延伸思考 ✍

　　依《經濟社會文化權利國際公約》第13條第1項規定，該公約之締約國確認人人有受教育之權。締約國公認教育應謀人格及人格尊嚴意識之充分發展，增強對人權與基本自由之尊重。締約國又公認教育應使人人均能參加自由社會積極貢獻，應促進各民族間及各種族、人種或宗教團體間之了解、容恕及友好關係，並應推進聯合國維持和平之工作。在此認知下，我們認為透過學生間的各種言論、表達，方能促進互相了解，並促進各民族間或宗教團體間之了解、容恕及友好關係，其中重要的課

題，包括對其他人意見的「容忍」。

　　在教育的場域理，為達成「人格及人格尊嚴意識之充分發展，增強對人權與基本自由之尊重」之目標，學校及教師應對於各種言論採取開放之態度，鼓勵學生發表言論，並教導學生容忍不同立場之言論，這是民主多元的價值之一；除非該等言論有禁止之必要，例如：煽惑犯罪言論、仇恨性言論、歧視性言論等。且該生有主觀上的惡意，該處罰要件並於校規中明確規定。否則僅以「妨害校譽、破壞學校秩序與紀律」為理由，用校規禁止學生的言論，並不適當，亦違反憲法保障言論自由之宗旨。

學校可以因為學生在校內公開演講內容或用語粗俗不雅而處罰學生嗎？

法律觀點 ✍

　　學生的公開演講固然屬於一種言論，我們是否可以認為，為了保障言論自由，學校在本題的情形不能處罰學生？

　　首先，言論自由有其基本的目的及內涵。「言論自由在於保障意見之自由流通，使人民有取得充分資訊及自我實現之機會，包括政治、學術、宗教及商業言論等，並依其性質而有不同之保護範疇及限制之準則。其中非關公意形成、真理發現或信仰表達之商業言論，尚不能與其他言論自由之保障等量齊觀」（大法官釋字第414號理由書）。依照此等見解，學生在校內公開演講內容粗俗，與言論自由保障的意見之自由流通，使人民有取得充分資訊及自我實現之機會似無關聯。

　　此外，學校負有教育之目的與保護和照顧之義務，若言論之內容涉及猥褻或粗俗不雅之內涵，為調和青少年身心健康之利益與善良風俗，非不得加以限制（參考釋字第407號解釋文）。亦即，學校基於教育學生的目的，得以適當的限制學生的言論。

　　假設有學生在學生代表的競選演講中，出現內容低俗或用語粗俗的情況，會有各種不同的可能。學生可能是以這些用語描述形容某些人事物，可能是以引述別人的粗俗話語的意思使用在公開演講。一般所謂的三字經應屬典型的粗俗用語，部分年輕人會使用「超屌的」形容某人事物非常優秀，因「屌」字有其特殊意義，倘在公共場合使用似仍屬粗俗不雅。但無論哪一種狀況，學校基於教育及輔導的目的，自得施於適當

的輔導、訓誡或處罰，以導正學生的言行。

　　多數的情況，當學生在公開演講使用粗俗用語，應是短暫的時間，瞬間即逝，師長應在事後予以適當的訓誡即可達到導正的目的。除非學生的演講是接連使用粗俗用語，持續激昂一段時間，才有必要以拔掉麥克風或其他方式，立刻打斷學生說話。如果學校對於學生演講內容是否必須做成處罰，在校內存有歧見或爭議較大，則建議學校能藉由包含校方行政人員、教師代表、學生代表，及家長代表的委員會開會解決爭議。

教育觀點

　　學校是教育單位，學校內所舉辦的任何活動，都是有教育意涵。若平時要求學生說話不可粗魯不雅，但在演講時發生演講學生用語粗魯而未加處理，這會造成學生無所適從，甚至造成學生有樣學樣，只要演講就可以譁眾取寵、用語粗魯。因此適當的處罰（理）是必須的。

　　不管處罰輕或重，事後的輔導是很重要的。必須要讓學生知道沒有理由一定要用語粗魯不雅，因為這樣可能會造成他人有不舒服的感覺，可以用別的言詞。一方面是尊重在台下聽演講的其他人，另一方面也是演講者尊重自己的表現。同時學校在校規中可能就要有所規定並事先告知學生應遵守的規範。

處理建議

　　我們的處理建議分兩個部分。

　　一個是比較輕微的情形。例如：在演講中出現「屌」、「屁」、

「哇靠」等不雅的言語，且沒有持續性。可在學生講完之後，用規勸的方式告訴學生，並讓學生知道校方的立場。簡單的說，就是口頭上的勸誡。

另一個是比較嚴重的情形。例如：演講學生脫稿演出，粗魯不雅的言語一直持續，而且有愈來愈激動的傾向，則可以立即關掉麥克風，中斷演講，並且立即對所有學生作說明，而演講的學生除了須依校規做適當的處罰，同時也應該做後續的輔導工作。

若學生不服，則可向校內學生申訴評議委員會提出申訴；若該名學生需做嚴厲懲處時，也要送學生申訴評議委員會再加以討論才是。

延伸思考 ✍

學校可否為了預防學生在校內公開演講內容使用低俗用語，而先審查其演講內容呢？大法官對於法律規定對政治性言論可事前予以審查的相關規定，曾做出此等法律違憲的案例（參見釋字第644號、釋字第445號）。因為如此一來會對將要發表言論的人帶來有形或無形的壓力甚至恐懼，使真正的言論無法被發表出來，對言論自由的保障有極大的傷害。同理，學校對學生演講的內容也不宜事先審查，這不僅保障言論自由，也可避免不當的錯誤教育示範。

而事實上，想要以事前審查的方式控制學生言論，或導正學生的言行，在效果上也常會不如預期。因為所有的被審查對象都有本事在現實的框架上找到求生的空隙，學生也不例外。

學校能否禁止學生戴徽章、臂章，或穿上有傳達特定訊息的衣服？

法律觀點 🖎

　　學校能否禁止學生戴徽章、臂章或穿上傳達特定訊息的衣服，此一問題首先要考慮校園內的法律規範，根據教育部的《學校訂定教師輔導與管教學生辦法注意事項》第21點，學校經由校內民主程序，廣納學生與家長意見後，是可以訂定有關服裝儀容的校內規範。

　　惟常見的問題是除了制服以外的服裝，未必會全面禁止，這包括全校便服或者在特定日期或時間，雖然有制服，但周三下午或特定課程如體育課允許有不同的衣著、服裝，但學校往往另外又以「奇裝異服」而加以限制禁止。

　　此一限制禁止在法制面上應考量《憲法》第23條的要件，也就是有無「妨礙他人自由」、「避免緊急危難」、「維持社會秩序」、「增進公共利益」的必要性，否則動輒限制學生的衣著服飾，在大法官釋字第684號解釋做成以後，學生或學生家長有可能會以權利受損害（主要可能是言論自由、表意自由等）而尋求司法救濟的機會，學校受到的衝擊更大。

教育觀點 🖎

　　學校教育應培養學生具有尊重他人的態度，其中包含尊重他人表達的意見及立場。哲學家伏爾泰名言：「我雖不同意你的觀點，但我誓死

捍衛你說話的權利。」學校如能營造一個多元尊重的教育環境，使學生在潛移默化情境中，自然而然地養成尊重他人、包容異己的態度，必有利臺灣公民社會的建立，及提升國民理性對話素養。據此觀點，學校不宜在未經充分討論溝通情況下，便禁止學生佩戴徽章、臂章或穿上傳達特定訊息的衣服。學校可與學生、教師共同討論是否應禁止上述衣飾在學校出現，或要受到何種時間、地點、場合的限制；班級導師亦可在班會中與學生討論此議題，讓學生思索不同立場的考量及可能產生的影響。

目前我國中小學除部分開放學生穿著便服的學校外，其他學校皆規定學生須穿著學校制服、學校運動服（特定時間可穿班服），學生若要穿著便服，須隱藏在制服或運動服內（部分學校允許學生在天冷時在制服外穿著便服外套），不得外露。學校在校規中既已規定，禁止學生在學校穿著便服，而傳達特定訊息的衣服因屬便服，自在禁止之列。至於徽章、臂章禁止與否，各校做法不同。有些學校規定不准佩戴，有些學校則准許，但要隱藏在制服內，還有學校未明文規定禁止佩戴。

在全面開放學生穿著便服的學校，若有學生透過徽章、臂章或衣服傳達特定訊息，校方宜本其尊重學生自主想法的態度，在正式或非正式課程中，讓學生充分討論，特別應從「多元」、「尊重」、「民主」、「容忍」等價值出發，引導學生思考表達意見的基本人權是否存在界線，以及民主社會所追求的生活方式等。學校要避免在未獲充分討論前，即訴諸投票表決，否則易形成多數暴力局面，非民主教育之內涵。

一般而言，學校通常不是以不雅、粗鄙或有危害的可能，做為是否禁止學生佩戴徽章、臂章及穿著特定訊息衣服的審查標準，而是禁止學生在學校環境內有制服以外的穿著表現及選擇自由。雖然目的可能是為了凝聚學生對團體的認同、養成學生的群性與紀律，但若因此犧牲掉培

養學生自主判斷的能力及多元尊重態度，實為可惜；甚至在不知不覺中，教育行政人員及教師也因為不習慣與學生理性溝通，只要求他們遵守校規，造成師生對立或導致學生對學校的情緒反彈。為了避免上述困擾，學校應再次檢討現行校規的合理性，與學生充分討論有關是否禁止學生佩戴徽章、臂章及穿著特定訊息的衣服，待取得共識後再做出適合校園的決定。

處理建議

　　學校可成立由校方行政人員、教師、學生、家長組成的委員會，討論是否禁止學生佩戴徽章、臂章及穿著特定訊息衣服，或應建立何種審查標準內涵（審查標準可包含不雅、粗鄙、有危害的可能、仇恨性言論、人身攻擊或其他）等等。委員會達成共識後，宜先做成草案公告全校師生，並在各班班會中進行討論以匯集意見。接著，召開公聽會，邀請校方行政代表、教師代表、學生代表、家長代表及學者專家各一人，共同與各班派出的學生代表討論溝通。最後，將各班意見及公聽會結論送交前述委員會進行討論，並經由民主程序，做出相關決定。

　　在尚未做成全校定案前，公民科教師可針對此議題舉辦班際辯論比賽，讓學生有機會自正反兩方立場理性思辯。這樣，無論委員會最後的決定如何，學生都能在過程中體驗民主精神，對於學校較不易產生反彈、對立的情緒。

延伸思考

　　事實上，現在學生在書包上別徽章或是掛上手機吊飾，學校一般也

很少過問，因此學生的舉止學校若能以平常心，可能一陣子就褪流行了，並不需大驚小怪。倒是學校可以「淡定」，但學生的自由卻不是無限上綱。

例如客觀上常造成困擾的是宗教性（在外套背後貼上「信主得永生」或「佛祖保佑你」）、政治性（在書包上貼「○○○滾回中國去去」或「○○○是賣臺集團」）或與國際價值相左（用納粹標幟）等做法。

就前二者，有鑑於《教育基本法》上要求之「政治中立」與「宗教中立」學校似可以學生間相互尊重為由勸誠學生考量同學間有不同宗教信仰或政治信仰者，應避免不必要的刺激或衝突行為。

至於後者，如前述更應予以告誠禁止。此部分從教育角度應加強學生國際觀，學校應教導學生就國際普世價值予以學習與尊重。更何況，我國已在民國98年4月制定公布《公民與政治權利國際公約及經濟社會文化國際公約施行法》明文實施兩公約，而依《公民與政治權利國際公約》第20條第2項明文規定「任何鼓吹民族、種族或宗教仇恨之主張，構成煽動歧視、敵視或強暴者，應以法律禁止之。」並且在26條再度強調平等與反歧視，即「人人在法律上一律平等，且應受法律平等保護，無所歧視。在此方面，法律應禁止任何歧視，並保證人人享受平等而有效之保護，以防因種族、膚色、性別、語言、宗教、政見或其他主張、民族本源或社會階級。財產、出生或其他身分而生之歧視。」因此學校老師應就此種歷史上「仇恨」事件加以介紹，使同學能夠有所了解，以避免貽笑國際的事情發生。

學生有沒有權利在學校散布非學校主辦或贊助的文獻資料、廣告宣傳單？

法律觀點 ✍

　　學生在校園內的行為只要不要妨礙到旁人，原則上法律是沒有限制的。沒有限制的理由是對學生行為的限制同樣也要符合《憲法》第23條的要求，所以如果沒有明顯的限制理由時，學生在學校做什麼事基本上是可被接受的。

　　有關學生會去散布所謂的文獻資料、廣告傳單等等，一種是與學生有關的，比如學生有活動在學校附近舉辦，而因此散發傳單，這本來就是傳遞資訊。相對而言，如果是跟學生校園生活關係較小時，像社會上一般性的政治活動、環保議題、公民活動等等，此時學生做為社會一份子去表達意見其實也是沒問題的，所以原則上學校不應該去禁止散布這樣的資訊。

　　學校要對學生限制散布廣告、傳單等，常見而較無爭議類型包括涉及猥褻、色情的訊息，此部分尚涉及《兒童及少年福利權益保障法》的相關規定；其次是政治性資訊，一般學校會以「政治中立」為由加以限制。然而「政治中立」不代表「政治真空」，如果學校藉由「政治資訊」從事公民教育，也是美事。但如果學校有所限制，就應注意公平性。至於一般的商業資訊或活動訊息，甚至宗教資訊，則無絕對限制的充分理由，但如果學校基於讓學生專心學習的理由而有所限制，同樣要注意到平等對待的原則。

教育觀點

　　校園中常見非學校主辦或贊助的文章如：班級刊物、社團刊物、學生社團活動訊息、跨校聯誼活動訊息等，學生欲張貼文章於公告地點，學校大多會要求先經學生活動組或訓育組核章，無核章者不得張貼。此類要求主要基於兩個理由：公共空間管理及文章內容審查。從教育觀點檢視事先核章的第一個理由：「公共空間管理」，似無不妥。學校空間規劃既非雜亂無章，乃有其設計理念，則海報、文章等訊息應於何處張貼，自然不宜採放任態度，以免破壞校園情境教育。同時，每份海報或文章的張貼時間亦應管理，讓學生、社團皆有平等使用公告欄的權利。至於學校事先核章的第二個理由：「文章內容審查」，涉及審查的必要性與審查標準的客觀性。在中小學階段，學生多為未成年之兒童或少年，為了避免其過早接觸色情、犯罪、其他有重大危害之資訊或淪為商業利益的工具，學校審查有其道理；然而，站在教育係為了培養具獨立思考及判斷能力的公民立場而言，學校應尊重學生的意見表達自由，除了以空間管理之理由，內容部分則應於事後再予審查。也就是說，學生張貼的文章（或海報），若明確對於兒童及青少年身心造成危害，學校自有禁止之必要，或得要求修正之後再張貼。「文章內容審查」還牽涉到審查標準的問題，包括：標準由誰來訂？標準內容為何？依據是什麼？學校宜參考法律規定、不同階段的學生身心發展，擬定幾項審查標準制定原則，然後交由學校師生討論決定，藉此能讓學生對於限制背後的原因及利弊，有更深入的思辨空間。

　　至於學生在校園內發放非學校主辦或贊助的文獻資料、廣告宣傳單時，學校亦依前述張貼標準要求學生先行核章。通常發放宗教性、服務性、學術性或聯誼性等類的文章，學校審查較寬鬆，因尊重學生自主選

擇，且與學校教育環境無直接衝突；若欲發放政治性或商業性文章，學校為了避免校園中出現因政治立場不同的非理性對立衝突，以及或擔心學生為商業利益而無心影響學習，故對此二類文章或宣傳單，多採禁止發放態度。面對真實社會各種不同資訊及立場的自由流通，校園固然可以消極的以教育目的的名義將部分資訊暫時隔絕，卻也失去了教育的積極意義。學校在把關各類資訊時，應經常檢討有無侵害學生人權，以及有無提供學生思辨討論環境。

處理建議 ✍

一、在人權意識抬頭的當代社會，校園不宜反其道而行。是否要禁止、限制學生在學校發放非學校主辦或贊助的文章，校方應採民主、多元討論方式，取代行政人員及教師的單方決定。當學生發現這些與他自身權益相關的事，都可在校園內以理性、公開方式討論，且均設有反映意見的雙向管道時，學生就不會輕易以訴諸媒體、爆料方式面對問題，而願意真正學習如何解決問題。

二、本問題的處理重點在於如何決定准許與否的界線，學校可先針對幾個需要規範的項目，例如：涉及猥褻、色情；教唆他人犯罪、加入幫派組織、販賣毒品；為商業利益的宣傳廣告等等，分別設計討論題目，讓學生在各班班會中充分交流意見，並形成一些可達成共識的界線。接著將這些界線內容，交付由學生代表、教師代表、學校行政人員代表組成的會議（基於尊重學生及保護未成年人的不同立場，建議代表比例可為1：2：2），充分討論後再做成決定。日後遇到爭議性較大的個案時，可召開特別會議討論，甚至修改界線範圍，避免學校行政僵化管理，以及建立校園民主討論的機制。

延伸思考

　　因校園生活是一個團體生活，所以例外需要限制學生會在什麼情況之下出現？比如說學生從事活動的時間是上課時間，這會影響學習，老師應該制止；或是學校對於這樣的行為有規定，例如校外海報的張貼地點，在不對的地方張貼，可以用海報管理辦法管理；另外一個可能學校有校內網站，網站上有規範只放校園內的資訊，如果涉及校園外的部分有移除的問題。這些其實都是一個管理上的概念，而不是本質上的禁止。所以概念是有無妨礙到學習的秩序，而且也不宜利用上課時間又未經請假去從事這些行為。對於學生在學校活動的核心「學習」的充分保障或顧慮，是法律上的第一個思考點。

　　而這還衍生一個秩序性的問題，例如容量概念的管理問題，這部份學校可以適度地去處理。但學校在處理時要考慮到如果是基於秩序性的處理時，還必須考慮到公平性的概念，如果學校考慮到資訊的量體太大而無法同意放置（放在網路上）時，將來在這個量體以上的都不能放，除非學校設備更新。如果學校是以秩序概念或功能性的角度去規範學生，應該要注意到其一致性，也就是平等原則的適用。換言之，學校以秩序性為出發做出管制的時候，就應該注意到平等原則，也就是公平性。學生在學校學習，如果基於秩序管理與承載負荷面管理學生的行為時，學校一定要考慮一致性的問題。

　　目前隨著網際網路的發展，在網路上傳遞資訊速度驚人，影響力更是無遠弗屆，但如果是利用學校的網路，從事與教育活動無關的資訊傳遞，學校可能就會被質疑有無責任。像台大的批踢踢（PTT）網路社群，究竟學校有無管理的權限？學校是否對外要負起責任，這些都是值得思考的問題。

學校可否禁止學生散發疑似妨害他人名譽的文章？

法律觀點 ✍

　　法律觀點由以下二點分別敘述：

一、若學生係在學校主管之場所上散發疑似妨害他人名譽之文章：

　　散發妨礙他人名譽的文章有構成《刑法》上毀謗罪之可能，學校基於該場所之主管者身分，自有權責防止學生利用該場合從事妨害他人名譽或毀謗他人之行為，故學校可以在主管領域為限制及管理，例如在學校網站，學校可以移除疑似妨害他人名譽之文章，或在校園中禁止或沒收疑似妨害他人名譽之傳單，當然，學校亦可以訂定網站管理規則或校規告知學生之適當行為準則，俾利學生事前遵守。

二、若學生係非在學校主管之場所上散發疑似妨害他人名譽之文章：

　　若學生係在私人領域，例如私人部落格，發表疑似妨害他人名譽之文章，即便學校知悉，學校對非有管理權之領域即無法為任何限制行為。

教育觀點 ✍

　　言論自由的保障是現代民主社會中最重要的人權之一，儘管學校是基於教育目的而存在的機構，對於身心發展尚未成熟的學生得以部分限制，但也必須充分保障學生的言論自由權。在校園裡，學生可能因道德

發展層次的因素、人際關係技巧的不成熟以及民主法治素養的不足，而誤以侵害他人權利的手段為其自我保護的方式及意見表達自由的行使。對此，學校必須依培養學生健全人格與民主素養的教育目的，智慧且謹慎地來解決言論傷害的問題，同時藉此教導學生在社會價值普遍認同的適當行為。

散發妨害他人名譽的文章為言論表現的範疇之一，通常學生散發這類的文章可能是在發洩個人心中不滿的情緒、蓄意在人際間挑起衝突，或是天真的自以為在發揮所謂的道德觀與正義感，為同儕或班級的名譽出聲。不論是何種理由，所書內容是否符合真實性，學校對此種會傷害他人權利的行為本即有導正之責。學校及導師除應對當事人進行個別輔導外，這更是一個培養班級民主法治素養的極佳機會。藉由問題的呈現，不但可讓學生對衝突的所在進行理性的思辨、價值的澄清，還能使學生理解以理性方式解決問題的必要性，體會言論的雙刃性，在自尊尊人的前提之下，願意謹慎地行使所謂的言論自由；同時，並發展出可貴的同理心與道德勇氣，提升個人與團體的品格層次。

不過，上述的前提，是針對該行為係在校園內發生的情況而言。在公領域的範疇，學校因負有教育之責，故必須訂有清楚的規範以做為教育與管理的準則，並依此實行之；但若該行為是學生在學校無法管轄的校外所為的私領域行為，則又另當別論。舉例來說，現代社會藉由網際網路之發達，於BBS、blog或facebook上發表具名甚或匿名言論的型式已日益普遍。在學校的管轄範疇內，校方有權設定合理限制，進行與教育原則一致的管教行為；但若為校外的個人行為，則校規將無法介入私領域進行規範作用。不過，話雖如此，學校仍可有其他積極作為來導正錯誤。本於教育原則，學校須教導學生「文責自負」的觀念，讓學生在理解言論自由的精神與界線後，能夠為自己的行為負起責任。如此，學校

才能完成提供年輕人教育與修正錯誤的功能。

處理建議 ✍

　　對於學生散發妨害他人名譽文章的情形，應先區分該行為是在校內或校外所為之情況再加以處理。依前述可知，雖然對於校外的個人行為，學校無權要求學生撤（刪）除文章，但學校仍須盡教育之責，教導學生合宜的言行舉止，並使學生能夠且願意為自己的行為負責。

　　若是在學校可管轄範圍內發生，則學校一旦發現或是接獲申訴，如能證明為其為惡意不實之言論，即可「要求」學生撤（刪）除文章，公開道歉，並以校規處置。而若為真實言論，學校也應以保護當事人人格健全之發展，將傷害降低至最小，雖可能無法強制，但還是可以商請學生撤（刪）除文章，同時輔導其以更理性、更合適之方式來表達意見。

　　換句話說，老師在處理此種衝突時，必須以保護被害學生的名譽、自尊心與隱私為優先，避免該篇文章繼續流傳，以將傷害降低到最小程度。同時，並與撰文者、散發文章之人與文章中所影射之主角進行晤談，以了解衝突發生之原因，協助雙方解除誤會和衝突，進行理性平和的對話與溝通；進而引導學生了解相互尊重的必要，合宜的解決問題方式以及侵害他人權利所需負的責任。

　　另外，老師還可利用彈性時間或班會課進行團體機會教育。也許可以藉由腦力激盪或是辯論方式，讓學生討論合宜的言論表現方式及其界線，進而共同擬定較佳的解決策略或是班級規範，以避免此種情況再次發生。

延伸思考

　　學校對於學生的意見表達通常抱持著戒慎防備的心態，尤其是與老師教學有關的評論。為避免有損老師尊嚴，發生師生對立的衝突，學校多會禁止這類的言論出現。然而，老師教學方式各有千秋，學生能否接受也各有不同，因人而異。會有批評之聲出現，可能對老師來說是一記警鐘，可以讓老師改變並提升自己的教學技巧；但也可能純粹屬於學生不滿情緒的發洩，可說是另類的求救訊號，老師可依其需要調整，因材施教。因此，老師應體認不同意見是社會進步所必要，學生挑戰師長並非即是挑戰其權威，老師不必將自己的權威建立在不可挑戰性上，或許更應該建立在鼓勵意見的流通與理性共識的形成。

　　為鼓勵意見的流通與理性共識的形成，老師應盡可能向學生說明使用此種教學方式的理念及目的，讓學生能夠理解並修正學習方式。不過，老師也不必宣稱自己的方式是絕對正確，若學生能提出有見地的言論，正表示學生不是只會重覆或盲目跟從老師的看法，而是擁有創新且自主的思慮，這不就是教育的終極目的—讓學生習得獨立思考的能力。

　　因此，對於批評老師教學之意見，學校應予尊重之。若只因違背尊師重道的倫理即加以打壓或限制其發言，這樣的校園是很難達成民主社會的教育目標，而許多學生的意見表達也就會因此轉而地下化，且傾向情緒性的發洩。不過，畢竟學生之間對於老師的教學方式也可能產生不同的接受度，故若批評言論已流於無建設性的謾罵與情緒發洩，或許學校可因此主張回收，並要求學生停止散發該篇文章。但是，學校仍應主動積極建立師生之間理性溝通的管道，以期能消弭不同意見所產生的對立，並求得雙贏的共識。

為避免校園之紛擾，可否因此全面禁止學生討論具有爭議性的議題？

法律觀點

　　《憲法》第14條規定人民有集會之自由，此與《憲法》第11條規定之言論、講學、著作及出版之自由，同屬表現自由之範疇，大法官釋字第445號解釋進一步指出，國家為保障人民之集會自由，應提供適當集會場所，以法律限制集會、遊行之權利，必須符合明確性原則與《憲法》第23條之規定，另《教育基本法》第6條規定，教育應本中立原則。此問題之法律觀點可由以下二部分探討：

一、教師專業自主範疇

　　從教師專業自主的角度而言，老師對學生在學校討論之議題或是否不建議學生討論某項議題，這本應該是屬於教師專業自主之範疇，且在合乎教育目的安排之下，老師可以為實施教育之目的或課程所需，予以限制某些議題之討論。但若在課程之外，老師對學生之意見表達做出限制時，則此有言論自由被限制之疑慮，應認為老師不應為此限制，亦即若學生是利用下課的時間，在沒有妨礙到教師教學專業自主的實踐，學校與老師是不能要求學生或禁止學生作有爭議性問題的討論。

二、議題符合教育目的

　　在課程實施中，若該議題是符合教育及課程目的者，在這個範圍下，老師應該避免去指責學生的觀點，尤其是一些有爭議性的觀點，亦

即如果議題的設定是符合課程的目的，那學生只要在課程的範圍內就享有表達的自由，不能任意加以限制。然若學生的言論有十分明顯的不適當性或具有危害性，例如，公然鼓吹傷人或其他極度不適當行為，這時之言論自由即應受限制。在教育立場上，老師也有責任輔導管教或勸誡改善。

　　以上結論是，在正式課程以外，屬於學生人格自主發展，學校及老師不可禁止學生表達任何議題。而在課程安排當中，若某議題安排被認為是必要時，學校及老師也不能隨便限制學生之發言或指稱學生發言是具有爭議性的。然如果學生行為有明顯嚴重偏差時，被認為有散播犯罪或有猥褻言行時，在法律許可的範圍內，當然老師是有禁止或限制的權力或義務。

教育觀點

　　西諺有云：「讀書讓人思考豐富、寫作讓人思考精確、討論讓人思考成熟。」討論是教育必要手段，透過討論可以學習聆聽不同的意見，尊重、包容多元觀點，在討論的過程中，對於不同立場的表態並不是最重要的，重要的是背後的價值觀──民主素養的培育，接納差異、尊重多元的精神。

　　學校不該全面禁止學生表達對爭議性議題的看法，而是應該引導學生去思考爭議性議題背後的價值觀，並學習如何去做理性的討論和判斷。學校設立的目的正是在培養能夠獨立思考的人格，而獨立思考的前提是能理性看待異己觀點，能理解並接納不同的意見，所以學校不應為求管理方便，以校園秩序凌駕於教育目的，剝奪學生去接觸爭議議題的機會，而是應正向看待爭議和衝突，鼓勵學生去思考校園中或社會上存

在的問題。例如：與學生有關的班級事務包含座位安排、打掃工作分配等，社會有關議題包含死刑存廢、通姦除罪化、同志婚姻合法化、安樂死合法化等，討論也不等於政令宣傳，例如基於教育中立，不宜針對某一候選人或單一政黨攻擊批評。教導學生如何不隨情緒起舞、不隨眾盲從，能從不同觀點去思辨事件背後的價值判斷，學習去理解他人、尊重差異及謀求最大共識的方法，才是最重要的教育目的。

　　至於政治性議題，應該允許學生有發表自己政治性立場或言論的權利，以保障言論自由，但須提醒學生要尊重不同政治立場，就事論事取代意氣用事；而教師在課堂上應避免利用職權灌輸特定政治立場，教學目的在於引導學生思考，而不是發洩自己的情緒，討論政治事件最好兩面俱陳，同時呈現正反不同意見，引發學生思考的興趣，而不是單一面向的批評，避免流於個人情緒抒發。

　　最後，若能在校園內落實學生自治，以民主程序討論學生事務並制度化，不僅能讓學生從小養成對公共議題的討論，也能真正學習尊重與接納不同意見。

處理建議

　　學校應提供公開的討論平台，例如班代大會、或校規修改公聽會等，讓學生自由討論發言，建議公聽會方式取代辯論會進行，既可減少對立，又可讓更多不同立場的聲音呈現。教師應扮演引導的角色，讓不同意見的聲音可以呈現，而且最重要的是強調理性討論、尊重差異的民主風範，而非追求勝負的意氣之爭，即使無法達成共識，也能在過程中學習民主，且儘可能異中求同，找出雙方最大公約數，才能真正達到雙贏。

延伸思考

　　法國思想家伏爾泰（Voltaire）名言：「我並不同意你的觀點，但是我誓死捍衛你說話的權利。」學生耳熟能詳但知易行難，老師本身的身教很重要，若老師能以身作則，積極聆聽學生的想法，即使是幼稚或不成熟的意見，也能鼓勵學生有發表的勇氣，當班級能營造出友善的討論環境，自然能鼓勵學生自由表達真正想法。巴頓將軍說：「當每個人的想法一致時，就表示根本沒有人在用大腦。」學生通常害怕自己與眾不同而不敢表達自己真正的想法，但是差異才是團體的自然現象，一個接納和友善的團體是討論成功的基礎，讓學生發揮自己對議題的影響力，也是教育的一部分。

學生的刊物，學校是否得以事先審查？ 學生的刊物，學校是否得以其內容猥褻而處罰之？

法律觀點 ✍️

　　因為學生的刊物是以學校的名義對外公開，所以理論上來講，學校要對這個刊物負責。換句話說，如果今天是地下刊物，學校可以說不知道。但如果是公開的刊物，理論上學校應該為其內容負責。

　　然而我們可以思考一件事，也就是現在一般成年人所辦理的刊物內容，基本上政府也幾乎不審查，除了有性別分級分類之外，現在出版法是沒有審查的。所以嚴格來說，學校應該要考慮不做審查。

　　在法律上，如果學校要為刊物負責的話，就要有一個審查機制。但是重點在於這樣的審查機制是很弔詭的。譬如說，假設學校認為這樣的文章是通過的，結果印行出去，也登載老師或學生的姓名。而外面的治安機關仍然認為這是色情猥褻，然後處罰學生，當然也可能處罰學校校長。那學生會質疑校內審查過了，為什麼又說不可以？所以我們要慢慢建立一個不審查的理由，在於說你的審查可否排除社會上的法律規範。因為成人的刊物如果有侵害他人權益的話，理論上就是毀謗或是色情猥褻、鼓吹犯罪等，這些都構成民事、刑事的法律責任。現在學校為了對社會負責，希望能夠審查，如果審查結果，社會仍然認為有涉及不當，或有其他第三者或政府來追究學生責任的時候，請問學校是否失職？

　　其實教育當局可能沒有想過，如果學校內的審查的結果，代表學校必須對外負責的時候，是不是因此學生就免責了？如果學生不能因此而免責的話，學生被第三者告或者被政府取締，那學生可否反告學校：你

怎麼沒發現？你沒有管好，為什麼不把我的文章刪除？那學校此時不是裡外不是人？

　　所以，在法律上我們固然可以理解學校基於責任，而有做事前審查的必要性。在以學校為發行人的前提之下，學校適度地介入應該可以理解，至於是否可因內容猥褻而處罰學生？在刊物上表達極度猥褻而極度不當的內容，如果是一地下刊物，在社會上也是要被處罰的；所以學校內部做處罰，其實是可以接受的，只是就要更謹慎，因為是不是猥褻會有仁智之見。

　　此外學生刊物除地下刊物，完全不經由學校，責任由作者自負之外。其餘以學校具名發行的刊物，學校基於本身責任可能要審查外，如果社會有共識，認為學生應該為自己的意見表達負責，則學校也許可以考慮允許學生或社團以自己名義發行的刊物，在學生明瞭自負文責的前提下，也就不必再進行不受學生歡迎的審查。

教育觀點

　　學校因為學生的學習與成長而存在，也負有為學生未來生活做準備的責任，學校任何措施，都應以達成此功能與目的而作為。雖然，因應不同教育階段學生之不同知能發展，教育措施會因地制宜，而具多元性質，但是以「學生為本位」的教育本質不會改變。學生刊物在大學、中學與小學，會因學生發展階段之不同，而有不同的形式與功能，學校在校刊的規劃與處理方式上當然也不盡相同，但是其以學生的學習與成長之需要為主要思考方向，處理過程具有教育義意則是一致的。

　　廣義的課程內容涵蓋所有「在學校有計畫的教育引導下之教學與活動」，甚至涉及有關學校文化等潛在課程。學生刊物在培養公民素養，

聯結、統整正式課程與教學等教育目的與功能上具有非常重要意義，學校應以總體課程規劃為基礎，設計融入不同課程之教學與活動，協助不同形式之學生刊物的發行，例如，文學專刊、科學專刊、藝術專刊或其他校園、社會之論壇等，在中小學有專長教師共同參與很重要。教育的本質應使受教育者在價值引導與創造的過程、活動中，建立自尊與自信，在潛能充分發展與實現自我中，以建立起生命的正確價值與意義。因此無論從刊物出刊目的的了解、刊物主題與內容定稿、出刊、發行，甚至到因違反規定而遭禁止其刊登都是教育的過程，更是公民社會培養公民素養難得的教材與學習歷程。

　　「學生的刊物，學校是否得以事先審查？學生的刊物，學校是否得以其內容猥褻而處罰？」教育工作者首應自問：「刊物出刊、審查、處罰的教育目的是什麼？」、「是否曾讓學生充分認知刊物出刊的目的？」、「是否曾與學生討論過刊物審查的理由，以及其應有的程序與標準？」、「有過民主參與的過程訂定學生刊物出刊、審查的規範，且公告周知？」如果答案是肯定的，則以上問題將會迎刃而解。

　　學生有權利了解必要事先檢查，或受處罰的理由，學校亦有責任站在學生觀點上與學生共同建立規範，並使學生習得承諾與負責。在教育上「處罰」是一種順乎人性的引導，有效導正的行為改變技術，不是權威、封建，不科學的觀念與行為，更不應是任何戕害學生自尊，讓學生產生怨恨，無法習得悔改的恐嚇手段。

處理建議

一、觀念

　　「學生刊物」不論是過程或是成果都是教育的一部分，審查應有教育目的。

二、問題處理

（一）學校是否得以事先審查「學生刊物」？

　　視學校是否訂有原則性的辦法或規定等章則，否則事先要求審查，易引起爭議。

（二）學校是否得以其內容猥褻而處罰之？

　　內容猥褻已是違反法律的行為，然而，學校應先理解猥褻與否的判斷，十分容易流於個人偏好。雖然依校規「處罰」是合理的教育手段，但學校應加強性別教育，中小學生並應依照「改過銷過辦法」輔導行為、導正觀念，協助消過。

（三）審查標準及程序為何？

　　審查標準與程序依刊物類別、性質與目標、主題（或內容）與相關校規，並考慮教育階段學生特質與教育意義而有差異。

　　1.基本原則

　　(1)符合性：符合上述刊物類別、性質與目標、主題（或內容）與校規，並考慮教育階段學生特質與教育意義等條件要求。

　　(2)公共性：教師、兼行政教師、學生、家長等具代表性人員參與機制制定與審查，比例約為2：1：2：1，必要時審查小組另聘學者

或專家組成，宜採共識後決定。

(3) 透明度：公告審查標準與程序，以及審查小組成員代表性、資格或專業背景。

(4) 標準化：審查標準宜另製作格式化之「表單」，方便依項次進行，減少個人主觀意識。

(5) 教育性：設置有修正、申覆等補救機制，並有專人協助、指導處理。

2.**審查程序**　視刊物特性可分專門知識審查與教育專業審查兩部分，或僅做一次審查，原則上，可依下列步驟進行。

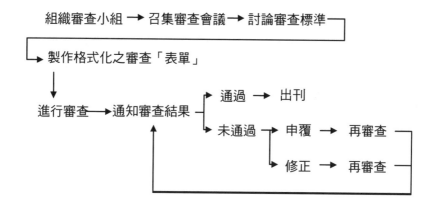

3.**審查小組成員與職責**

(1) 專門知識審查：具專門知識之教師或增聘專家加入組成，在編輯過程中提供諮詢，協助修正，或另行召開審查會議，視學校之教育目的、刊物性質與問題而定。

(2) 教育專業審查：以教師、兼行政教師、學生、家長代表2：1：2：1組成，同時應視小學、中學、大學不同教育階段，學生的比例逐級增加，家長逐級減少，而教師人數應多於行政人員的原

則。以刊物之符合教育性為主要審查範圍，並應考量學生為主體的教育本質，遵守《教育基本法》之教育中立的精神。

（四）學校可否以學生的刊物，不符刊登前兩天送審而禁止其刊登？

如果學校已經民主程序，訂定有合理，且已「公布週知」的刊物出刊規定，其中亦有明文規定送審期限，則應予以遵守，違反規定接受處罰是學生學習守法的重要經驗，有助法治教育之成效。

三、學校政策配合

（一）訂定具公共性，且具體、明確、周延、可行的「學生刊物」相關章則，並公告周知

學校主管單位（學務或教務）應以常態性校務審慎規劃「學生刊物」，以課程延伸與統整的概念；師生（國中小含家長）公共參與的原則，訂定明確、具體、周延、可行之「學生刊物出刊要點」（或辦法），並輔以校規做為實行之依據。運用集會、網際網路、班會、週會加強教育宣導此等辦法與校規。同時提供相關資源，協助辦理，例如：使用場地、器材，或諮詢（或指導）教師群名單，學生公假規則，或獎勵等要點。

（二）系統規劃學期或學年出刊計畫與行事曆，貫徹執行

每學期開學前，確能與教師、學生（國中小含家長）共同討論年度學生刊物之類別與目標、主題（或內容），以及發行相關事項，並擬訂或修訂學校前學年之「學生刊物出刊要點」（或辦法）或相關章則。

（三）教學與活動融入品德教育

綜合學習領域與相關活動中系統規劃公民素養教育，讓學生學會參與、尊重與公義；了解媒體的社會責任與語言（文字）暴力的法律規範；具備能做「選擇」的知能；發展其個人的情感與價值觀，同時也要

能學習對自己的選擇負責，成為一個對生活有想法、有態度，對自己行為能負責，有進退的人。

總之，學生刊物之規劃可以是一個公民教育的歷程，有合理的機制與過程能教出講理的學生，事前之充分溝通能學會理解、設身處地或關懷的情操，而遵守約定與承諾能學會負責。因此，站在教育立場，以學生本位思考，且能審慎規劃學生校刊之發行，則事先審查、其不符刊登前兩天送審而禁止其刊登，或內容猥褻而處罰，在全面性的考量與評估後，並無不可。

延伸思考 ✍

學校審查的目的是對外負責，而所謂對外負責是要對外負什麼責任？就是要盡可能免除學生對外被追訴。因此以是否涉及對第三人的辱罵、色情風化或是鼓吹他人犯罪等極度不當的言行，做為審查範圍；而不是學校看不順眼的文章就不准刊登，這會有不當限制學生言論自由的問題。

既然審查標準應該不是建立在老師看得順不順眼，而是因為學校要對外負責。鼓吹犯罪、鼓吹極度暴力惡性行為或是色情妨礙風化，或是侵害他人名譽、公然侮辱毀謗等等，這些才會是學校對外負責的範圍，其他都是言論自由的範圍，學校其實是不應該去審查的。

其次，審查範圍要如何決定？這牽涉到審查委員會或審查小組的組成。如果學校希望審查小組或審查成員是多元的，比如審查委員會為了避免學校的恣意，就可以邀請社會公正人士，像是社區代表、家長代表；但因為這些校外代表來開會比較不容易，如此審查期程會變長；反之，若沒有校外代表，只有學校老師跟學生，審查期限比較容易做到縮

短。此外，不管校內或校外代表，都牽涉到一個問題：這些代表是否有充分合議？當然學校可能會覺得很麻煩，但如果沒有這個機制，其實就是少數一、兩位老師或是教官決定什麼文章能刊登。如果是由少數人決定，就需要比較強的申覆程序，以避免一、兩個人的恣意跟擅斷。反之，若每一次文章都由五個人看過，三個人以上認為不能刊登，或者建議修改而做出決定，這樣的審查是合議制的，且由大家看過又多數決定，那救濟程序可以弱一點。

再者就程序面而言，基本上學生刊物不像日報具有急迫性，學校當然可以規定出刊前多久前要送審，依據校規程序討論制定出審查作業流程。舉例來說，學校目前的刊物數量，有多少社團出版刊物，然後由這些社團代表與學校共同開會討論對於刊物送件審查的時間達成共識；同時也要顧及學生的作業時間，如果送審期間過長，那麼會影響刊物的時效，但反過來講，規定的時間太短，又會變成來不及修改，所以應該藉由校內的民主程序訂定適當的時間。

無論如何，審查範圍不應無限擴張，否則學校應負的責任會變成無限制的責任；但審查程序、審查委員組成及救濟程序都應該透過校內民主機制做確認。至於學校可否因為兩天前未送審就不准學生刊登？如果事先已訂有明確的規則，也是合理的期限倒也未必不可，但仍希望學校以教育的立場，盡可能給學生方便，這是基本原則。

此外，若遇突發狀況，像是學校好不容易得到一個大獎，學生希望出版慶賀特刊，文章很匆促才完成，或活動期程突然改變，學生得配合，這時學生應該可以要求學校加快審查腳步。

基本上學校一定要有合理的遊戲規則，但若在執行規則時有所彈性，符合樂見學生做有意義的事情的前提，即使規定有時不被嚴格執行，應該也是好的。

學生有權利在校內成立政治性社團或組織嗎？

法律觀點 ✍

　　政治性社團（political community）在西方式的民主憲政社會的運作下，可以指政黨或是利益團體、壓力團體等觀念。而何謂「政治性」？凡管理眾人之事的社團，都可以算是。

　　第二次世界大戰結束之後，臺灣在中國國民黨的統治之下，教育領域受到諸多的控制。例如推行三民主義教育、國父思想來建構國民黨的黨國教育、利用聯考制度做為社會控制的一環，以及設立中國青年反共救國團來動員、組織青年。在校園內部，則是設立校園黨部吸收黨員，而從小學到大專院校等各級學校，更是設置了「人二室」（法務部調查局「人事室第二辦公室」之簡稱），做為教育控制、鞏固政治權力的目的。

　　臺灣在解除戒嚴令、民主化之後，《人民團體法》第50-1條：「政黨不得在大學、法院或軍隊設置黨團組織。」其主要目的在於教育中立，大學是教育行政機關，負有政治中立的責任。我國《憲法》第14條：「人民有集會及結社的自由。」在大法官會議解釋第382、684號，已逐漸破除學生與國家之特別權利義務關係的時候，禁止政黨在大學設置政黨組織是否限制了人民的集會結社自由？由於集會結社自由算是人民的表意自由的一環，人民團體法禁止政黨於大學校園設置黨部，是對大學與政黨所課予的義務。大學基於學術自由與大學自治的憲法保障精神，可以排除來自於政黨追求並取得執政過程的紛擾，拒絕政黨主動於校園

設置黨部，從上述臺灣歷史的自身脈絡來看，並無不妥。

　　其次，從釋字第445號所揭櫫的「雙軌理論」來看，大法官認為：「其中有關時間、地點、方式的限制等未涉及集會、遊行之目的或內容之事項，為維持社會秩序與增進公共秩序所必要，屬立法自由形成之範圍，於表現自由之訴求不致有所侵害。」對於集會的言論內容則只有限於有明顯而立即的危險，才得加以限制。對於政黨不得於大學設置黨部的規定，應該可以算是對於政治活動的「地點」限制，並不限制來自社會領域的政黨於大學校園之外的社會領域活動，對於課與政黨的此項義務，應無產生違憲的問題。

　　至於如果是大學學生主動要求成立政治性的社團，應該可以從究竟屬於「壓力團體」抑或「政黨」來進行討論。首先，成立於西元1990年野百合學運的輔仁大學黑水溝社（至今仍積極參與社會運動）、成立於西元1987年的關懷農民運動的臺灣大學濁水溪社（如今轉型關懷本土、學生人權）、臺大的中國大陸事務學會以及各大學高中職的三民主義研究社等等。這類社團雖被列入學術性社團，但由於具有一定的意識形態（中間偏左或是中間偏右），部分社團甚至轉化為具體行動參與社運，可以歸類為「壓力團體」類的政治性社團。其次，就最為狹義定義之下的「政黨」來看，如果是基於學生的本意要求成立，這樣的政治性社團，是否仍為設於大學校園「政黨黨團」？是否受到憲法集會結社自由所保障？本文認為，要從該政黨黨部是否直接介入學生社團來判斷。如果大學要成立某某深藍俱樂部，或是泛綠建國聯盟，只要校外的政黨中央黨部無任何的介入、干涉、指導，大學學務處就此一類型之學生社團進行事先審查，並加以否決其成立，可能已經侵犯到憲法所保障的集會

結社自由。從雙軌理論視之，如果校外的政黨黨部已經進行干涉、指導，或有立即且明顯的危險存在時，基於大學自治的精神，校方才可以進行否決其成立。我們也可以從相關的美國聯邦最高法院判例，例如Healy v. James（1972）案中，判決公立大學不能否決學生所組成的校內政治團體，除非有實質干擾學校運作的事證存在，才得以進行干預，得到印證。

至於中小學學生是否可以組成政治性社團的面向上，美國法院的判決並未有一個定論。由於大學以下的中小學學生未達選舉投票以及成為公職候選人的年齡，其參與政治的範圍，明顯較大學學生為小，但這樣是否就代表了中小學學生沒有成立政治性社團的權利呢？《聯合國兒童權利公約》第15條第1項：「簽約國承認兒童有結社與和平集會之自由。」而《兒童權利公約》所指稱的「兒童」，係指「所有未滿十八歲以下之人」。

目前在臺灣的高中到小學都有透過選舉產生的學生自治會會長選舉，以及代表立法權概念的班級代表大會，這樣的組織基本上都可以歸類為廣義的政治性社團。至於「壓力團體」或是「政黨」類型的政治性團體，本文認為應同於大學，不准許這樣類型的政治性社團主動地於中小學的校園裡設立分支機構，以吸收黨員或是成員。至於如果是學生主動要求成立的話，應該從校園自治的觀點出發，來進一步討論小學、國中、高中階段的學生結社自由的限度何在。

也就是學校行政人員在面對小學、國中、高中等三個階段的學生社團成立與輔導過程，其介入的程度是否應該有所不同。國內有學者認為（許育典，2002）學生在校園自治的自我決定年齡，可以參考德國有關

宗教信仰之學生自我決定年齡界限[6]。本文認為，考量到學制的不同，在臺灣可以以小學高年級至國民中學階段，也就是11歲至15歲，由學生與學校共同協議，高中階段之後，學校應該本於政治中立的原則，尊重學生成立政治性社團的權利。

教育觀點

本文認為從校園民主教育的觀點來看，給予這樣的權利應該可以訓練學生參與公共事務。

目前中小學均有學生自治性的社團，例如班聯會、班級代表大會，都可以算是校園中的政治性社團。但是否所有的政治性社團，均適合於校園中實踐，可以進一步討論。

譬如說最狹義的政黨，當學生選擇了某一個政黨組織，做為他單一的人生目標為其奮鬥時，可能是不利於其成長的，因為無法開拓人生視野。從最狹義的課程開始，例如在公民課堂上，老師應該帶領學生去思考每一個政黨在不同的政治事件或是政策考量上的觀點為何，學習去分析或是批判，這可能才是重要的。如果在學生時代就以某一政黨為單一的人生目標，可能喪失了認識社會其他多元聲音的空間與機會。

除此之外，鑑於政黨勢力進入校園，有可能會引起不必要的紛爭，就教育基本法要求教育行政機關秉持政治中立的憲法誡命來看，學校有把關的責任。

至於社會的志願結社團體，譬如說「國際特赦組織」、「綠色和平」或是國內重要的人權類別的非政府組織（NGO），於校內設立學生

6　也就是12歲以前由父母代為決定，12歲至14歲之間由兩者協議共同決定，但在14歲以後，則由學生自我獨立決定。請參考許育典，<法治國與教育行政>，高等教育文化事業，2002年5月，頁55、56。

性社團，從民主教育的觀點視之，由於這些壓力團體、利益團體也是具有一定的意識型態，在公共政策上，固然有監督政府的功能，但同時也試著影響政府的政策走向，和一般的政黨一樣，都不應該主動地涉入中小學校園領域，否則不利於學生多元文化人格的養成。

學生在政治社會化的過程中，支持校外反貪腐運動、反對戰爭運動的號召，進而配戴穿著相關標章或服飾時，只要該名學生尊重其他師生的存在，不影響校園秩序的正常運作，則不應該限制這種特殊的言論自由的表達才是。

處理建議

在兒少權益保護法草案民間版本當中，臺灣的兒少團體提及了青少年的社會參與權問題。青少年的社會參與，出自於也是社區成員的一份子，所以關於社區的環境、教育，以及對於地方政府的若干政策，青少年都可以有發聲的機會。因此在法國便存在著市鎮村兒童青少年議會，廣設於法國的各個市鎮村等地方自治體。在社會參與的面向上，已經是學校教育的延伸，也是學校教育的進一步實踐。在這個公民的養成過程，學生便要很自然的認識到地方政治抑或國家政治運作的過程，在這個過程之中，進而監督、批判、理解政府的各項政策，例如：國家為何要推行十二年國民義務教育等等。

如果說學生於社會參與的過程裡頭，進而支持或是反對某個政黨的教育政策理念，身為學校教師的我們應該要傾聽並給予支持。

我們都知道學生理解政治的運作，這是一個政治社會化的過程，而媒體與原生家庭的影響力，與學校教育等量齊觀甚至超越之時，學校教育是否真的已經在政治社會化的過程裡頭無任何效用？或者應該扮演更

為積極的角色？

　　舉例來說，例如彰化鹿港的學生反對彰化火力發電廠的建立，進而於校園內倡議環境政策的思辨，並進而成立類似這樣的社團，這不就是一種政治性的組織了嗎？而校方該不該予以支持？還是要加以禁止？

　　個人以為這是公民教育走入社區的一個開始，學校與社區之間不可能毫無互動，學校教育不可能也不應該對於會影響到學校生活的環境政策悶不吭聲，對於學生的這種「政治性」動作，應該要給予支持與協助才是。例如民國100年初彰化縣諸多高中學生於網路串連反對國光石化廠的興建，於校內校外舉辦多項演說、集會的活動，都可以看出學生對於環境政策與公共事務的關心。

　　人是政治性的動物，我們在接受教育的過程，就是在政治社會化的過程。如果說在兒少權益保護法之中，已經朝向聯合國若干重要的青少年人權保障的方向修法，保障兒少公民的社會參與權利時，建構兒童及少年參與公共事務的一個重要基礎便是學校教育；學校教育如何提供一個開放性的空間與制度上的保障，從正式課程到非正式課程，讓學生在學校學習做為一個好公民的同時，進而也能走入社區參與公共事務，這個過程裡，讓學生可以組織政治性的社團，是必然的，是學生學習權的保障，也是學校與社區、社會一個對話或是連結的基礎所在。

延伸思考

　　學生得否成立同志社團？

　　同性戀或是其他的多元性別（LGBT），是性別議題，也是人權議題。在人類的發展歷史，更是一頁人權奮鬥的歷史，爭取多元性別人權在政治公民權利的實踐，例如同志婚姻的合法化。甚至於西元2011年4

月，美國加州更要通過法案，要求學校要教授同志的歷史教育課程，因此它是個教育政策的問題，也是政治性的議題，所以這類社團，可以歸類為「政治性的社團」。

目前國內的高雄市立雄中，於民國96年3月，已經成立國內高中職的第一個同性戀研究社團，該校校長亦持肯定的態度。《性別平等教育法》裡，業已保障了校園中不同性傾向的學生受教權與教師、行政人員與職員的工作權。如果同志社團的存在，可以促進學生的自我認識，以及讓所有的師生肯認到性別多元的重要性時，就更沒有加以限制的必要了。

法律觀點

　　《憲法》第14條：「人民有集會及結社之自由。」在臺灣教育現場的學生呢？

　　老師從事教學工作，學生努力學習，在教育的現場，一切的目的都在促進學生的自我實現。在臺灣達成民主化、法治化的過程，也伴隨著權利意識的覺醒。因此我們經常從電視新聞中，看到學生及其家長為追求基本人權，所做出的努力，例如追求髮禁的解除，或是抗議學校老師搜索書包的案例。

　　在臺灣追求民主、法治化的過程，另外值得注意的事，便是程序正義的實踐。只要和學生權利相關的教育事項，無論獎懲，都應該要有學生以及家長代表的列席，例如學生獎懲委員會、性別平等教育委員會等，這是行政法的基本要求，也是臺灣社會實踐民主化與法治化的歷程。

　　所以，為什麼這些足以保障學生權利的程序與法制都存在之時，仍要保障學生在校園示威遊行？或是靜坐抗議的權利？若是在教育現場的我們反對，理由又是什麼？如果我們肯認自由民主的憲政秩序，不只保障校園外的每一個人，那麼也就不應該加以反對學生的集會遊行權才是。美國聯邦最高法院相關的教育判例之中，也有相關的說明。

　　在大法官會議解釋第382、684號，已逐漸破除學生與國家之特別權利義務關係，中等學校接下來要如何面對學生在校園的集會遊行權，就

成為一種挑戰。在大法官會議解釋第445號之中所提及：「其中有關時間、地點、方式的限制等未涉及集會、遊行之目的或內容之事項，為維持社會秩序與增進公共秩序所必要，屬立法自由形成之範圍，於表現自由之訴求不致有所侵害。」所以學校在面對可能發生的校園示威遊行等表達意見自由時，為維護校園其他學生學習權利的保障，應該可以對於學生的集會遊行之時間、方式、地點，給予適當的限制。這是對於公共利益維護上的適當限制，並非對於示威遊行訴求上的言論自由限制。蓋學生不會因為進入校園，就喪失了憲法保障他們的基本人權。只是考量到校園其他學生學習權與教師的工作權利，學生在校園的抗議權利的表達方式應該受到一定程度上的限制，但是對於抗議內容上，學校不應該進一步加以干涉甚至懲罰。

教育觀點

　　已逝的哲學大師傅柯曾經說過：學校的規訓、制服都是在約束一每個學生的身體自主權。如果說自由民主主義思想起源的法國思想家都在批判這個部分時，那儒家文化圈的臺灣教育現場，又是如何思考保守主義與歐美思潮民主主義間的文化隔閡問題？並且該如何回應？

　　其次教育哲學探討的一個問題，校園的價值觀與社會的價值觀是否有所不同？當臺灣社會已「正常地」走向自由民主道路時，校園是否真已解放？

　　儒家文化強調的君臣父子，師生間的人倫常道，當碰到西方憲政主義的集會遊行權時，在教學現場與社會倫理價值的思考下，仍是有所隔閡與矛盾存在的。身為教師的我們仍是希望校園能夠和諧發展，但是當學生無法透過校務會議、學生自治會、學生獎懲委員會甚或學生法庭尋

求解決自身利益的解決時，靜坐抗議或是集會遊行的方式，應該就是為自我權利奮鬥的一種形式罷了。

　　所以話說回來，權利的保障只會不足，不會太多。任何法治與人權教育的推廣，只是在訴求人與人之間相互尊重，一種安全與和諧距離的尋求。與儒家的倫理道德之間不見得只是衝突，而從無任何的交集。

處理建議

　　民國100年臺灣中部的彰化高中與南部的台南女中各發生一起令人矚目的示威、靜坐抗議事件。台南女中就可否在體育課外穿著短褲一事，因與校方看法不同，為爭取體育課以外穿著短褲的權利，於是於網路發起連署，在某天朝會集會時集體脫褲抗議。這起校園脫褲事件發生之後，學生方面召開了學生班聯會議，提出了四點決議，做為日後修改服裝儀容校規時的建議。而學校行政方面，則是做出了讓步，同意在校園中可以穿著短褲，也認同教育部指示：不得對於學生進行懲處。另外在中部地區，面對國光石化廠有可能設在彰化縣大城鄉一事，彰化縣的高中生也是透過網路進行連署，特別在彰化高中，學生更是在校園戴起口罩進行靜坐活動，表達反對石化廠、保護鄉土的心聲。面對學生的靜坐抗議活動，彰中校方與教師也是予以相當的包容與尊重。

　　所以面對學生的示威、抗議，彰中與南女的校方與學生間的溝通方式，因為開放、包容，有著平等的形式。同樣是學生的抗議活動，例如澎湖馬公高中的學生繡學號抗議事件，學校行政單位因為給予懲處，反而遭來學生更大的反彈，並也喪失了師生溝通以及解決問題的機會。

　　對於學生在爭取自身權利而進行的示威抗爭活動，在這個意識高漲的年代，學校的行政單位要禁止可能也抑制不住，學校在面對這樣棘手

的問題時，難道除了加以禁止或是害怕被爆料於媒體之外，就無法加以同理、聆聽，進而採取富有教育意義的作為嗎？

示威、遊行、抗議等手段，只是一種言論表達的方式罷了，重要的是處在教育第一現場的行政人員與教師，要如何來面對與處理抗爭的表達，與抗爭後要如何解決學生心中的不滿與困惑？是考驗教育專業，以及在踐行民主法治校園的決心與程度。

這個部分筆者嘗試分析若干示威抗爭類型，校方可以採取方式的建議提案如下所述。

如果學生抗議的目的，是與社區間的關係，例如校園附近工廠有廢氣排放，或者是抗議鄉鎮市公所的某項行政作為，例如建立垃圾焚化場於學校附近。此時校方應該採取尊重學生意見表達，邀請家長代表、社區相關人士，或是地方政府協談。就此一部分來說，可能還是要踐行與尊重學生參與社區公共事務的權利，兒少權益保障法草案民間版已有提及（在歐陸法國甚至有鄉鎮市青少年議會的成立）。

若是學生抗議的標的，是學校當局的教育政策，例如能力分班、學習測驗過多。如果這樣的抗議活動，是由學生議會所發動並做成了決議。此時校方應該要給予適度的尊重，並且與學校的家長會、教師會進行協談，甚至應該將公民審議的模式搬進這樣的爭議議題的解決之中。如果這樣的抗爭活動，僅是由單獨或是若干學生進行者，校方應該提供一個安全開放的環境，讓學生推展活動的進行。此時校方可以鼓勵學生於抗爭活動進行之後，反映給學生議會，如果學生的抗爭是有其道理的，應該進而遵循校內的學生自治體制，做成較為完整的議案，反映給校方，理性地與校方溝通。

如果學生抗議的標的，是與同學間的衝突事件，不論是肢體或是精神上的衝突。筆者以為美國若干的紛爭衝突解決教育模式，可以引進到

校園生活之中。所謂的紛爭衝突解決教育是一個通行於美國各州的法治教育計畫，有點類似我國民事訴訟制度之中的和解與調解程序。甚至校園之中，學生法庭的成立，也是可以用來解決學生之間衝突的一種有效的制度，國內若干高中職已有相當成功的案例。

大法官會議解釋要求國家行政機關保障集會遊行之權利，臺灣的學校教育在面對人權意識高漲的年代，要如何面對與解決可能出現的學生抗爭？我們的教育行政單位是否做好了準備，都是值得我們進一步思考並建立相關制度，以一併踐行兒少權益保護法制要求的一個開始。

所以面對學生於校園中的抗議事件，建議可以先依循以下順序處理：行政單位與教師應該以理性、溝通與輔導的態度面對此類事件。如果以禁止或是懲處的方式處理，可能造成更大的對立與衝突。

區別「訴求內容」和「抗議形式」，接受和平理性之抗議，並非表示接受其訴求，係尊重其受憲法所保障之權利。

若針對非和平理性之抗議。先緩和抗議之情緒，引導其清楚地說明其訴求，或派代表來陳述其訴求。

與抗議代表協商。若事關個別學生權益，導引至正式申訴管道解決。若事關集體學生之權益，導引其參與相關決策之會議。

延伸思考

學校可與學生共同討論制定應遵守的規範？

校規制定算是校園內部的社會規範，學生既然是教育現場的主體，就不應該排除學生的參與權。規範的制定，則是應該強調權利與義務，這個法學上的基本概念。學生參與的程度與強度，可以依照年齡不同，有所調整，例如德國憲法法院已有相關的判例說明。

相關的規範，當然是以校規為主。其實國內的若干高中職，已經設置了學生法庭，並順利運作。不僅止於此，兒童及少年福利權益保障法的法案中也已經思考到，要如何來擴大學生參與社區公共事務的權利，所以如果我們仍限制學生參與學校校規的制定，那請問他們要如何來進入社區的公共事務進行決策與討論呢？

　　所謂學校是學生體驗民主生活的第一步，教育現場的工作人員如何認知到這一點？臺灣在解除戒嚴令之後，順利的走上民主法治國家的道路。而憲法是否真的落實於人民生活，首先的檢驗便是行政體系的相關作為，特別是曾受到特別權利義務關係詮釋之下的校園。學校是社會縮影的一部分，如果無法落實許多民主法治的誡命，以及尊重學生是學習的主體，那示威遊行、綁白布條抗議等等的戲碼，一定會不時地上演在校園之中。

學生有沒有權利使用學校設備來表達他們的意見？

法律觀點 ✍

　　所謂學校設備廣義而言，包含所有公共的空間、器具等，包括布告欄、擴音機或是教室等等。這部分要先思考：學校設備是為誰服務？當我們在談學生有無權利使用學校設備的時候，其實是暗示學校設備只有老師可以使用，其實這是錯誤的觀念。學校設備是給學校所有使用者使用，學校使用者除了老師，就是學生。

　　所以理論上老師跟學生是有權利共同使用學校設備，雖說如此，但是設備使用還是有優先順序。最優先的當然是教學目的的使用。第二個因為學校是營造物，所以基於管理的必要，應該優先讓學生了解相關規範；但這兩者之後並不代表其他的人或目的就不能使用，更要歡迎或鼓勵學生自治團體去使用。最常看到就是學生辦活動，布告欄都可以貼；再來就是學校做為社區一份子，社區或是其他學校或是與其他教育相關範圍內，通常在盡可能不涉及營利及不正當活動時，其實是可以允許在學校布告欄張貼的。現在甚至有跟學生事務、學生性格接近的商務活動的廣告都開放了。像是補習班的廣告、學校附近的商店周年慶等等。以現在很多的大學為例，把大學校園做為學生生活中心，等於是一個社區的概念，但在國中小這樣的面向不多，有時候鄰近學校會來張貼海報，如果鄰近學校活動的海報都可以張貼，那就沒有理由認為學生自己活動不能張貼。所以應該這樣講，學校布告欄張貼應該有張貼規則，像大學一樣，就是要有負責管理的單位，基本上是文責自負。其次，在使用樣

態上，布告欄的使用，對教學活動不會有太大的影響；但空間或有影響的（如：麥克風）等會影響教學活動的，就必須以教學活動為優先。

教育觀點

學生有權利使用學校設備來表達他們的意見。

說明：

一、學校的主體是學生，學校設備仍為學生的學習而存在，而表達意見是現代公民應有的基本知能，也是學校教育的重要目標。因此，在物品所有權的概念上，學生有權使用學校設備；在教育的立場上，學生更有權利使用學校設備，學習如何享受其權利，承擔其責任與義務，以做為一個有素養的現代公民。

二、為增進公民資質，國民教育階段《綜合活動》與後期中等教育《公民與社會》領域之課程目標與核心能力培養都強調參與公共生活所需要的思考、判斷、選擇、反省、溝通、解決問題、創新與前瞻等行動能力之實踐。學校依法應有相關教學活動之設計，以養成學生積極參與公共事務，勇於表達自己意見，以及善用公共財的知能，培養公德心。學生使用學校設備來表達他們意見的措施，為一項生活化且可為具體落實之教材教法與實習課程。

三、就廣義的「課程」而言，其範圍涵蓋一切在學校有計畫設計之教育活動，亦即全校整體之師生互動的教與學過程，深受所處之環境、文化等潛在因素影響。因此，除《課程綱要》明訂的領域與科目教學，以及訓育與學藝活動，或班會與週會等非正式課程之外，學校環境、學校文化等潛在或隱性課程仍為學校課程經營之必要內容。學校以何種態度或方式處理學生意見之表達，影響學生理性思考、

情感與核心價值的建立，公民素養之培育。「尊重」才能使學生學會對生活有想法、有態度，對自己行為能負責，且知進退；「開放」的校園才能培養熱誠且有理想的青年。

建議處理

一、落實課程與教學

審慎規劃學校相關課程與活動，落實《課程綱要》之「綜合活動領域」有關公民教育相關內容與目標，以養成學生能充分表達意見的知識、技能與態度，增進學生的公民資質。

二、建立合理、有效的使用規則

學校相關教學設施之規劃與使用規則，應經學生、家長、教師等學校相關人士，以充分的時間與足夠的人員代表性為基礎，經由討論、溝通與對話的過程，由不斷增修內容之後，嚴謹制定。施行前應提供多元、充分的宣導期，務必在全校師生完全理解，且能遵行的情況下才據以施行。

三、制定具體、明確、周延、可行之學生意見表達與處理機制

此機制應包括意見接收窗口與負責人，意見處理流程與期限，結果回覆、公告或說明方式，以及追蹤、考核等程序，並將此機制公告週知，鼓勵學生善加運用，以落實機制之運作。

四、營造校園人本教育觀

　　有計畫，有預期，且為漸進、非強制的手段，落實建立以人為本，學生為主體的教育理念，積極營造開放、多元、且能關懷、包容差異的友善校園文化。我們應堅信：只有能對個人存在的價值給予肯定，才能對人性予以尊重與信賴，而受到尊重與信賴的學生也才能獲得理性與感性的均衡，而使個人的潛能得到最好的發展。

延伸思考 ✍

　　學生訊息張貼應該受到布告欄張貼管理規則管理，此一管理規則可能就是言明張貼及撤下的時間，當然在管理規則裡也會提及不得張貼對人漫罵及批評、色情猥褻、鼓吹犯罪等等，批評學校政策敢具名並無不可，但學生不見得敢。事實上，學生本質上在一定的布告欄管理規範下，張貼或發表他們的意見應該是可以的，這就是言論自由的體現。

　　如果學校規定學生不可以使用學校的設備，那可否在校門外或用發送的方式？這部分學校處理時要更寬容。因為現在學生發送訊息的媒介很多，其實像布告欄、擴音器都是過去的思考。現在的重點可能是網站。你能不能控制學生的網站？因為學校網站要經過檢查，不可以隨便使用。所以學生就掛一個自己的網站，可以嗎？學生在其他的網路系統放上一個學校學生的想法，事實上是可以傳達任何一個人的。現在教育現場的問題應該不是以防弊的心態來看這件事，而是如何建立這些校內設備的使用管理規則。第一，除了某些類型需特別限定外，讓學生都有使用的權利；第二，使用者要接受使用管理，還有就是文責自負。

　　事實上不只是校內，比如學生在布告欄上用非常激烈的言詞辱罵老

師，我相信這位老師會提起訴追。所以鼓勵學生利用公共設施，但是也要提醒學生，使用不當要負法律責任。

如果是使用擴音機可能會更複雜一點，因為擴音機跟布告欄的性質不同；布告欄基本上是靜態的，學生經過不停留，目光不會注意。目光注意之後，如果不想看可以立刻結束。擴音機跟布告欄的差別在於布告欄是沒有侵入性，可以立刻被拒絕；但擴音機不是，擴音機是強迫所有的學生收聽。就這方面來說，管理使用的標準可能要有不同的考量。

在校園裡，擴音機也有其使用規則，擴音機使用的程度應該儘可能降低。一所學校理論上說非必要時根本不要使用擴音器，它是破壞學校寧靜學習的重要殺手。擴音機有一個強制性媒體的特質，學校要討論不使用或盡量減少使用學校的擴音設備；假如學校是盡量不使用的時候，就不需要讓學生使用這項設備來表達；因為擴音設備有侵略性、強制收聽，無法拒絕，而且有獨占性等特點。布告欄可以同時張貼很多東西，具有包容性，像是當出現有某個人批評學校時也可能有另外的人發表支持學校的看法；可是擴音機就勢必得在一段話講完後才能播放下一段，無法同一時間呈現多元聲音，因為這樣會互相干擾，甚至發生爭執，而且還強迫大家收聽。

既然擴音機有以下兩種特性：一是強迫收聽；二是在同一時間具有獨佔性格。而如果要排除其獨占性，那就得再一次強迫收聽，若學校同意學生去做，但一般學校往往沒有這樣的氣度，同時管理上也可能相當複雜，除非學校有實習廣播電台，一些本來就是透過廣播系統來操作，甚至這個廣播系統在學校是沒有一致性，是由各個班級獨立的，而且它對學生的干擾比較少，本來就是一定程度的廣播活動，做為其教育內涵的一部分。

而如果學校提供學生製作廣播節目，學生學習成果的呈現讓學校用

控制播音系統的方式來做言論自由的審查，應該要避免。這又牽涉到一個問題，如學生節目製播要受到審查這個概念，應該比照學生刊物的管理，要有審查機制、流程，這個遊戲規則跟單純學校管理麥克風的使用應該是不同的。

　　至於是可否用學校教室辦同志演講，這應該是不存在的問題。這是說學生本來就會在學校裡辦演講，只要是班級社團或是學生人數多少人以上就按照學校規則，教室借用應該就是依循規則，現在重點是學校的規則內容為何，學校需不需要審查？基本上，同志是一種人權，所以大概很難反對，關鍵在於學校到底是程序干擾還是實質反對？實際上是我們社會上很多人是還沒有辦法全然接受，但就個別社團、個別班級要辦這樣的活動，有些家長可能會抗議學校為什麼讓自己小孩舉辦這種活動？而這本來理論上是可以做的。

　　所以學校可能要做幾件事：原則上學校如果用私下的程序去勸退，這恐怕法律上也不能禁止，但如果勸不退，學校在某些條件之下也是不能干預的。什麼叫某些條件？學生社團辦活動，社團指導老師要蓋章批可，社團老師的同意其實是一個專業自主的判斷，其實教育活動的核心就是專業自主的判斷。所謂學校就是訓導處、學生事務處跟軍訓室，他們其實是不可以阻止的。學生辦活動要經過核准的。這個核准要經過指導老師，只要符合程序學校是不可以干擾的；第二則是借場地也是要有一定的程序，只要借場地符合程序，學校是沒有介入的空間的。學校如果要干擾就是辦另外一場活動去角力，學校在制度上是沒有理由介入的。

　　即使同志是在我們社會仍有許多爭議，但學校仍不宜也不應以此做內容審查。學校就是要學習多元價值，學校當然可以告訴學生說同性戀很多時候是不被包容的，所以基本上大家對這個事情要多一點了解，並

決定要不要考慮去接納它。多一點了解就是要聽，不聽怎麼了解，這牽涉到學生的社交圈不是只有在校內，他會在校外跟人家產生同志的關係。學校可不可以去歧視同志？如果學校歧視同志是會讓校園同志受到打壓，當學校打壓他之後，這些學生會有更激烈的反應，結果可能會有自殘或其他傷害性行為，屆時學校面對的困擾更大。

　　事實上，這個社會對同志確實尚未完全接納，在不全然接納的狀況下，只要這些同志過得好那也就罷了。那如果學校再擺出不接納同志的態度，那學生壓力更大。當學生遇到困擾時，他不敢跟學校求助，反而更危險。站在教育立場、在法律立場上，學校不應歧視性傾向。有了歧視之後，學生是會意識到岐視我們這樣性傾向的人，所以當他遇到這樣的問題，進一步有困擾時，他不敢求助。其實這等於排斥跟放棄學生的發展，這是很危險的。這樣學校等於失去了輔導學生的可能性。原則上學生只要符合場地利用的規則，只要符合辦活動的程序，除非它內容有重大違法，學校才有理由限制，但同志演講很難說有什麼重大的違法，不過只是介紹一個性傾向比較特殊的人的生活，如此而已。

以報紙為例，校方可以因為不認同某報的政治立場而拒絕某報的訂閱或贈閱嗎？

法律觀點

這個部分有兩個議題：

一、學校可不可以有政治立場？從政治立場的角度而言，學校根本就不可以主張學校有政治立場，因為學校是個人的組合體，所以學校本身不會有政治立場。只有學校的相關人員才會有政治立場。

二、學校的報紙到底是由誰來訂閱及決定接受贈閱，這應該在制度面上有一規範。如果學校教師休息室的報紙，主要閱讀者為教師，那其實學校比較好的做法應該是徵詢老師的意見。當然教育行政本身還是可以有立場，但應該是以教育為出發。比如訂閱認為教育新聞報導寫得好的報紙是可行的。但很難說這些報紙品質都不佳，都不訂。這樣的選擇就很少。如果學校不訂閱的話，就要好好去思考，這要考慮閱聽人的概念。特別是成人教職員工。基本上如果學校不涉及教育議題的時候，這時應該考量學校的使用，也就是教職員工他們的意見。

至於對學生的部分，基本上由學校訂閱供學生閱讀的話，那學校應該在程序上建立評審機制。因為學校可能沒那麼多經費訂報紙，學校應該有評審機制，以文筆流暢、內容詳實等條件來決定訂閱什麼樣的報紙；第二是如果學校授權各個班級自己去訂閱的時候，除非認定特定的報紙有妨礙風化、限制級的內容，否則是不適合做這樣的限制；第三是學生自行訂閱的話，除非他們的訂閱有明顯不適當，否則也不會涉及學

校出面禁止，這當中法律觀點應該要談的問題是，政治性的議題基本上有不同看法，所以站在政治中立的立場上，學校幾乎是沒有充分的理由，除非這政治議題本身就涉及到我們一般所提的犯罪，比如說臺灣獨立的主張是言論自由，但著手實施破壞政府就是犯罪行為；換句話說，主張回教徒的合法權益是合法行為，但像911的炸毀行動是不能接受的行為，所以不涉及犯罪有一政治立場的主張在現實體制之下是高度寬容且學校應該允許對話與討論。

　　但比較值得注意的是，在兒童及青少年階段，在與性及色情暴力這個部分基於教育觀點有比較大的限制，是不是學校可以基於教育的判斷對特定的媒體，即使沒有被列為限制級，學校覺得有斟酌的必要，也可以用積極的方法及比較溫和的行政指導的措施來避免或減少。

教育觀點

　　學校是訓練學生多元思考、理性溝通、相互理解、包容差異的場域，所以以學習為前提下，更應該對不同的言論有更大的包容性。

　　校方擔心過於「非主流」、「不正常」、「政治性」的刊物，會讓學生「誤入歧途」，此說法本身也可能是一種偏見。何謂正常？何謂主流？在不同時代、社會有不同的看法，例如：過去髮禁是校規，現在是妨礙學生人身自由的陋規。而「政治乃眾人之事」，如果討論政治是禁忌，不僅是違反民主潮流的做法，也違反教育的目的。

　　但是，我們對於尊重差異的包容度，可以大到什麼地步？如何定義哪種政治立場的報紙需要禁止？如果學校認為具有特定的政治立場，可不可以拒訂？如果是獨立建國報、中國共產黨報（如果有的話），學校可不可以公開陳列？其次是圖書館可不可以有「禁書」？事實上圖書館

不可能將所有書籍都納入收藏，哪些書要納入？哪些書被排除？知識的選擇背後都是價值判斷，宜更謹慎為之。讓師生針對此議題有公開討論的平台，具體表達不同看法及思考利弊得失的過程，比起學校單方面禁止，更具有教育的意義。

處理建議

如果學校有一些實際上政治的判斷時，比較好的建議是並列。如果學校覺得A報立場左傾，應該提供立場右傾的B報平衡，讓學生在言論自由上去判讀。因為學校實在是沒有權利，也不宜替學生做決定。如果這份報紙是由媒體主動贈閱時，不涉及財力負擔問題而是這牽涉到是否接受贈閱。建議如果媒體要贈閱時請徵詢其他性質相當的媒體，看是否也願意提供贈閱，這是一個平等地閱覽呈現的景象。如果今天A報要贈閱，而你拒絕等於損害到大家閱讀A報的權益，不能說A報贈閱然後B報訂閱，可能請學校去談一下，請B報也贈閱。整體而言，要以平衡充分呈現為原則，而不應以篩選為原則。因為在政治議題上是有政治中立問題，很難說明什麼是適當的。

延伸思考

學校不應單方面主觀決定班級訂報種類，而是應該讓學生有討論、發表意見的機會，培養學生判斷、思考的能力，學校所謂的政治中立並不等於是政治真空。學生不是處於真空室、象牙塔裡，學生是活在真實社會，學校禁止，離開學校後卻到處可見，學校能視而不見嗎？讓學生有充足的討論和思辨的機會，學生才能學習判斷，否則政治真空的情

形，也是剝奪學生接受資訊的言論自由。若不教學生學習討論，學生也不知如何尊重不同意見，學校應正向看待社會上實際存在的差異，培養學生尊重差異的多元態度。

何謂宗教自由權？學校可以強迫學生參加
宗教活動或是為特定宗教宣傳嗎？

法律觀點 ✍️

　　我國《憲法》第13條規定：「人民有信仰宗教之自由。」所以信仰宗教自由為我國憲法所保障的基本人權。而大法官釋字第490號解釋進一步闡釋了宗教自由，其指「人民有信仰與不信仰任何宗教之自由，以及參與或不參與任何宗教活動之自由，國家不得對特定宗教加以獎勵或禁制，或對人民之特定信仰予以優待或不利益。」因此，所謂宗教自由，依大法官釋字第490號的區分，可分為「信仰宗教之自由」與「參與宗教活動之自由」。而「信仰宗教之自由」是屬於內在的精神自由事項，為人性尊嚴的基礎，受到絕對保障，國家在任何情況下，都不得加以限制；至於「參與宗教活動之自由」則屬於外部事項，受相對保障，國家得在不侵害信仰宗教自由、遵守政教分離原則的前提下，予以法律規範。

　　《教育基本法》本於《憲法》第13條宗教自由與第7條平等權的精神，在第6條規定：「教育應本中立原則。學校不得為特定政治團體或宗教信仰從事宣傳，主管教育行政機關及學校亦不得強迫學校行政人員、教師及學生參加任何政治團體或宗教活動。」而《私立學校法》第7條也規定，私立學校不得強迫學生參加任何的宗教儀式。

　　因此，學生的宗教信仰自由受到憲法保障，在校園裡不應被學校或老師宣揚特定的信仰或被迫參與任何宗教活動，不管學校或老師是否基於善意或其他的動機。甚且，學校或老師在學校資源的運用上，也不得

給予特定宗教利益或不利益。

在目前校園中，常見學校或老師運用特定宗教教義或著述對學生進行品格或道德教育，其實已經侵害到了學生的宗教自由權，學校對此應該要特別慎重。

不過，由於臺灣社會對於各種宗教都極為包容，有時甚至直接將之做為道德要求之範例，例如《靜思語》就常被認為是道德教育的素材，而未賦予太多的宗教性。因此，如果學校以罰抄或背某些宗教教義做為道德教育的手段，而且盡量淡化其宗教色彩，可能可以不被視為干預到學生的信仰自由，但如果有學生或家長反應時，即應該有所警覺，改變此種以宗教教義進行道德教育的做法才是。

教育觀點

宗教，對個人的影響往往超過知識所能賦予的，常成為一個人行動的哲學基礎，而每個宗教自有一套解讀生命意義與現實社會的觀點，亦有助於建立正確的人生觀。因此，目前確實已有部分學校將宗教題材或活動導入教學課程，或透過宗教思想或教義，試圖藉此增進學生的品德教育或進行學生輔導。但如前所述，我國憲法保障人民有信仰宗教與參與宗教活動之自由，因此學校或老師在安排相關課程活動時，應尊重學生個人與家庭信仰背景，絕對不可強迫學生接受特定內容或參與特定活動。

臺灣是一個對於不同宗教信仰較為寬容的國家，而宗教形式樣貌亦相當多元。學校在舉辦相關活動出借場地、教師在選編宗教教材納入課程時，必須留意與各宗教間的分際，不應以個人信仰或偏好，選擇特定宗教而拒絕其他宗教。再者，各宗教有其不同的價值體系，宗教的排他

性即在於以自身價值來解釋外在世界，因此，學校課程的安排除了公平對待各宗教外，也應避免涉及評論宗教信仰價值高低，而應以多元文化的態度尊重包容各宗教的信仰。

處理建議

學校應保障並尊重學生之宗教自由，學校行政上或教學上安排宗教課程或活動前，皆應注意是否可能造成宣傳或貶抑特定宗教之結果而侵害宗教自由。

學校不得強迫學生參加宗教活動或為特定宗教宣傳。若校內課程及活動之實施，涉及個人宗教信仰時，應事先說明並與家長充分溝通，同時應給予學生不參加此類活動的選擇權，以確保其信仰自由不受侵犯，並培養尊重他人宗教信仰的公民素養。

延伸思考

臺灣社會對於宗教議題並未如西方國家敏感，所以常常忽略了對他人宗教信仰的尊重。例如有不少學校在中元普渡時，常與家長會合作舉行祭拜活動，此時就應該要特別注意宗教自由的問題，不僅應該避免鋪張浪費，更應該留意不同宗教信仰之人士對該活動的感受。另外，也有某些學校在基測或學測前，會召集準備參加測驗的同學，共同依道教禮俗向相關神明（例如：文昌帝君）拜拜祈求好成績，但這同樣涉及信仰自由的問題，除了不能強制參加以外，也應該尊重其他宗教人士的感受，更重要的是要讓學生了解用功讀書比參拜神明更重要。當然，有時這些活動並非操之在學校，而是學生家長自動自發的行為，但站在學校

必須堅守教育基本法的立場，應該做適當溝通，讓學生家長明白宗教自由的精神，進而讓不同宗教信仰的家長能彼此克制與尊重。

學校可否強迫學生抄寫或背誦心經或靜思語？

法律觀點

　　憲法保障人民的信仰自由，不但見諸於《憲法》第13條中，司法院大法官也先後在釋字第490號、第573號解釋中有所闡述。此一自由權，論理上自然包含「消極的宗教自由」，也就是依據自我個人意願，選擇與特定或所有宗教信仰保持一定距離的自由，並要求國家在宗教事務上保持中立、寬容的態度。此一消極權利，不但做為校園生活主體的學生應獲得保障，學生家長基於對未成年子女的教養權利，也有權利讓子女與其不認同的宗教保持距離。

　　依據《教育基本法》第6條規定，教育必須本於中立原則而執行；學校不得為特定宗教團體進行信仰宣傳，也不得強迫教職員生參加任何宗教活動。依據此一規定，學校強迫學生抄寫佛經或閱讀靜思語的教育方式，已經明顯違法。教育主管機關不但可依此進行監督、糾正，學生若因未配合要求而遭受處罰、記過、退學等不利益，也可以主張學校違法侵害宗教自由而提出申訴、請求賠償或回復權利。當然，國家對於宗教議題保持中立的態度，還可以貫徹到代替國家執行教育事務的私立學校上。依據《私立學校法》第7條規定，私立學校也不得強制學生參加任何宗教儀式或課程；縱使入學時曾向家長說明，未來仍不得違反學生的意願強迫執行。但若是為培養神職人員而設立的佛教宗教研修學院或神學院，由於實施教育及授予學位的方式不同，上述強制學生參與宗教活動的措施，也就相對較具有正當性基礎。

因此就現行法律規定而言，一般公、私立學校至多只能將帶有宗教色彩的經典做為講授宗教議題或傳授道德觀念上的教材，而不得做為宣揚宗教教義的工具。在講授宗教議題時，為使學生了解世界各類主流宗教，固然有引述特定經典或教義的必要，但學校仍須尊重學生對個人信仰的積極、消極自由：積極方面，學校應確保教師是以均衡的時數、比例講授各類教義或經典，而不得長期、持續偏重特定宗教；消極方面，若學生或家長認為此類內容可能侵害宗教自由並提出反應，學校應予適當處理，至少應提供學生不參加此類課程的選擇權。同樣地，學校也應確保各類宗教經典或文書有相近的機會成為道德教材，而非以比例失衡的方式持續傳授特定教義。最後，學校也不得主張基於中立的教育目的，將抄寫、背誦宗教經典做為處罰方式，或將撰寫閱讀經典的心得、參加宗教活動列為課堂作業，對不配合的學生予以處罰或扣分，畢竟這些強制方式都違反學生的信仰內涵與自由意願，實質上仍牴觸教育基本法宣示的中立原則。是以即使設立私立學校的宗教團體想要在校園中傳播宗教思想，也只能利用課餘時間以非強制的方式進行，例如，組織佛經或聖經的研讀班；但利用下課時間播放佛經錄影帶，由於構成違反學生的意願強制收聽，應仍在教育基本法、私立學校法的禁止範圍內。

教育觀點

　　教育的核心精神，在於透過教育的過程，依照學生的個別差異因材施教，使學生能夠適性發展；而在現代公民社會中，尊重多元文化，維護國家對宗教中立的價值，更是公民素養必備的知能之一。在本議題中，所謂的心經，是佛教宣傳佛法論述的著名經典之一，學校可能因為佛法開悟、淨化人心的哲理，進行目的式的教學活動，甚或是當作處罰

抄寫的工具。然而，若真以特定宗教法典進行實質的教育或教化過程，則恐有違教育中立之立場，及追求真理與傳授客觀事實的教育目標。

教育行為實際上是一種公權力的行使，教師在進行教學行為的尺度拿捏上，必須以客觀中立的立場做為衡量，否則一不小心就可能成為灌輸意識型態的工具。因此，學校在處理宗教信仰的原則上，應該秉持著開放與多元的信念帶領學生認識各個宗教，但不為特定宗教宣傳。換句話說，宗教議題仍是可與學校教育結合，其較適宜的做法，乃是連結課程目標，藉由多元文化的介紹，擴展學生對世界上各種宗教信仰的認識，進而能夠欣賞、接納多元價值，消除彼此的歧見，降低因誤解或我族中心的想法而產生非必要的衝突。

宗教的多元展現在其各自的中心思想，以及相異或對立的教義論述。而教師的職責，即在秉持中立立場，帶領學生學習勇於面對民主社會中必然存在的爭議問題，並引導學生進行理性思辨與價值選擇。因此，宗教並非進不得校園，只是在宗教內涵之選用上必須與教育目的存有正當連結關係。學習是如此，具有導正涵義的懲處手段亦應遵循此一原則。要求學生抄寫或背誦特定宗教經典本身即已違反教育中立之原則，在抄寫、背誦和欲予導正的行為之間，當然亦無存在正當連結之關係。對於錯誤行為之糾正與處罰，應以符合其目的之手段進行始能收其應得之效。就如「跑操場」原為體育活動的一環，若因課堂嬉鬧而罰跑操場，則也只是讓學生因畏懼或疲累而保持安靜，並未達到讓學生體認課堂上專心聽講、相互尊重的意義。而「抄寫」與「背誦」原本屬於學習的一環，若一再的把學習的方式當做處罰的手段，則最後不僅未必能達到導正的目的，也可能讓學生對於學習產生不當連結的想像而感到抗拒。

綜上所述，學校基於教育中立的原則以及使學生適性發展的精神之

下，不應強迫要求學生閱讀或修習某些特定的宗教論述，也不適合藉由抄寫或背誦等學習之手段以為處罰之實。在現代民主社會中，最可貴的是多元意見的存在，僅管學校成立的背景存有濃厚的宗教因素，也必須尊重並開放學生有選擇的權利。因此，學校需考量不同宗教信仰以及學生的個別差異，以決定並提供適當的教育方式來達教育目的。

處理建議

　　學校對於宗教論述的問題應秉持教育中立、適性發展、多元開放與相互尊重等之原則來進行教育現場的工作。於此，以下將提供幾項建議做為參考之用：

一、學校不宜以單一宗教論述要求學生學習，但對於宗教議題，學校可結合課程目標與需求，設計教學活動，引導學生認識多元宗教，培養學生相互尊重、欣賞與接納之德性。

二、學校辦理宗教性活動時（如：聖誕節、彌撒、浴佛節等），必須基於教育中立原則，考量學生個人宗教信仰背景，不得強迫學生參加。同時也宜將活動內容轉化，使活動的意義能與教育目相連結，以避免為特定宗教宣傳之嫌。

三、部分宗教經典及語錄可能被選做生命教育或道德教育之教材，由於其內容可與教育目的結合，因此教師亦可利用做為教學時之援引依據。但教師宜謹慎使用，若遇有特定宗教信仰之學生或家長反映時，則應即做適當的調整。建議盡量避免以特定宗教經典或語錄做為教材，可援引多方宗教經典論述自製教材以避免爭議。

四、有關學校進行教學或行為導正的方式，建議不宜以宗教相關經典或活動做為處罰方式。一方面，此與教育所欲達之目的欠缺相關性，

另一方面，亦可能因強迫式的要求而達到反效果，加深對宗教內涵的誤解。

延伸思考

　　若提及宗教議題，另一可能被關注的問題就屬祭孔大典。祭孔大典究竟是否屬於宗教性儀式的確令人玩味；然若深入探究，儘管其中不乏祀禮儀式，但就集禮、樂、舞於一體的敬拜形式來看，人們崇敬至聖先師孔子的意涵，實已遠大於為求自身好運所為的祭祀意義。而其所展現的各項儀式、音樂、舞蹈、服飾，亦皆具有屬於特定民族文化的印記，因此應認係屬於傳統文化的一部分。況且，從古至今，以孔子為首的儒家思想即一直是我國文化內涵所尊崇的中心思想，相對於其他宗教信仰對於神祇的崇拜，孔孟思想其實是一套對於國家、社會及個人待人處事的人生哲學。因此，在該思想的學習與研究上，實際即與所謂的宗教信仰不同。

　　學校教育本即背負著傳遞文化的功能，對於文化活動的傳授與體驗，學校可藉由各種不同方式進行教育活動。參加祭孔大典是了解我國傳統文化內涵的方式之一，學校應可就教育目的而要求學生參與。然而，其中參與的程度及方式則需就學生個人狀況或宗教信仰考量。舉例而言，參與八佾舞的表演係屬深層體驗，學校若欲要求學生參與，則必須就學生的身體、體能狀況或宗教信仰做考量，對於無法參與表演的學生則安排其他方式進行學習始為適當。

學生可以在學校禱告嗎？
學生可以在學校發送特定宗教著述嗎？
學生可以在學校設立宗教社團嗎？

法律觀點

　　學生因信仰宗教而禱告，是其個人內部精神自由，學校不能加以干涉。而發送宗教刊物、著述或是組織宗教社團等，則屬於外部精神自由，也是憲法所保障的表現自由，學校不得對內容有意見而加以管制，但在學生表達的時間、地點、方式等等，則可以因調和其他公共利益而做規範。

　　如參考美國法院的見解，關於學生組織宗教社團，學校應特別注意：（一）該聚會或社團必須是由學生自己而不是學校所組織的；（二）學校本身的教職員應該迴避，不得參加；（三）校外人士包括宗教領袖，不能管理、指揮或定期參加該聚會或組織。理由應該是為避免教師或校外人士利用其事實上的影響力造成宗教自由的不平等，所以要留給學生自主而不受干涉的空間。換句話說，也就是應該讓學生自主的去形塑他們的宗教信仰，而不是因為師長的影響、鼓勵、勸誘甚至是威脅而加諸學生壓力。

　　此外，學校也應注意所謂宗教信仰自由，事實上包括不信仰任何宗教的自由，因此，學校在允許學生進行外部精神自由的活動時，應該照顧到其他學生的其他信仰或不信仰自由，如何讓其都獲得平等對待，是學校在准許特定宗教活動時，應該要多所思考的。

教育觀點

　　在學校教育中，對於學生宗教信仰自由的保障，應符合以下兩點：（一）排除強迫個人接受任何宗教；（二）保障個人選擇宗教、宣揚信仰的自由，使學校成為一個可以讓學生自我實現的多元、開放、中立而寬容的場域。因此，學生在學校自然可以利用課外時間，自發性組織宗教性社團、舉辦或參與宗教儀式活動、發放其所信仰宗教論述等。

　　再者從人權教育的立場，應提醒學生參與宗教時，要學習對不同宗教信仰的同學予以尊重，不能因為別人跟你的信仰不同就相互敵視或者攻訐、衝突，同時，也不能用不正當的方式去強迫他人加入或改變宗教信仰。

　　再者，基於平等及教育中立原則，學校對學生的宗教性團體，需與對待其他社團一樣，給予公平利用學校設施之便。同時學校應從多元文化觀點，積極培養學生尊重多元的能力與態度，以營造校園成為一個宗教信仰自由之環境。

處理建議

　　學生基於信仰的禱告儀式，學校應予以尊重與保障。然基於校務運作之需及人權教育的觀點，學校亦有責任適當地加以管理，以維護他人的宗教信仰自由及其他權利。

　　在課餘時間，學生當然可以在學校發送特定宗教論述。惟應提醒學生千萬不可勉強他人接受或造成環境髒亂。

　　基於平等及教育中立原則，學生自主成立的宗教性社團，學校應將其視為一般性社團，給予與其他社團同等待遇的協助、管理與自主權

利，並應避免對其「信仰內涵」加以干涉。

延伸思考 ✍

　　有些學校會與特定宗教團體合作，提供學生可以自由參加的課後輔導課程，也解決了一些忙於工作的家長的學生安親問題，表面上是美事一樁，但事實上這也涉及到了宗教自由的問題，學校處理上仍必須謹慎。首先，學校對於洽談合作的宗教團體必須抱持開放的立場，而且要遵守平等原則，絕不能獨厚特定宗教團體，並應事先將《教育基本法》第6條的相關規定予以告知，再表明不希望該宗教團體藉機宣傳其教義。其次，在向學生或家長傳達特定宗教團體辦理課輔的訊息時，絕不能強制要求參加，並應適當提醒學生或家長該課輔為特定宗教團體辦理，請其自由斟酌是否參加。再者，學校也應該進一步了解特定宗教團體的課輔辦理情形，如果該宗教團體確實假藉機會進行特定教義宣傳或宗教研修，則學校應該拒絕再與該宗教團體合作，以免違反《教育基本法》第6條，而成為侵害學生宗教自由的幫凶。

第四篇

學校管教與正當程序

學校是否可以限制學生的儀容（例如：耳洞、鼻環、舌環、刺青）？

法律觀點 ✍

　　學生的儀容（例如：耳洞、鼻環、舌環、刺青）是憲法所保障的表現自由的一環，也是個人身體自主權的一部分。因為個人要以怎樣的形象出現於他人目光之前，牽涉到個人對於自己的看法，以及他人接受自己的方式，即屬於表現自由的範圍；同時穿耳洞、刺青等行為也會對身體帶有侵入性的動作，某程度而言也涉及學生的身體健康權，原則上這類行為不致對身體造成重大的危害，未成年學生在經由家長同意後，可以自主為之。不過，學校做為社會的一環，基於學校教育目的的遂行及校園秩序的維護，本得針對學生輔導與管教所可能發生的相關問題，訂定一套師生得以共同遵守的規範。而髮式、耳洞、鼻環、舌環、刺青做為學生儀容的一部分，學校基於實現教育目的的需要，自得針對這類儀容問題做某程度的規範。

　　關於學校對學生儀容的限制，教育部所訂《學校訂定教師輔導與管教學生辦法注意事項》第21點第4項明定：「除為防止危害學生安全或防止疾病傳染所必要者外，學校不得限制學生髮式，或據以處罰，以維護學生身體自主權及人格發展權，並教導及鼓勵學生學習自主管理。」第5項：「除前項情形外，有關學生服裝儀容之規定，應以舉辦校內公聽會、說明會或進行全校性問卷調查等方式，廣納學生及家長意見，循民主參與程序訂定，以創造開明、信任之校園文化。」也就是說，如果學校基於防止危害學生安全、防止疾病傳染或其他正當理由，認為有必要

對學生穿耳洞、鼻環、舌環、刺青等行為作限制時，學校必須舉辦校內公聽會、說明會或進行全校性問卷調查等方式，廣納學生及家長意見，循民主參與程序訂定相關規範，以茲遵循。

教育觀點

關於學校是否可以限制學生的儀容？不外乎兩派，持反對意見者，認為儀容純屬個人外表，為表現自由甚或人身自由的一種，因此在民主、開放、自由的社會中，學校實不該也不能多做限制。至於持贊成意見者，則認為高中以下的學生，個性及人格發展未臻成熟，學校基於教育目的自是可以比一般社會作更多的規範及限制，故學生自由表現的權利並非絕對，如有引起師生與學校干擾的事實，就應有所保留。

從教育的觀點及我國社會文化而言，高中以下學校對學生的儀容做適度規範，是可以的。那麼，學校是否可以禁止學生穿耳洞、刺青呢？繼髮禁開放後，大多數中學校園已不規範學生的髮式及長短，惟大多強調不染不燙為原則，之所以能被家長及學生所接受，無非是基於健康的理由（染燙劑有害頭皮健康）。因此各國、高中針對學生儀容的部分，若是基於健康及安全的理由，限制學生「不得穿耳洞、鼻環、舌環，甚至刺青」，因為這些皆屬傷害身體的行為，同時容易導致發炎、潰爛的危險，似乎亦無可厚非。

然而穿耳洞、鼻環、舌環、刺青本身是排他、難以復原的。若是學生已在之前或放假時穿了耳洞、刺了青，校方又該如何處理呢？既不能命學生回復，而處罰也是非常不好的對待模式。穿耳洞通常是基於愛漂亮欲戴耳環所致，學校只要限制上學戴耳環即可；而刺青，在臺灣的校園文化並未普及，必是有箇中原因，因此只能與學生及家長溝通後，了

解原因，另做個案處理。

處理建議 ✍

　　教育部在《學校訂定教師輔導與管教學生辦法注意事項》中強調輔導與管教學生的目的之一，在增進學生良好行為及習慣，以促進學生身心發展及身體自主，培養健全人格並導引適性發展。因此各國、高中針對學生儀容的部分，限制學生「無特殊合理的理由，上學期間不得戴耳環、鼻環；不得塗指甲油、擦口紅」這些對外表的適度規範，是可以的。至於學生基於特殊合理的理由，如表演活動有戴耳環的必要時，當然不受校規的限制，乃屬當然。

　　輔導與管教學生的目的之二，在培養學生自尊尊人、自治自律之處世態度。因此，學校教育的重點除了課業升學之外，價值觀的養成、尊重包容的態度，以及自主管理的學習才是更重要的！對於穿耳洞、鼻環、舌環、刺青等這些難以復原的行為，回歸家庭處理，留待學生與家長自行溝通，學校毋需管到如此深層的部分，畢竟刺青、穿耳洞本身是排他、難以復原。這部分應優先由家長與學校溝通，學校協助輔導即可。

　　最後強調的是，時代不斷在變，因此學校雖然可以依教育目的制定學生儀容規定，但不得是含糊、專斷與不合理的，應該由學生、家長、與教職員代表共同參與下制定可資遵循的校規，並定期針對學生與家長做調查，以隨時檢討修正。

延伸思考

　　在校園實務上，有聽聞學校以學生成績的好壞，對服儀有不同的要求標準。如果經過前述「由各校綜合學校行政人員、教師代表、家長代表及學生代表之意見後自行決定」的程序，而依據學生成績好壞對服儀做不同標準的要求，基於尊重學校自治原則，主管教育行政機關應該予以尊重。不過，儀容涉及每個學生的表現自由，學校在行政人員、教師代表、家長代表及學生代表共同參與下所訂定有關學生儀容的校規後，原則上學生自應一體遵行，如果學校是以「刺激學生讀書、升學率」做為對服儀有不同標準要求的理由，嚴格來講恐怕有違反「不當聯結禁止原則」的問題，而且對於那些成績不理想的學生而言，也未盡公平（因為怎麼努力也達不到標準），學校還是應該盡量避免將儀容當做獎懲的工具。

學校可以限制學生的衣著嗎？

法律觀點 ✍

　　法制面上經過一定的程序學校是可以限制的。

　　但此處的法律基礎其實非常薄弱，因為學校對於學生穿著的管制這件事，並沒有強度的法制依據，其法律依據就是學校對於學生整個輔導管教措施，其中有一部分是關於服裝的規定。

　　因為學校輔導管教具有高度的教育內涵，傳統以來都受到社會的高度尊重，在這樣的前提下，我們往往習以為常接受服裝的管理。

　　但其實除了傳統上高度蓋括性格的特別權力關係理論外，目前並沒有非常明確的法律依據授權學校進行服裝的管理。有的只是輔導管教上對服裝的管理措施而已。而因為本質上是屬於教育目的，所以要了解以下幾個層次的概念：

一、它的層級不高，僅是一個輔導管教的措施。因此要對學生產生拘束的話，輔導管教措施本身的民主性、正當性、妥當性應該要設法提升。所以教育部才會在《學校訂定教師輔導管教學法辦法注意事項》第2點提到：經由校內程序妥善作成決議。希望學校是不預設立場而且讓學生充分表達意見後，考慮要不要有服裝的相關規定，這部分在程序面還有很多思考的空間。

　　也許我們可以從另一面向思考，例如雖然沒有規定穿制服，但規定哪幾個類型的服裝不適合。如果擔心沒有服裝規定，學生會亂穿，可以請學校把心目中所謂的亂穿樣態列出，經過討論之後，成為規

定。例如上學可以穿任何種類的鞋子，但不要穿拖鞋或不要赤腳；或穿鞋要穿襪子，這些都可以討論。

二、因為這是一個低度的規範，所以要考量到被規範者參與的程序，一定要遵照嚴謹的民主程序，在討論過程中要注意一些價值與做法，例如：

（一）允許個別差異。例如有些學生在性傾向有特殊狀況，又比如有特殊宗教信仰，像回教徒、佛教徒，都應該有彈性處理的空間。

（二）審美觀可以有個別差異，允許人格自由發展，但健康安全舒適應該比審美觀更優先。所以學校規定什麼樣的穿著樣式是一件事，但應該要有一舒適的材質。比如天氣熱時應該鼓勵用排汗衣，這不僅是樣式問題，也牽涉到材質問題。

（三）考慮到天候有變化，應該盡量允許在天氣冷熱時的替換實施要從寬。比如平常夏季穿什麼，冬季穿什麼，那春季跟秋季應該既可以穿夏季也可以穿冬季。此時的考量已經不是單單美觀的問題，還有整齊的問題。但是當美觀的問題變成次要，而把整齊的問題放在前面時，那更要注意到健康絕對又在整齊的前面。所以這整個觀點應該在於一切應該以健康為要。縱使不規定制服而可以穿便服，但是便服有的選項當中也有些可加以排除，像是排除穿拖鞋。因為穿拖鞋相對是比較不安全、不健康的，因為容易發生危險。所有一切的穿著如果從人類文明的角度來看都是從安全與健康開始，安全與健康之後才會有審美觀的問題，之後才允許差異。所以人類文明最基本的要求應該是健康、安全、舒適。因此過去在換季那一天開始，強制什麼能穿、什麼不能穿等限制應該都要

避免或執行上有所緩和。

三、從法律面既然沒有很強的法律拘束力，而是在輔導管教上有一般性
的要求，在其下涉及到所謂對服裝的要求。到最後就變成契約的概
念，就是學校通過討論，決議做成一個決定讓學生穿這樣的衣著，
那學校針對契約可能還要討論這個契約有沒有更新的空間。

過去認為學生一定要穿制服，現在一般逐漸接受學生可以不穿制
服；所以經過討論，就變成規定，學生進入學校就要遵守，這就是類似
契約的概念。例如有些公司行號，像銀行會要求職員穿制服，這概念有
點像是老闆可否管職員的服裝，也許老闆的本意不是管，而是老闆跟你
約定上班要穿制服，這其實是勞動條件的一部分。從契約概念來講會牽
涉到有無更新的空間；換言之，即使學校對制服有規定，也可以定期檢
討有沒有調整的空間。

教育觀點 ✍

從教育的角度而言，學校是學生學習的場所，學生的衣著不應該是
被管制、要求的重點。學生若是能因為穿自己喜歡的衣服上學，愉悅的
心情豈不是更能提升其學習的效能；畢竟學生是制服的使用者，要穿在
身上一整天，當然會影響心情。反之，學生若因為穿不合格的衣著而擔
心違規、被處罰，整天提心吊膽，這樣的學習成效顯然會大打折扣。且
近年來，學生因為制服所引發與學校之間的爭議事件時有所聞，例如：
台南女中集體脫褲抗議禁止穿短褲的事件。顯見現在的學生對於制服，
愈來愈有自己的想法與主張。

傳統上持學生應該穿制服的理由，不外乎便於管理，或是基於安全

的考量，不過這些理由，也逐漸被挑戰及改變，像現在多數小學都有便服日或是不用穿制服的現象，剛好就可以反駁上述要有制服的堅持。不過還有一種認為學生應該穿制服的理由，則是基於制服所代表的學校榮譽感與集體認同，像是北一女的綠色校服，就是象徵著名校的榮譽感。

然而學校是否能限制學生的衣著？從教育部所頒訂《學校訂定教師輔導管教辦法注意事項》第21點第4款「有關學生服裝儀容之規定，應以舉辦校內公聽會、說明會⋯⋯，廣納學生及家長意見，循民主參與程序訂定，以創造開明、信任之校園文化。」即可知學校不是不能約束學生的衣著，但是重點應該放在制服的決定過程。再者即使制服是對於一些學校來說是代表重要的傳統，但經過時代的更迭，許多制服的設計與限制，未必適合現代學生的需求。若是學生提出對於制服的不同意見與需求（如以運動服代表校服？），學校也應提供對話平台讓學生表達意見。

學校藉由尊重學生對衣著的決定、參與及自主權，不僅可以讓學生學習意見表達、說理遊說、傾聽不同意見，最後在經由一定的程序，學校與學生重新決定或共同調整對於制服的規定與要求；在保持優良傳統與兼顧學生需求，兩者之間尋求一個平衡點，整個過程就是學生學習公民參與的最佳機會教育。

再者美感是需要培養與練習的，讓學生提出自己想穿的制服、搭配方式，讓不同臉型與個性特質的孩子，都能夠有屬於自己不同的美麗，學生也就能在過程中，嘗試與學習找到最適合自己的裝扮。

衣著的問題還涉及性別人權／平等／身體自主等權益議題，所以學校在決定制服之後，也應允許有彈性調整的空間及照顧個別差異的需求。尤其制服的設計上會出現因為性別而產生的差異，像是女學生制服只能是裙子，這就沒有性別差異規範之必要與合理性，只是反映了教育

文化中長期的性別偏見所產生的歧視。所以制服的設計應以尊重多元性別為基本原則，例如制服的款式應同時包含裙裝與褲裝，讓女生能自行選擇想穿裙子或是褲子。

　　教育最重要的目的應該不是外在衣著的一致或便於管理，讓每一個學生快樂學習，同時能學會互相尊重與關懷，才是教育工作者更應該重視的方向。外在的衣著的一致化，也不等同於品德與智慧的開發，學校耗費力氣管理衣著，致使學生與之對抗，只是開教育倒車的作法。

處理建議

　　學校若要限制學生的衣著，應該與學生共同決定制服的設計、搭配、場合等內容，讓學生學習自主參與，學校則應依循教育部要求「有關學生服裝儀容之規定，應以舉辦校內公聽會、說明會或進行全校性問卷調查等方式，廣納學生及家長意見，循民主參與程序訂定。」的基本程序進行，學校只要在過程中處理程序問題，及制訂安全、健康的基本原則，例如：體育課要穿著具保護功能的運動鞋等。目前已有不少學校循此機制，例如宜蘭縣羅東高中、台南市私立光華女中等學校，學校與學生共同建立衣著規範，同時獲得學生的支持與良好回應。

　　學校亦應於平日多關注學生對於制服的需求與意見，若已發現多數學生在衣著上自行「加工」，或是學生對於制服有不少反彈意見，學校即應予以重視與適時回應，避免學生累積過多「民怨」以致進行自力救濟的抗議行動；雖此時學校再進行事後的補救，亡羊補牢為時不晚，只是就失去讓學生學習民主參與的良好時機，實甚為可惜。

延伸思考

　　長期以來，一般人往往認為學校很多傳統是不能隨意更動的，所以當學生反應可否不要穿某種制服時，有時候社會上的畢業校友就會站出來說這是破壞光榮傳統，在此必須要表達一個概念是，從法律的角度上來看，目前跟學校定契約的是正在學校就讀的學生，已經畢業的學生已經結束其契約上的地位，他可能無法主張過去的契約條件無限期的要後輩遵守。所以當現在的學生希望可以對服裝要求改變時，希望畢業的校友可以用比較寬容的態度來思考，不止是寬容的態度，我們更應該嚴肅地思考這些校友對學弟妹的某些要求其實正當性是很薄弱的，他們有權表示意見，但是要求別人一定要接受，在法律上是會被挑戰的。在法律面向上，校友的地位到底在那裡？特別是有制服規定的學校，往往並非學生自己申請入學的大學，而常常是高中以下學校，特別是在國中階段甚至目前是學區制，當年校友進入學校與今天學生進入學校，都是被分發而進入，為什麼校友可以這麼大聲的去要求今天的學生？也許校友應該多跟學弟妹交流，讓他們感受到穿著這一套制服是光榮的，以情感說服可能較為適當。

　　關於衣著的管理，另一應注意者在於「性傾向」的尊重，過往我們往往有「男生穿褲子」、「女生穿裙子」的刻板印象，然而就性別平等的角度，上述刻板印象下視為理所當然的做法，也應該重新加以省視。如果學校能夠提供更多的選擇，不論是褲子、裙子，甚至體育服裝，對於不喜歡穿裙子的女生來說，會是比較尊重的做法。希望隨著性別意識的啟迪，如果有一天，校園中有男學生穿裙子，既不會被禁止，也不會遭到旁人異樣的眼光，那麼臺灣校園的性別平等教育就能真正落實了。

校規是否需要有明文規定？
學校是否需依據校規懲處學生？

法律觀點 ✍

　　校規是校園生活的準則，是用以規範在校園生活中的所有人，做為學生、教師、家長以及行政人員之校園生活的共同規範與教育內容，而其所規範的內容上從學校校訓、核心價值、願景、特色、理念、校風，下至學生行為獎懲核定辦法、成績考查規範、服裝儀容規範、學生權益救濟申訴相關規定等皆包括在內，在此所討論的應限縮在狹義的校規，亦即針對學生輔導管教的相關規定而言。而針對學生輔導管教，教育部依《教師法》第17條之授權，訂定有《學校訂定教師輔導與管教辦法注意事項》，該注意事項中有諸多關於輔導與管教之原則，應可做為各校在制定校規時之參考依據。

　　為落實法治化的要求，以及使所有受規範者皆能有所預見，校規的訂定應訴諸書面文字，表彰校規係何時制定、制定機關、制定過程等資訊，並且應正式公告並宣傳推廣，建議在所有新生入學時皆發給校規手冊一本，或印製於學生手冊後面，同時學校網站亦應建置本校校規，使所有人皆能隨時查詢知悉。校規所使用之文字必須具體明確、易於了解並避免使用抽象的價值用語或概括條款，例如「妨礙校譽而情節重大者」，以避免在個案解釋上有過大的開放空間，而流於決定者個人的獨裁恣意，受規範者亦無得措其手足。

　　在學生因違反校規而受懲處時，依正當法律程序之要求，校方必須告知學生所違反的校規為何與相關程序之權利，並賦予其答辯及陳述意

見的機會。懲處應以書面載明事實、理由、依據與救濟管道，並應通知家長。另依處罰法定之要求，除校規內明定之懲處事由外，校方不得另以其他事由來對學生發動懲處。又倘若學生之行為顯已違反校規，則校方自亦應依校規執行懲處，以免使校規之拘束力蕩然無存。校方雖得享有一定的裁量權限，衡諸教育之目的、專業之判斷，選擇採用正向教育的方式，而不依校規懲處，但必須注意不得違反平等原則，並力求處理標準之一致。

教育觀點

學校為教育場所，是形塑學生的場域，在這裡我們希望藉由教育的管道讓學生了解與學習具備未來進入社會的能力。學習過程中難免犯錯，但是要學生知道自己錯在哪裡，才是教育的重要關鍵與本質；犯錯後會面臨何種處罰，只是一種手段，並非教育的真正意涵。但是，犯錯後可能面對的處罰需要具體明確的告知，以免犯了「不教而罰」的錯誤。

校規存在其目的是在於約束學生日常生活行為，用以告訴學生什麼行為應該做，什麼行為不應該做，以達到教育的目標。因此，校園中的校規需要明文規範，讓校園擺脫過去人治的色彩，落實民主法治的生活方式，用講理取代講力，教會學生能為自己的行為負責。

但目前多數學校的校規多延用過去的《學生輔導管教辦法》（已廢止），其中列舉有各種關於警告、小過與大過的處罰行為類型，但於之中均保留一項叫做：「其他不良行為。」這籠統又抽象的概念往往包羅萬象無所不罰，此點學校應避免為之；取而代之的應是透過家長、學生與教師，一同根據學校的本位管理理念，共同訂出適合學校的獎懲規

範，且儘可能的具體明確，讓學生能有所依循，使其明白自己倘若觸犯校規後，將會面臨的處罰可能為何？

　　所以身為站在教育第一線的老師應該要比學生更加熟習校規的規定，並且妥善運用這些規定，同時在運用這些校規時，必須考量學生問題的個別差異與問題的類型，深入探討學生犯錯的背後因素，這樣才能真正看到問題的核心，也發揮了老師自身應有的教導角色。

　　因此，學生真正犯錯後，是否要依據校規進行懲處，教師可根據專業上的判斷，做出必要且適切的處理，只要其選擇不致於侵害學生人格尊嚴的方式，應該都是可以被接受的。但是在處理的同時，若動用校規對學生進行懲處時，也要記得提醒學生有改過銷過的機會，不可剝奪學生自省的學習，因為這也是良好的生活教育。

處理建議

一、加強宣導，防範重於懲罰，以平日的宣導結合處罰的說明，讓學生了解自己的犯下錯誤後將會面臨何種結果。

二、教師平日應多提升自我本職學能，強化正向管教的認知與理解，跳脫傳統責罵教育的模式。

三、處罰學生時，應避免讓學生有貼標籤的感覺，這樣對於學生人格的養成，並無良好的效果。

延伸思考

　　校規是否是一成不變的？很多學校校規都陳腐落伍、威權甚至違反人權，已不符現代教育之要求，或有許多條款過於嚴苛，實際上執行率

低落，造成「規範從嚴、執行從寬」的現象。則在此情形下，校規可否修訂？

　　現行校方校規多由校方單方面主動決定，學生入學之初即開始受到規制，而無權表達意見或提出修改。然而校規既是做為校園生活之共同體所凝聚的共識，後來加入共同體之人，亦應有權得隨時提出修改意見，是以校規應開放修訂，修訂之主體應包含校方、家長及學生代表，以廣納各方意見，真正落實校園之民主參與。此外，校規之內容應注意不得牴觸憲法、其他法令之規定，也不得違反一般法律原則，如目的正當、手段合理、限制必要之比例原則。對於過於嚴苛之規定，應予修訂，調整至各方主體皆能接受之標準後，方於實際上力求嚴格執行所共同訂立之校規，以避免規範與執行層面上的落差。另於教育的立場上應注重給予學生改過自新的機會，惟應如何給予學生自新的機會，亦應訴諸於校規中一同規範，例如明文規範有「改過銷過辦法」，並讓學生知悉，務求其有改過向善的空間與管道，以符合教育之目的。

UNIT 39

學校能懲罰學生在校外的行為嗎？
可以懲罰學生在校外發表他們的觀點嗎？
學校的權限有多大？

法律觀點

　　學校能否懲罰學生在校外的行為？這個問題涉及學校對學生的管轄範圍及於何處，雖法無明文規範，惟從兒童及少年福利權益保障法、兒童權利公約、性別平等教育法等諸法的精神，都可看到學校對於校外，甚至是私領域的介入管教，這不僅符合上開法律的立法目的，更符合社會大眾的期待。而各校校規更有以「行無偏差、情節重大」的概括條款，來延伸管教校方的管教範圍，及學生在校外的行為。這基本上是一個正確的方向，畢竟教育所注重的是全人格的發展，若強制區分校內校外，將會使校方對學生的輔導管教難以落實。惟必須避免的是，學校以家父權思想的理由來懲罰學生在校外的行為，例如校規規定「校外行為偏差，嚴重影響校譽者」，這已然偏離了教育的目的，所關注的焦點亦已從學生本身的行為偏離至學校校譽上，實有過度擴張學校管教權限之嫌。

　　至於學校可否懲罰學生在校外發表他們的觀點？校方固然可以基於教育的理由予以管教輔導，惟必須注重言論自由為憲法所保障之基本權，是學生亦得享有言論自由，不宜過度予以打壓箝制。

教育觀點

　　對於學生於校外犯錯的行為是否應該處罰，若運用法律管轄的概念

分析，恐怕會有是以學生身分來認定，或是以事情並非在學校發生所以不應加以處理的爭議。若是以學生的身分認定，當然學校應該處理，反之則無須處理。

　　針對這樣的問題，老師們應該要站在培養學生全人格教育觀點下進行思考，因為學生會犯錯就是因為其思慮尚未成熟，未具有周延的想法，所以刑法也才會規定滿18歲的人，才需要負擔完全的行為能力。所以，學生一旦入了學校的學籍，行為自當應受學校校規的拘束，但校外行為是否受學校懲罰，則需要視該行為是否有與校規相違？其次，即使該行為與校規相違，其嚴重性為何，都應加以考慮？一般來說，舉凡校外打架、抽菸或是觸犯法律等不適當的行為出現時，學校通常會給予懲罰，但之後仍應發揮教育的功能，給予學生正確價值觀的教導，也就是學生應加強日常生活教育。

　　另外，學校在校外之言論，基於憲法保障人民有言論自由之概念，除非有攻擊教師或是嚴重詆毀校譽時，恐需要給予尊重，而一旦這樣的事件發生，學校應進行檢討的是為何學生會有如此偏激之言論，仍應從教育的根源著手，進行觀念的引導與溝通。也就是說學校對學生校外行為的懲罰，應以時空、情境等因素進行衡量，以做出最適的處置。

處理建議

　　有關學生校外行為，一般來說較難為學校所控制與管理，但學生的行為在社區或是公車上時，均代表著學校，當有具體事證時，當然我們可依據校規進行懲罰，但最終之道還是在於從日常的生活教育做起，一日復一日，總會有潛移默化之效。

延伸思考 ✍

　　若學生在外偷竊他人財物，涉犯刑法上的竊盜罪時，並已受到校外之其他處罰後，此時校方還有無必要再去處理、更甚是加以處罰？

　　教育的立場固然重視學生全人格的均衡發展，但若是校外處罰已經很重的話，此時校方再介入管教，一方面可能陷入一事不二罰、重複處罰禁止的危險；另一方面則是當學校過度介入輔導管教的同時，某種程度也弱化了學生認知到他做為社會公民法律責任。而校方在處理的手段上，還必須特別考量學生的隱私，以及處罰的標籤化效果，這些都是校方在介入管教前所應考量的重點。

　　此外，有些行為或許傳統在評價上會認為是不當的，然而校方不能以處罰方式處理者，典型的例子是學生未成年懷孕的案例。未成年懷孕雖可能觸犯《刑法》第227條與幼年男女性交罪，然依《學生懷孕事件輔導與處理要點》第5條之規定，學校不得以學生懷孕或育有子女為由，做出不當之處分，或以明示或暗示之方式，要求學生休學、轉學、退學或請長假。亦即校方在處理學生未婚懷孕的案例，不僅不得施予處罰，還必須積極維護懷孕學生之受教權，並立即成立處理小組，以提供學生必要的協助。

學校或老師可否因為管教學生不當行為的理由而將學生的學業成績降低？

法律觀點 ✍

依《國民小學及國民中學學生成績評量準則》第3條之規定，國民小學及國民中學學生成績評量應依「學習領域」及「日常生活表現」，分別評量之。而所謂學習領域評量，包含能力指標、學生努力程度、進步情形、兼顧認知、技能、情意等層面，並重視各領域學習結果之分析；而所謂日常生活表現評量，則包含學生出缺席情形、獎懲、日常行為表現、團體活動表現、公共服務及校內外特殊表現等。

又依《高級中學學生成績考查辦法》第2條之規定，高級中學學生成績考查，應包括「學業成績」與「德性評量」，其中德性評量包含日常生活綜合表現與校內外特殊表現、服務學習、獎懲紀錄、出缺席紀錄、具體建議等。

依上開規定，學習成績與德性成績應分別評量，是以精確來說，應區分「管教」的事由為何，若管教的事由是因為學生的學習態度不良，則因該管教事由已然涉及對於學生在學習領域內的評價，則因此降低其學業成績之手段應有關聯性及正當性可言，且為教師之專業評量自主範圍，惟於具體實施時應注意比例原則之適用。另一方面，若管教的事由是學生品德不良或行為舉止失當者，則因此降低其德性成績時，亦有其關聯性、正當性及符合比例原則。無論如何，學生「學習成績」與「德性成績」必須要分開觀察與評價，而對於學生德性上的管教事由不應做為影響學生學習成績的原因，兩者並無實質相關性。

教育觀點

　　學校或教師管教學生的最高原則，就是「有教無類」與「因材施教」。不僅不能放棄任何一個學生，更應該尊重學生的個別差異，慎選合適的方法來管教個別的學生。

　　教師透過評量，評定個別學生下一階段的學習需求。學生的不當行為，若是發生在特定學科的課堂上，原則上表示該學生該學科的學習態度不佳，教師將學生該科的學業成績降低，應屬合理與必要，使其正確反應出適合的學習成效。在實務上，學生的學業成績本包含該科的「平時表現部分」，並非僅僅依其期中與期末考試的紙筆測驗成績而已。至於，為管教學生非關該科學習活動的不當行為，而將學生的學業成績降低，顯然是與該科的學習態度無關，教師應該轉而在操行成績上評定學生下一階段的學習需求，而非將學生的學業成績降低。

　　事實上，學生的學業成績與操行成績一樣重要，面對學生不當的行為與學習態度，在這樣一個強調學業競爭的教育生態下，難免讓站在第一線的教師產生焦慮與無力感。但是，除了降低學生平時表現分數外，教師還是可能有其他的「正向管教」措施可使用。例如：引導學生依其同理心，理解不當行為可能會干擾其他學生的學習情緒，將心比心而自願改善。更不用急於「下定論」，評定學生的學業成績，讓學生有再一次自我調整的機會，畢竟行為表現，還是以「有心」最重要，而非「被逼」出來的。

　　良好的學習成效並不單指考試成績而已，更重要的是要有良好的學習態度。這樣的多元評量的精神，教師在教學活動的過程中應該不斷的強調，讓學生能夠理解與實踐。譬如：上自然課時，事前準備器材的態度和遵守實驗安全守則行為表現，就是影響著學生個人學習成效與保有

學習成效的重要學習指標。

處理建議 ✍

在這升學競爭激烈的教育生態中，拿到好成績成為學生、老師與家長的最高價值，而降低學業成績的手段，成為最有效的管教手段。然而，教師降低學生學業成績與學生表現之間，不能有不當連結。雖然，任何的原則都有例外，但是除非具有相當充足的理由，否則教師應該嚴格的遵守「不能有不當連結原則」。

另外，學業成績既然影響著學生升學結果，教師如何評定學業成績，應於每學年開學後二週內，協助成立班級家長會，並提供班級或學校年度課程規劃、教學計畫與教學評量方式及標準等相關資訊，讓家長得以依此參與學校教育事務。

最後，還須說明的是，依前揭的教學評量方式與標準，教師若因學生學習態度不佳，教師欲降低學生的平時表現成績，也應注意只能在該科成績與所佔的配分比例範圍內做評量，而不能無限上綱，甚至做出「以零分計算」的成績評量。

延伸思考 ✍

事實上，學生在校成績之所以如此受到重視，主要是因為成績向來是做為學生自我學習評量的一個重要依據。是若欲避免學生及家長於事後對於教師依其專業所評定之成績有所爭議，教師的評分過程於事前即應力求公開與透明化。對於成績的給分標準，依據《國民教育階段家長參與學校教育事務辦法》第6條規定，應於學期開始前即明確以書面告知

學生及家長，例如期中考占百分之三十、期末考占百分之三十、平時小考占百分之十、報告占百分之十、上課表現占百分之二十等，尤其是有單一作業或評量占學習成績比例過重的情況時，更應事先予以告知。此舉不僅可避免學生於收受成績時有遭受突襲的感覺，亦可讓學生可依其個人學習狀況，適度設定學習目標而力求均衡發展，並進而減少學生或家長事後的爭議情形。又若學生或家長對成績之評定結果有爭議者，教師應公開該生於此科目之各項評分，以使學生可自我反省評量，並針對不足之處加強改善，以收學習之效；同時校方亦應設有完整的申訴管道與救濟制度。

　　此外，教師於評分時亦應注意對於身心障礙學生之特殊考量。例如對患有過動症（注意力不足過動症）或亞斯伯格症等之學生，因其生理及心理之特殊障礙，本即較難達成課堂學習所要求之學習態度（如：坐不住、容易干擾同學學習等），此時校方除應依特殊教育法等相關規定予以辦理外，教師於教學評分上亦應有別於一般學生的處理及給分標準，以符合教育適性化、個別化、無障礙及融合之精神。

學生被懲處前可以要求告知「懲處原因事由」嗎？

法律觀點

　　關於一般國中、小學生的懲處，其依據乃是《國民教育法》的第20條之1規定：「直轄市、縣（市）主管教育行政機關應訂定學生獎懲規定。」而以臺北市為例，針對國中生即訂有《臺北市國民中學學生獎懲準則》，資為規範。依該準則第1條規定：「臺北市政府為規範臺北市公私立國民中學在籍學生之獎懲事宜，以鼓勵學生優良表現，特依國民教育法第20條之1規定，訂定本準則。」

　　所謂「懲處」並不包括教師在教室中所進行的「輔導措施」，例如：站立反省等。另外，此處所稱的懲處亦不以「記過」為限，同時也包括一些具有處罰性質的管教措施在內，而如果是處罰性質的懲處，原則上應該要告訴學生應接受懲處的原因，其法令依據是教育部針對《教師法》第17條第4項：「輔導或管教學生，導引其適性發展，並培養其健全人格。」所訂定的《學校訂定教師輔導管教學生辦法注意事項》的第15點：「學校或教師處罰學生，應視情況適度給予學生陳述意見之機會，以了解其行為動機與目的等重要情狀，並適當說明處罰所針對之違規行為、實施處罰之理由及處罰之手段。學生對於教師之處罰措施提出異議，教師認為有理由者，得斟酌情形，調整所執行之處罰措施，必要時得將學生移請學務處（訓導處）或輔導處（室）處置。」因此，如果是輔導管教性質的處罰，即應告知學生其接受處罰的原因。

　　此外，如果不是前述之事實上輔導管教措施處罰的執行，而是涉及

所謂大過、小過、警告等類似處分，則按照目前《臺北市國民中學學生獎懲準則》第11條之規定：「獎懲會審議學生獎懲案件，應秉公正、公平及不公開原則。重大懲處案件應通知學生及其父母、監護人或其他利害關係人到場陳述意見。」僅在處理情節重大的案件時，才會明文要求於懲處前告知學生及其父母、監護人或其他利害關係人其懲處事由，而告知懲處原因一方面是要提供學生說明的機會，另一方面也可藉此判斷有無懲處的必要，或者應如何為適當的懲處。不過，針對學生行為不當且情節輕微的情形，依照《臺北市國民中學學生獎懲準則》第5條之規定，老師可以採取勸導改過或口頭訓誡、適當調整參加課程表列以外之活動、通知其父母或監護人配合輔導等適當輔導措施，如果採取輔導措施仍然沒有效果，則可以按照該準則第6條之規定，視學生違規情節輕重採取一些處罰措施或特別處置，例如：警告、小過、大過或其他特別處置。

然而，依照99年6月22日教育部修訂之《學校訂定教師輔導與管教學生辦法注意事項》第15點之規定（處罰之正當程序）：「學校或教師處罰學生，應視情況適度給予學生陳述意見之機會，以了解其行為動機與目的等重要情狀，並適當說明處罰所針對之違規行為、實施處罰之理由及處罰之手段。」學校或教師處罰學生時，本應視情形給予學生陳述意見之機會，學校或教師亦能藉此衡量其管教措施是否適當，且即便是在採取輔導措施仍然沒有效果時，依《臺北市國民中學學生獎懲準則》第6條所施予之較重處罰措施或特別處置，按照該注意事項第15點之規定，學校或教師仍應告知懲處的原因及給予學生陳述意見之機會。

應附帶說明的是，學校或教師在某些例外的情形下，或可無需告知學生懲處原因，例如：對遲到三次之違規學生處以申誡乙次，此種依「遲到」或「曠課」的時數處以相對的處罰，如無違反比例原則的疑慮

（即懲處的方法與目的間不致顯失均衡），或在學校內部已有明確的說明或公布，則事前並未特別告知學生懲處的原因是可被接受的；但若是從事前需要充分且適當的討論以做成懲處決定，或希望藉由更周延的程序要求以保障學生程序權利來看，就應該讓學生充分了解懲處的原因，並使學生有說明的權利，以免發生懲處基礎事實的認定錯誤，或受懲處行為本身具有特殊原因，為此，甚至針對懲處輕重，也應該使學生有說明的機會。

　　總的來說，在懲處前告知學生其被懲處的原因，從法律觀點來看是屬於正當程序的保障，而從比例原則的角度來看，事實上的懲處及當場做出判斷的懲處，皆應告知學生懲處的原因並使學生有說明的權利；至於懲處無效果，而必須用比較重的處置時，反而不應要求學生說明，因為必須先告知原因事由才有辦法說明。綜此，原則上懲處時都應該讓學生了解懲處原因事由，讓學生可以為自己的行為提出解釋（辯護），以釐清事實真相。

教育觀點

　　學生到學校學習的目的，就是要學習「帶得走的能力」，其中學習建立屬於自己的「價值判斷標準」，是非常重要的能力之一。建立學生的「價值判斷標準」，應該包含：讓學生認識自己的慾望是什麼？可以做哪些事來滿足自己的慾望？不可以做哪些事來滿足自己的慾望等等。但是，這些能力，並非一蹴可幾；而是一點一滴的在腦海裡沉澱與累積的。

　　從教育的觀點來看，當學生面臨被懲處之壓力時，學生會有更強的學習動機，若能設有先告知「懲處原因事由」程序，這將會是幫助學

生：認識自己的慾望是什麼？可以做哪些事來滿足自己慾望？不可以做哪些事來滿足自己慾望？培養判斷能力的最佳時機。

　　當學生面臨被懲處之壓力時，老師應該告知的內容，包括：（一）學生有哪些違規的行為事實？與違犯了哪一條抽象「規範」？有時學生所犯的違規行為，是無意識違犯的。例如，一轉身衣袖打落與摔壞了同學的平板電腦與違犯了「過失毀損」規範，而不自知。有的則是在有意識的情況下發生，例如，學生雖有意識到現在老師在上課，不能和同學講話，但學生卻明知故犯。此時，老師應該告知學生所犯的違規行為事實有哪些？違犯了哪些「規範」？（二）那些抽象「規範」的人權價值意涵：每個人的「是非觀念」多多少少有所差異，然而老師應將「規範」的人權價值意涵告知學生，並建立符合「人權價值判斷標準」，才是應該協助學生建立的「能力」。（三）協助學生知道自己的行為動機為何？學生的違規行為事實，肇因於學生的行為動機；有時學生對自己的行為動機是隱而不現的，必須經過老師的分析，學生才能真正的意識到自己的行為動機與做出理性的判斷。

處理建議

　　學校為達到懲處學生的目的，懲處學生時應該注意的步驟是：

一、先確認學生的違規行為事實存不存在。不管學生是故意或是過失，違規行為之客觀存在，應該先予以確認。

二、協助學生釐清自己的行為動機為何。不管是善意或是惡意，都有可能對於他人產生「侵害」，學生必須對自己的行為動機有所認識，才能做理性的判斷。

三、討論學生是否具備可歸責性。學校或是老師應該分析，對於他人

「侵害」的產生，究竟與學生有無因果關係，學生到底要不要負責？

四、給予學生陳述意見的機會：就前述一～三之程序中，每一階段都應該，給予學生陳述意見的機會，讓調查之結果臻於客觀事實。

五、介紹沒有副作用的方法來滿足慾望。待學生「認定是否具備可歸責性」之後，應該對學生提出可以做那些事來滿足慾望，沒有副作用的建議。

學校或老師應該建立的「學生陳述機制」，是給予學生陳述意見的機會，包括口頭或書面都可以，讓學生有澄清誤解的機會，如果學生放棄陳述意見的機會，那也就不能再怪罪學校或老師，對其行為有所誤解，而得以該「誤解」後的行為懲處。另外，學校或老師應該讓家長與學生了解，學校設有「學生陳述的機制」，當學生面臨被懲處之時，學生或家長可以加以利用此一機制澄清誤解，以減少學生或家長事後的紛爭。

延伸思考

對有榮譽感的學生來說處罰是很嚴重的，這可從以下兩點說起：第一，有沒有犯錯未必沒有爭議；犯錯情況有多嚴重，可能也有仁智之見，但為了能更正確地做出決定，學校老師能耐心地讓學生有說明的機會，其實就是對學生的尊重。讓學生自己能了解被懲處的原因，進而提出解釋，未必每個學生都是冥頑不靈的，很多時候或許可以透過這個機會教育學生誠實面對自己的錯誤，也不失為一個教育的對話。反之，若是事實不清或輕重判斷不明，則難以心服口服的學生，必然沒有改過遷

善的意願。

　　其二，除了讓學生誠實面對自己的錯誤外，事實上學生是否能改過遷善，重點亦非在於記過與否本身，而是讓學生了解其被記過的原因，這也是一個對話的過程。亦即，讓學生表達，其實是了解學生能傳遞其想法，同時也讓老師能有機會了解學生的想法，這是一個非常有意義的對話過程。所以，獎懲的目的除了匡正正義的概念之外，其背後的教育意義，更應是值得施予懲處者深思的問題。

學生被懲處案件過程中可以請求「保密」或「公開」嗎？學生可以請求蒐集對自己有利的事證嗎？

法律觀點

　　首先需先予說明的是，所謂「懲處案件決定過程」性質上屬於「學校或其他教育機構為達成教育目的之內部程序」，按照《行政程序法》第3條第2項第6款之規定，其程序並無行政程序法之適用。而按照現行《臺北市國民中學學生獎懲準則》第11條等相關規定，對於懲處或申訴案件的處理，多是強調公平、公正且不公開的。因此，不僅是對學生予以保密而已，原則上應該是不公開的，學校方面不應該被動等待學生的請求，而是應該主動去履行其不得公開的義務。此外，按照該準則第11條之規定，關於懲處討論過程及決議經過，各別委員之意見亦均應予以保密。

　　其次，學生在懲處案件決定過程中，應可主張「保持緘默」、「聘請律師」或「請求傳喚證人調查對自己有例的事證」。詳言之，基本上前述三項權利皆是刑事訴訟被告在偵查中的基本權利，而學生在學校內受到懲處，其性質上類似於刑事被告的劣勢地位，二者實際意義是相同的。因此，如何公平、公正且客觀地做成正確的懲處，即應是考量的重點。以下即分別說明之：

一、學生有沒有保持緘默的權利？嚴格來說，學生並沒有刑事訴訟法上「保持緘默」的權利，因為保持緘默是不自證己罪原則的落實，亦即犯罪者不需要說明自己的罪行，而刑事訴訟是國家行使刑罰權的高權概念，但學生獎懲的目的在「教育」，因此從教育的觀點看

來，反而希望學生能有機會說清楚講明白，不過事實上一旦學生要保持緘默，校方也沒有權利禁止，只是理論上不能稱之為權利而已（換言之，學生雖然沒有保持緘默的權利，但事實上可以選擇不做說明）。

二、學生可否聘請「律師」在場？聘請律師有助於事實上保護學生的權益，一般情形下學校或老師可能無法想像，但理論上並無不可。

三、學生可否請求「傳喚證人」或「調查對自己有利的事證」？當然可以。因為學生雖然遭到指正其有違規行為，而其主觀上或許認為自己並沒有做錯，或雖有違規行為但情有可原。此時，調查有利事證或聘請律師在場便有其意義（但程序上仍須經由獎懲會決定）。至於傳喚證人則是調查證據的方法之一，因此在必要的情形下，仍應予同意。

教育觀點

　　學生的人格權應該受到保護。被冤枉的時候，當然要給予機會澄清；若是真實已犯了過錯應該被懲處，也只是一個過程。因為，思慮不周的未成年學生偶一犯錯，學校或社會應該給予自新的機會。最重要的懲處目的，還是要幫助學生建立起符合人權的價值體系，做為其辨明是非善惡的依據。

　　學生在被懲處的過程中，「保密」對學生是好的。因為，原則上可以防止學生被「標籤化」，形成抹滅不去的負面印象，不利於學生的改過遷善。若是有學生請求「公開」，基於前述「保密」的理由，應該予以否准，並告知應保密的理由；但是，如果「公開」有實質的意義，那麼還是例外可以准許，例如，透過「公開」辯論有利於發現真實，可以

形成對陳述者的壓力，使其不敢虛偽陳述；或是為了避免黑箱作業。

　　「因材施教」是對於學生輔導與管教措施的最高指導原則，學生犯了哪些錯？應該以哪些輔導與管教措施，對學生「施教」是最有效的？當然是必須先正確的調查「行為事實」。對學生而言，請求蒐集對自己有利的事證，可以保護自己的名聲，也可重新檢驗或反省自己行為歷程，知道自己可以在哪一個轉折處做出不同的決定，會得到不同的結果，學會將來遇到相類似的事件時，可以做出更好的決定。

處理建議

　　學生懲處案的程序中，應該盡量把焦點放在「行為」，而不是「這個學生」：學生被懲處只是某一個「行為」不合於規範，是「行為」不好；而不是「行為人」不好。懲處學生最重要的目的，還是要幫助學生建立起符合人權的價值體系，做為其辨明是非善惡的依據。是以，過程中要盡量限縮在，該如何改進不合於規範的「行為」？避免形成「行為人」不好的負面印象。

　　不應鼓勵學生以主張「保持緘默」方式應對：雖然懲處是一種不利的輔導與管教措施，但是，其實是不同於刑事訴訟程序之被告地位，不需要有「保持緘默」權來對抗龐大的國家偵查機關。前者，是為了探求學生是否有再接受教育的需求，終究還是利於學生的結果；後者，卻是為了實現國家的刑罰權，最終是以刑罰的法律效果，來制裁被告。雖然，為了尊重人權，不要求被告「自證己罪」，但是，「懲處」並不是「定罪」，而「懲處」對學生而言仍有不利於名譽之處，但是不應鼓勵學生以主張「保持緘默」方式應對，避免製造改過遷善的阻礙。

　　學生如果請求「傳喚證人」或「調查對自己有利的事證」時，應明

確告知學生不可以虛偽陳述：應該要明確告知學生不可以作偽證，更不能串供；被懲處的學生不可以強求同學為其作偽證，或與其他相關同學相互串供，造成更多的偏差行為出現，致罪加一等！

延伸思考

　　所謂的「學生懲處程序」，事實上是對學生做成不利益處分的程序。而如果獎懲委員會在做成時能經過充分的討論、能審慎斟酌對學生有利、不利的相關事證，認真且公平客觀地做成正確的決定，則其結果理論上應是勿枉勿縱，且適當地給學生應有的處置，讓學生有改過遷善的機會。如此一來，學生便不再需要聘請律師、要求調查對自己有利的事證，或再去要求可否拒絕回應、保持緘默。因此，如今有這樣的問題被反映出來，其實是意味著長期以來對學生懲處程序的質疑，學校往往並沒有對學生有利自己的陳述或主張進行充分的調查與釐清，以致如今對此有部分人士認為相當程度學生懲處案件的處理，可能發生事實認定錯誤或輕重失當的情形，學生權益沒有受充分的保障。於是，只要不盡理想的學生懲處程序可以更加公正、客觀，吾人認為應沒有必要一概去比照刑事訴訟程序中犯罪被告的程序保障，因為二者本質並不相同（其一重視偵審中不利益地位的形成，另一則重視教育功能的彰顯）。但不可諱言的是，正因為現今懲處制度的不健全，缺乏非常公平、公正的程序要求，所以要求學生應該能比照刑事訴訟法上被告能行使前揭權利者，與日俱增。這無疑是值得吾人深思警惕的問題之一。

法律觀點

　　首先，學生的懲處與刑事訴訟程序的目的是不同的。刑事訴訟的犯罪訴追須由行使國家公權力的檢察官做為一個訴追犯罪的主體，一個公訴實施者，過程中必須指控被告犯了什麼罪，這時候應由檢察官負擔舉證責任是毋庸置疑的。但在學生懲處程序中，事實上是沒有罪犯的，學生是一個被實施教育的對象，只是結構上，審查程序由獎懲委員會或訓導處將案件提送校方懲處，故實際上是處於類似於檢察官的地位。因此，獎懲委員會的組織規定來看，以臺北市為例，《臺北市國民中學學生獎懲準則》為例第9條的第5項規定：「獎懲會由訓導（學務或教導）主任擔任主任委員，負責召集並主持會議。」故理論上應由訓導處（學務處）事先蒐集彙整資料，並了解相關案件經過，始提出於獎懲會。至於提出懲處的標準，則是按照《學校訂定教師輔導與管教學生辦法注意事項》第26條第1項規定：「學務處（訓導處）認為學生違規情節重大，擬採取交由其監護權人帶回管教、規劃參加高關懷課程、送請少年輔導單位輔導，或移送警察或司法機關等處置時，應依該校學生獎懲辦法，簽會導師及輔導處（室）提供意見，經學生獎懲委員會討論議決後，始得為之。但情況急迫，應立即移送警察機關處置者，不在此限。」可知學生獎懲委員會的發動應該是由學務處或訓導處為之，因此學務處或訓導處自應就學生有何違規事由加以說明、陳述。

　　承前所述，違規事實既然應由學務處或訓導處提出，一旦學生否

認，學校就應該提出證據證實學校對學生違規認定的基礎或依據，且按照《學校訂定教師輔導與管教學生辦法注意事項》第26點第2項規定：「學生獎懲委員會應注意保障當事人學生與其監護權人發言之權利，並充分討論及記載先前已實施各項管教措施之教育效果。」可見訓導處或學務處不僅應該證明有積極的違規事實，對於當事人學生與其監護權人發言之權利學生獎懲委員會更應注意予以保障並充分討論。此時，我們認為刑事訴訟上「不自證己罪」及「無罪推定」的概念應該要借用在這裡，亦即學生同樣不應該被要求證明自己的清白，沒有足夠的證據顯示學生有違規的事實，也不應該予以處罰。換言之，除非學生願意主動去積極說明自己並沒有違規，否則校方是不應該一開始就要求學生證明自己的清白，而是應先要求訓導處或學務處證明學生確有應受懲處之事實，始為正確。

教育觀點

　　學校是教育機構，學生在學校犯錯，應該是經常發生的事，甚至被部分學者認為是一種學生的**「權利」**，學生可以從錯誤中學習，鼓勵學生勇於嘗試，養成積極進取的個性。但是，其實懲處學生也是有其存在的必要性，一方面宣示**「團體規範」**的有效存在，以免學生落入「只要我喜歡沒有什麼不可以」錯誤中；**另一方面示範著，將來進入社會時，犯錯制裁所要經歷的正當懲處程序！**

　　學校在決定懲處學生的程序中，學校方面應該由何人陳述學生的違規事實？基本上，應該鼓勵學生「知恥近乎勇」，誠實地面對自己的過錯，勇於承認！能夠讓學生誠實陳述自己的違規事實，這樣的品德教育才是最理想的。若是，學生否認或是保持緘默，站在法治教育的立場，

還是要由學校訓導處或學務處成員陳述學生違規之事實，讓學生知道外界對他（她）的違規事實，是如何觀察與評價？

　　如果學生否認，學校應由何人負責證明？「不誠實」的問題一直是教育難以根絕的問題，「說謊與詐欺」是人類與生俱來的本能，也是教育所要克服的重大議題。面對學生否認自己的違規事實，身為教育工作者，並不用太訝異，反而要循循善誘，使學生了解「誠實是最好的政策」、「放羊的孩子故事」、「信用的價值」、「知恥近乎勇」等等概念。事實上，幫助學生建立「價值觀」，優於「舉證成功」，雖然法諺有言「舉證之所在敗訴之所在」，在校園中懲處學生只是一個過程，真正的教育目的，還是在於幫助學生建立「是非價值觀」，而不要只在乎陳述學生違規事實，是否「舉證成功」。只要能在過程中讓學生學會些什麼就夠了！例如：「證據主義」，教了學生對於的事實是否存在有爭議時，應以證據認定；或是「程序正義」觀念的建立，讓學生知道受不利處分前，應有最後陳述意見的機會；何謂或是「緘默權」等。

　　是否能因為學生保持緘默，而認定學生有違規事實？假如學生真有違規事實，學生願意保持緘默總比學生矢口否認好！為了掩飾違規事實，而說了一大堆的謊言，是罪加一等，更不利於改過遷善！因此，對於矢口否認者，學校有責任舉證，而對於保持緘默者，當然不能給予更不利的地位！平常就要教育學生，讓學生養成有「多少證據說多少話」的習慣，學生喜歡投訴同學之間的糾紛，但是往往不知如何有效舉證，因此如何教導學生「保全證據」，也是一件很重要的事，常常問來投訴的學生問題，例如「有誰看到你被欺負？」、「還有什麼證據？」、「某某人用什麼工具打你？」、「工具現在在哪裡？」當學生提供的證據齊全，要陳述學生的違規事實，就簡單多了。

處理建議

　　假如學生真有違規的事實發生，校園中基本上會是班級導師比較容易掌握。所以，應該先交由班級導師來處理，包括違規事實的調查。只有真的不經懲處不能讓學生改過遷善或是不能導正視聽，防止其他學生起而效尤，否則不應送懲處；而是給予學生自新機會。假如，真的移送學校懲處，學校在決定懲處學生的程序中，學校方面應該由班級導師協助調查學生的違規事實，再交由訓導處或學務處成員陳述學生的違規事實。

　　學生之所以敢矢口否認，原因在於他認為學校老師找不到證據，證明他的違規事實。如果學校老師包括班級導師與科任老師，對學生平常的觀察詳實，那麼學生否認或是學生說謊，學校老師很快就能夠識破，學生就不敢輕易否認自己的違規事證；縱使學生否認或是學生說謊，學校老師也能充分掌握，那麼學校老師再將違規事證交由訓導處或學務處成員負責證明即可。

　　對於保持緘默的學生，除了舉證認定該學生有違規事實外，更應注意其消極面對問題的處事態度，之所以保持緘默的動機為何？純粹只是行使「緘默權」？還是其心理尚有其他問題待解決？會不會有其他更激烈的傷害行為發生？都是學校老師應該注意的事務。

延伸思考

　　在討論學生懲處程序的時候，有時會借用刑事訴訟犯罪訴追程序的概念，這一點讓很多學校的老師或家長覺得小題大作。但筆者認為反而應該藉此機會教育，特別是在國民教育階段目前仍深具國家高權的色

彩，應當負有教育孩子正當程序觀念的責任。在過去的經驗中，甚至曾有因評定成績或表現不好便進行輔導管教措施的情形，而究竟是不是「表現不好」其實對學生來說也是具有很重要的意義，所以從成年世界犯罪訴追這樣一個相對法律關係來看，確實是有它的類似性。於是，基於對學生權益的保障，借用或參酌刑事訴訟被告的權益來保護被告的權益，應該認為是適當的。因為人不能隨便被認為是有罪（或有錯），就好比學生不能不需要證據就被指控犯錯一樣，基於這樣的類似性，儘管不是百分百是必要或是相同，但是循著這樣的方向其實能彰顯出對於程序正義的要求、落實，以及對於學生個體自由、意見的重視。因此懲處程序中除了勿枉勿縱外，必須更加慎重、更加重視、更加客觀，且無庸置疑的，從教育上來看這是正面的。

再者，刑事訴訟中關於被告權益保障的種種觀念，我國國民仍然是非常欠缺的。一般國民不慎成了被告時，大多不知道什麼是可以「保持緘默」，什麼時候可以聘請律師，什麼時候可以調查對自己有利的證據等等，類似這樣程序性的保障，其實一般國民往往缺乏一些基本的概念，因為沒有機會了解這些程序正義的相關原則或規定。所以，如果可以讓孩子在學生的生涯中，因為有不當或錯誤的行為，而必須去接受學校進一步的調查或程序當時，可以藉由確保一個公正及適當的程序權利，也不失為一個良好的學習機會。同時，保障的目的並不單純是否認犯錯（罪）而已，而是避免學生受到不當或不公正的程序對待，而這樣的對待將很可能誤導錯誤的認識或決定。就這一點來看，一方面強調重視程序正義的觀念，另一方面也強調學習如何正確做決定的功能，無論對學生或社會而言，都是具有正面意義的事情。

學校對學生做出懲處時學生是否享有救濟的權利？可否要求正式的書面決定書？可否取得會議紀錄？

法律觀點

　　所謂懲處是學校就學生違法或不當行為對學生所為之權利限制，其方式包括警告、小過、大過、留校察看、退學或其他對學生學習權、受教育權、身體自主權及人格發展權發生限制效果或重大影響之處分。

　　懲處既然是對學生學習權、受教育權、身體自主權及人格發展權等權利所為之限制，自應踐行正當法律程序，申言之，即對於受懲處之學生應給予相當之程序保障，使學生得以合理參與及理解其遭受懲處之過程及原因，乃至於事後之救濟。

　　針對前揭程序保障之要求，司法院大法官會議於第491號解釋明確對正當法律程序之概念進行詮釋，並指出正當法律程序之內涵應包括：（一）處分應經機關內部組成立場公正之委員會決議；（二）處分前並應給予受處分人陳述及申辯之機會；（三）處分書應附記理由，並表明救濟方法、期間及受理機關等。

　　而目前各級政府機關均依循正當法律程序之要求，分別制定相關獎懲及事後申訴處理辦法，其主要內容尚能兼顧前揭公正組織、事前陳述意見及申辯、書面並記明理由與教示救濟程序等正當法律程序之內涵。

　　而關於處分書附記理由之部分，茲舉《臺北市國民中學學生獎懲準則》第13條第1項為例，該規定指出「獎懲會做成決議，經校長核定後，學校應以書面記載事由、結果、獎懲依據及救濟方式，通知學生及其父

母或監護人。」明確要求學校應將懲處之決議記載於書面，且應明示事由、結果、獎懲依據及救濟方式，使被懲處學生及其父母或監護人得以知悉受懲處之理由及依據，以保障學生得事後檢證或挑戰校方懲處決議正確性及合理性之要求。

另關於學生獎懲之會議紀錄部分，目前各級政府對於獎懲會會議及申訴會議等程序之決議經過及個別委員意見，均認為應予保密。以《臺北市國民小學學生獎懲準則》第10條為例，該規定即明示「學生獎懲案件之會議得不公開之，其審議應符合公平及公正原則。重大懲處案件應通知學生、其父母、監護人或其他關係人到場陳述意見」；「獎懲會會議之決議，以無記名投票表決方式為之，其決議經過及個別委員意見應予保密」。

對於目前各級政府對於獎懲會會議及申訴會議等程序之決議經過及個別委員意見應予保密之規範，於正當法律程序（程序正義）之大原則下，由於業已要求懲處決議應以書面並記明理由為之，倘若已足供學生明確獲悉其受懲處之理由及依據，並得據以供相關單位事後公正客觀地檢示，則原則上並毋庸提供會議紀錄。

實則，會議中之討論，尚非終局之決議，其內容雖有參酌之價值，但結論仍應以懲處決議之內容為準。更何況，討論中之內容必然包括正反意見，為確保充分討論之民主程序，原則上對於會議過程及個別委員之意見，均應保密，倘事後提供會議紀錄，易生不必要之誤會與偏見，也會喪失保密之目的，致使預期之充分討論民主程序無由維持。是倘若學生對於懲處之理由已能充分了解，懲處決議書上亦載明詳盡之理由，足供事後公正之檢證，關於程序正義之要求已堪認充足，在正式的書面決定書已經充足、完備的情況之下，學校毋庸再提供會議紀錄。反之，倘若書面決定書之內容簡略，僅有結論而理由不詳，懲處之依據不明，

則為在補足學生救濟權利的目的前提之下，或許即應在消抹去足堪辨識出個人身分資料之後，例外地提供會議紀錄。

教育觀點

　　懲處學生之教育目的無非是要學生「知錯能改」。然而，學校對學生做出懲處後再給予學生救濟的權利，是否有助於「知錯能改」之教育目的達成？茲說明如下。

　　以往填鴨式的教育強調服從與管理，不一定講道理，主張「合理的要求叫訓練，不合理的要求叫磨練」，反正都有所謂的「教育目的」可達成！但是，現今的教育強調理性思辨，「對與不對」必須「就事論事」，僅針對學生的偏差行為。因此，要懲處學生就必須確認學生錯誤行為之所在，學校懲處學生，必須是以學生的錯誤行為為基礎，而每當有懲處決定，並且因此而影響了學生的權利，就應該有救濟途徑，這是基於教育的目的、同時也是法治的精神，因此必須給予學生有救濟的機會。

　　在合理的制度下，學生懲處委員會之任何決定，都應該具備充足的理由，讓學生心服口服。若口頭上之告知，顯未能讓學生心服口服地理解，在家長或學生的要求之下，校方即應以書面的方式，詳實記載懲處決定書的理由，讓學生與家長能反覆推敲，而能理解學校對學生懲處之理由。若仍對懲處不服，學生亦可據以提起救濟，以維護其權利。

　　基於法治教育的觀點，教師與學校們更應該以身作則，在懲處委員會的討論時，應該儘可能多方且從正面、從反面地充分探討：懲處之目的為何、是否對學生懲處、利弊得失如何、處罰的依據如何、理由是哪些、是否有其他損害更小的手段等等問題，並且，在充分的資訊、充足

的討論、盡可能地分析利弊得失、每個人均暢所欲言的情況之下，做出符合學生最大利益的決定。而應避免一時情緒性的、少數人領導的、資訊不足的、不夠充分討論之下的決定，如此，才算是踐行了完整的民主正當程序。

倘若上開程序能夠確實被踐行，相信在正式的書面決定書上，定會有詳實的理由記載，多數的學生在委員會充分的說明之下，定能感受到學校的用心而心悅誠服。如此，也正是討論程序之所以要保密進行之主要目的─讓所有人在資訊充分的情況之下，均能暢所欲言。因此，若在正式的書面決定書上，已有詳實的理由記載，相信已有助於家長認知自己孩子在學校的行為表現，讓學生取得會議紀錄，並非是必要的。

反面言之，倘若懲處委員會的討論既不民主、亦不充分，書面決定書又顯然非常草率、簡陋、空洞，則倘若學生又受到不利益的處罰，則懲處委員會的整體討論與決議過程，必然會不斷地受到挑戰與質疑，此時，民主正當程序既已蕩然無存，也就失去了為其保密的必要性，基於「就事論事」的教育目的，該委員會的程序並非完全不能被挑戰，也因此交付會議紀錄或許就有其必要性，只是應注意避免個人隱私與可供辨識資訊的洩露，並且使用此會議紀錄，也應該符合其使用目的，不應超越挑戰委員會程序之正當性，以及維護學生受不利益處罰之目的外使用。

處理建議

既然懲處也是一種教育的手段，更需建立在能心服與口服的基礎上，透過救濟程序釐清其不服之原因，更能促使學生檢討與反省自己的行為。因此，本文建議學校不要忌諱學生提起救濟，反而應該鼓勵那些

表現出不服氣的學生提起救濟，並在懲處中告知「教示規定」，讓學生知道於何時以及如何提出救濟？在提起救濟之過程，學習如何主張自己的「權利」而非「私利」，釐清自己的主張是否正當與合理。

正式的懲處決定書，建議學校應詳實記載以下各事項：一、足以辨識受懲處學生的基本資料。二、被懲處行為的具體描述，包括人、事、時、地、物等。三、懲處決定之等級與內容。四、如何提出救濟與其程序的教示規定。五、抵過銷過規定。

另外，既然懲處不是教育目的，懲處之後就更應該由學校輔以學生輔導系統（例如：認輔、高關懷學生專案等程序），以進一步協助學生改正其錯誤行為，以達到改過遷善之教育目的。

最後要提醒學校的是，凡原則都有例外。原則上，基於保密，為了讓委員會的委員可以充分發言，學校可以不給予學生會議紀錄，也就是說，（一）如果學生懲處委員會決定是否懲處與如何懲處學生的理由，已經充分的告知學生，內容充分且與會議紀錄並無矛盾與差異時，毋庸給予會議紀錄。另外，（二）學生所受懲處程度輕微，事後就各委員發言的特徵消除，讓受懲處學生無法辨識會議紀錄係何人之發言，過度耗費學校的資源時，也可毋庸給予會議紀錄。（三）有相當的證據顯示，學生係出於報復的動機，才想取得會議紀錄時。（四）其他學生取得會議紀錄，會妨礙懲處學生目的之達成事由時。而另一方面，倘若（一）委員會的討論既不民主、亦不充分；（二）書面決定書又顯然非常草率、簡陋、空洞。則對委員會開會內容予以保密的必要性已經不存在，學校就應該給予學生會議紀錄。

簡而言之，重點並不在於是否應該公開或不公開會議紀錄本身，而是在於事中委員會的討論應該民主、充分，事後書面的決定書理由應該詳盡、確實，如此，方能確保整體學生懲處制度的正當程序。

延伸思考

　　學生對於校方的懲處可否向法院提起救濟？

　　民國84年6月23日大法官做成釋字第382號解釋，明確指出：「各級學校依有關學籍規則或懲處規定，對學生所為退學或類此之處分行為，足以改變其學生身分並損及其受教育之機會，自屬對人民憲法上受教育之權利有重大影響，此種處分行為應為訴願法及行政訴訟法上之行政處分。受處分之學生於用盡校內申訴途徑，未獲救濟者，自得依法提起訴願及行政訴訟。」也就是說，這號解釋之後，各級學校學生都可以對於學校所為學生所為退學或類此之處分行為，向法院提起訴訟救濟。

　　到了民國100年1月17日大法官做成釋字第684號解釋，這號解釋則進一步肯認大學生可以就學校對其所為屬退學或類此處分以外的處分或影響學生權利之措施，提起行政爭訟，使司法得以全面性地進入大學，讓大學生可以全面性地對學校向法院提起訴訟救濟。

　　但是，釋字第684號雖然將本屬大學生的行政爭訟權歸還予大學生，但亦僅止大學生，而不及於大學生以外之其他學生（含高中、高職、國中、國小學生等，下併稱中小學生），換句話說，大學生以外的中小學生，仍然只能就退學或類此之處分，向法院提起訴訟救濟。

　　然而，目前雖然未全面性地開放各級學校學生都可以對學校的一切影響權利處分提起救濟，但是在釋字第684號解釋就有大法官對於目前只對大學生解禁之結論，認為有「自我設限」的情形，並認基於「有權利即有救濟」之法律原則，實不應限制中小學生的行政爭訟權。

　　從釋字第382號到釋字第684號，我國花了16年左右的時間才逐步走到大學生得全面性行政爭訟的階段，雖然無法預見連同中小學生也可以享受同等救濟權利還需要多久的時間，但可以想像的是，學校已經不在

隔絕於司法審查外的獨立高塔，學生可對學校提出相關爭訟的日子應該指日可待。

UNIT 45

警察是否可以逕行偵訊或逮捕在學校裡的學生？
當警察要偵訊學生時，學校應該如何因應？

法律觀點

　　我國《憲法》第8條規定，除非是現行犯，否則國家機關非依法定程序不得逮捕與拘禁任何人，這是保障人身自由所需踐行的正當法律程序原則。

　　當警方要偵訊或逮捕學生時，學校或學生均應問明其偵訊或逮捕的緣由，請警方出示合法的文件。如果警方表明要帶學生往警局偵訊，則警方可能會出示通知書或傳票。由於通知書只是由司法警察發出，不是法官或檢察官所發出的書函，性質上較不具有強制性，學生並沒有必須前往的義務。所以學校應該讓學生了解他有權利選擇不前往，不能因警方以言語勸誘即強制學生前往。警方如果是出示檢察官或法官發出的傳票，則學生即有前往的義務。

　　如果警方要求逮捕（或拘提）學生，依《少年事件處理法》規定，強制少年到場是用同行書（《少年事件處理法》第22條），這是由少年法院法官發出，賦予執法人員強制少年到場的權力。如果案情已發展到檢察官偵查或法官審理的階段，則是由檢察官或法官簽發拘票（《刑事訴訟法》第77條）。當個人被檢警機關進行偵訊時，個人保有如下的權利：

一、有權要求在偵訊前先告知犯罪嫌疑及所犯的所有罪名。

二、緘默權。

三、有權要求獲得律師到場陪同並協助。

四、有權要求偵訊時全程連續錄音及錄影。

五、有權拒絕夜間訊問。

六、有權請求調查有利證據。

七、有權獲得通譯協助。

八、有權閱覽筆錄全文，並請求增、刪、變更筆錄記載。

　　如果檢警人員準備搜索或逮捕大學中的學生，參考實務相關作業準則（《檢察機關實施搜索扣押應行注意事項》第9條），檢警人員在準備逮捕前，或向法官聲請搜索票前，應報告其主任檢察官層報檢察長，必要時檢察長得召集該案件之承辦檢察官及其主任檢察官共同研商決定是否應行搜索、扣押及其執行方式，檢察官應依該研商結論執行之。而在大學中的強制處分行為，首應在尊重「大學自治」的前提下，尊重校方的意見、判斷，以妥善進行任務。因為大學特別強調自由、開放，通常只有在緊急或其他不得已的情況下，由大學主動請求，警察權才可以被動的在校園內進行，如此才能確保大學的研究、教學、學習等自由。但這並不是說大學可以完全排除檢警在大學校園內的犯罪偵查，當檢警人員持司法令狀進入大學搜索時，校方仍不得拒絕，然檢警人員行使職權應當尊重校方的意見、判斷，因為大學校園的秩序維護，主要的責任仍然在於校方，檢警人員應參考校方的意見執行任務。

　　七到十八歲的少年及青少年之少年保護事件及少年刑事案件，則均以《少年事件處理法》之相關程序處理（《少年事件處理法》第2條及85條之1）。在《少年事件處理法》，更有特別保護少年的程序規定，在用語方面，強制少年到場是用同行書（《少年事件處理法》第22條）而非《刑事訴訟法》所稱的拘票，收容少年應用收容書（《少年事件處理法》第26條之1），而非《刑事訴訟法》所稱的羈押。其他又例如警察或

檢察官、少年調查官、法官於偵察、調查或審理少年事件時,應告知少年犯罪事實或虞犯事由,聽取其陳述,並應告知其有選任輔佐人之權利(第3條之1),審理期日訊問少年時,應予少年之法定代理人或現在保護少年之人及輔佐以陳述意見之機會(第36條),所以學校遇到警察到學校逮捕學生時,應馬上通知其家長或監護人,以維護學生與家長的權益。

再參考《教師法》第17條所規定教師之義務,其中第4款規定教師應「輔導或管教學生,導引其適性發展,並培養其健全人格。」第10款規定教師之義務尚包含,「其他依本法或其他法律規定應盡之義務」,如果再對照前引之《少年事件處理法》規定,則當學生因犯罪偵查而被檢警帶回偵訊時,在家長未到場之前,學校應當有師長陪同學生,以善盡教師的義務。在此建議當學生身邊沒有師長陪同前,暫先不要回答檢警任何問題,以免學生因不清楚狀況,而有不當的回應。

教育觀點

學校是實施教育的場所,依據教育法規實施教學活動,學生的學習權受憲法及相關法規保障,學校師長對學生除教學外,尚有輔導管教及保護學生之義務。在學期間,任何可能對學生身心有侵害或影響其學習權之情事,學校皆應積極協助學生處理。

學校就像一個大家庭,具有內部組織與團體規範,並設有大家長(即代表人-校長)。國家賦與學校一定的自治權限(章則及校規),藉以維持校園內部運作並維護學生安全,進而達成學習之目的。當警察行使公權力直接進入校園時,學校之秩序與功能可能會受到衝擊,學生亦可能造成心理上負擔而影響學習。

尤其學生有未成年者，其心智尚未成熟，意思表達亦有欠缺，其心理受外界之影響程度亦較成年人為深遠，學校之校長與教師更責無旁貸負有保護及協助之責任。故警察欲進入校園「逮捕」學生時，應先通知學校校長（或其代理人），以便預先完成校內之處理機制（安排人員、預備場所等），並陪同其進入校園，而生教組長、學務主任、導師等皆非學校之代表人，除非校長授權代理，否則仍不宜直接帶著警察進入校園。

　　至於警察進入校園後，尚可能造成學生們「好奇」、「緊張」甚至「恐慌」等情形，並直接影響學校教學活動之進行。因此，當警察通知學校將實施逮捕時，學校即應負責聯繫，協調適當時間（應避開放學、下課等人潮眾多之時段）與地點（例如：輔導室、諮商室、空教室等）讓警察執行其公務，儘可能將其他學生之影響降至最低。通常學生較無攻擊性與脫逃可能，因此警察在進行逮捕時，應儘量讓學校陪同人員先予勸導配合，避免直接進行逮捕。

　　如受逮捕之學生為未成年人，由於其意思表示尚有欠缺，必須由其法定代理人補充，故警察欲偵訊學生時，除學校代表人（或其代理人）陪同外，應即通知家長到場，再進行偵訊。當學生或教師遇有警察直接進入校園執行公務時，應即時通知校長（或其代理人）協助處理。另外，對於受偵訊、逮捕或受該事件影響之學生，學校亦應持續予以關心與輔導，避免受逮捕學生在未經調查結束前即被「標籤化」，讓學生之學習權益損害降至最低。

處理建議

一、警察在進入校園執行逮捕或偵訊學生前應通知學校（校長或其代理

人），並請其陪同進入校園執行公務。為維護學生權益，學校應即通知父、母（法定代理人），尤其學生為未成年人時，偵訊時亦更應通知父、母陪同。

二、當警察直接進入校園逮捕或偵訊學生時，學生可暫時不回答任何問題，並立即要求通知學校校長（或其代理人）到場協助。

三、無論校園中之逮捕或偵訊學生，學校皆應安排適當場所為之，儘量與教學現場隔離，避免影響其他學生之學習或活動，或造成學生之恐慌。事後對於相關學生並應追蹤輔導。

延伸思考

　　無論是中小學生或大學生，學校都對學生負有教學及輔導的任務，檢警人員進行逮捕或偵訊的行動是否只要符合法律程序，即可完全不必理會校方行政人員的意見？

　　依據所謂「同心圓式的制度」，規範青少年不良行為的犯罪制度，應以少年為核心，在核心的第一圈設置了親權人與教育人，因為他們對少年最為熟悉，應當最能勝任輔導管教的任務；當第一圈無法勝任時，第二圈的警察與司法機關才有登場的機會。依照如此的制度精神，檢警人員即使逮捕或偵訊的行動符合法律程序，也應當在程序中儘量讓最熟悉學生的師長從中參與，以便進行適當的輔導管教，不應忽略校方行政人員的意見。

　　校方主管人員平時應就前述的司法程序有基本認識，或製作相關手冊以因應突發的狀況，避免臨場驚慌失措。也可以平時即聯絡有隨時可供詢問的法律顧問，以充分的對各種狀況予以應變。

校方人員得否在校園中搜索學生？

法律觀點 ✍

　　我國《刑法》第307條規定：「不依法令搜索他人身體、住宅、建築物、舟、車或航空機者，處二年以下有期徒刑、拘役或三百元以下罰金。」因此，除依法令規定進行搜索外，任何人所為之搜索行為，均會構成《刑法》第307條之違法搜索罪。

　　然遍查我國現有相關法令規範，並未發現存有任何賦與學校人員得對學生進行搜索之規定，因此，學校人員若逕自對學生進行搜索，似均會涉犯前揭《刑法》第307條之違法搜索。

　　但是犯罪行為的成立，不只是行為人做了刑法上所規定的犯罪行為就當然成罪，還必須探究行為人為什麼要從事該犯罪的行為？行為人是否具備法律上所容許的正當理由？行為人有沒有可能避免從事該犯罪行為？如果行為人做了刑法上所規定的犯罪行為，但卻有法律上所容許的正當理由（例如正當防衛或緊急避難等），或是有主客觀上的原因導致行為人非為該行為不可，在法律上仍不認為行為人已經構成犯罪；相反地，行為人的行為如果沒有法律上的正當理由，也沒有任何主客觀上令行為人一定要進行該行為之情況，這時候才能說行為人已經成立犯罪。

　　而學校人員對學生進行搜索雖構成《刑法》第307條之構成要件，但學校人員之搜索行為是否成立犯罪，仍應判斷其行為是否具法律上所容許的正當理由（例如正當防衛或緊急避難等），或是有主客觀上的原因導致行為人非為該行為不可之情形存在。

在學理上，有學者引用德國學說認為，學校是受父母之託付，代父母保護及教養學生，因此，學校對學生為必要管教（內容包括合理的搜索行為）之權利及義務，即來自父母之請託與授權。另一方面，亦有更進一步認為，對於能理解諸如學生生活公約內涵的國中以上學生，亦可能認為學校人員得基於已經得到學生承諾之正當理由，而對學生為合理之搜索。然無論其學理基礎如何論述，其法律效果均為相同，即認為學校人員對於學生所為之合理搜索，是具備法律上容許的正當理由，所以不能認為成立《刑法》第307條的違法搜索罪。

　　至於所謂「合理搜索」，依教育部所頒布之《學校訂定教師輔導與管教學生辦法注意事項》第28點規定：「為維護學生之身體自主權與人格發展權，除法律有明文規定，或有相當理由及證據顯示特定學生涉嫌犯罪或攜帶第30點第1項及第2項各款所列之違禁物品，或為了避免緊急危害者外，教師及學校不得搜查學生身體及其私人物品（如書包、手提包等）。」即將其限定於非具有「相當理由」、「有證據顯示特定學生涉嫌犯罪或攜帶違禁物品」及「避免緊急危害」等要件，否則不得對學生進行搜索。

　　然「合理搜索」之內涵，除了前揭發動搜索理由之合理性外，尚包括搜索方法之合理性。依《學校訂定教師輔導與管教學生辦法注意事項》第12點規定：「比例原則：教師採行之輔導與管教措施，應與學生違規行為之情節輕重相當，並依下列原則為之：一、採取之措施應有助於目的之達成。二、有多種同樣能達成目的之措施時，應選擇對學生權益損害較少者。三、採取之措施所造成之損害不得與欲達成目的之利益顯失均衡。」，易言之，即學校人員在對學生進行搜索時，應遵守比例原則，不得逾越必要程度。

　　我國雖無明確的法源依據授予學校人員得對學生搜索，但從學理上

解釋，學校人員所為之搜索，若其發動具備合理性，且其手段亦符合比例原則者，即應認為學校人員所為，係是具備法律上容許的正當理由，尚非屬法律所不許。

教育觀點

　　校方人員在校園中搜查學生與警察機關搜索人民之目的有所不同。警察機關之搜索目的是為找尋犯罪之證據，並制裁犯罪之人，而校園中對學生之搜查，主要乃為「教育目的」，係為發現問題之學生與行為，以便及時施予輔導管教，且並非以處罰作為主要之目的。

　　校方人員在校園中搜查學生，將侵犯學生之隱私權，並對學生心理造成不利之影響，甚至會破壞師生間之信任關係，如非必要，應避免為之。而學校是教育單位，並負有教育學生及培養學生良好品格之責任。如教師於平日的教學即能有效教導學生妥善保管自己財務，並為自己的行為負責，將可減少學生遺失物品及攜帶違禁物之機率，進而降低校園中搜查學生之需求。

　　即使校方人員有相當理由或證據認為學生攜帶違禁物品（或竊取之他人物品）而有搜查必要時，搜查前宜先進行勸說，讓學生主動交出違禁物（或竊取之他人物品），避免直接強行搜查，否則易破壞教師與學生間的信任感。又校方人員對學生進行搜查時，最好有第三人（導師、輔導教師、護士等）之協助及保護，以降低對學生心理之影響。

　　其次，學校在特定條件下進行搜查時，仍要特別注意學生的心理感受，除了程序部分需符合法令規定外，更不能為找出單一學生犯錯之證據而搜查所有的學生，否則未犯錯學生之隱私權將直接受到侵害，更傷害了大多數學生之自尊心。另外，搜查對象為個別或少數學生時，應考

量以適當的場所進行（如空教室、諮商室、輔導室等），避免於全班面前或其他公開場合進行搜查工作，以免學生在犯錯未確定前，便已被「標籤化」而影響其人際關係與學習。校方人員在校園中搜查後，無論結果為何，學校皆應向家長說明，避免家長的誤會與質疑，並對被搜查之學生進行後續處理及輔導。

　　民國96年12月5日自由時報所載，新竹市某高中學生被導師搜查書包後，導師誤認其為偷取同學金錢之竊賊，導致該學生羞憤而上吊自殺，造成社會極大的震撼。如校方人員在處理時能參考上述建議，審慎處理，日後應能避免類似憾事再發生。

處理建議

一、搜查對學生之隱私及信任關係將造成損害，應盡量避免為之。校方人員在特定法令規定授權下，方得搜查校園內之學生。

二、搜查對象應為特定學生，不得為找出單一學生犯錯之證據而搜查所有的學生；搜查時並應注意時、地之安排，將學生之心理傷害降至最低。

三、搜查學生後，不管有無達到搜查目的，皆應向家長說明，並對學生進行後續之輔導。

延伸思考

　　校方人員得否為了找出單一學生犯錯的證據，而搜索所有的學生？當然不可以。如法律觀點所示，學校的搜索如果是基於合理的懷疑，認為特定的學生持有違規的物品，而且搜索時的手段與目的符合比例原

則，應認為學校人員可以進行搜索。因此，如果為了找出某一學生犯錯的證據，而要搜索其他學生，當然也必須基於合理的懷疑，認為其他學生有搜索的必要，才可以搜索其他學生。

美國紐約的聯邦法院曾認為，僅僅為了發現誰偷了三塊美元，而搜索整個五年級的班級是違憲的。而在德州有聯邦法院認為，在沒有一個特定的學生被懷疑有特定的違規事例時，由警察的狗在學生四周去嗅有無毒品是違憲的。這些事例都說明，基於憲法對人身自由的保障，不可以為了尋找某種學生犯錯的證據，而概括的對一群學生進行搜索。如此的搜索，並沒有合理的事證當作懷疑其他學生持有違規物品的基礎。本質上是為達目的，不擇手段，違反搜索時的手段與目的要相互均衡的比例原則。

在校園內，學校可能為了遏阻學生的違規行為，而在少數人有違規行為出現時，對全班進行搜索。例如，班級中有學生的貴重物品遺失，或教室附近發現違禁品時，即搜索全班同學的書包。甚至校方人員要求定期或不定期的搜索學生的書包。這些措施在憲法及相關法理下，都難以找到合理的基礎，應當設法停止。

對其他未發生違規情況的學生搜書包，容易對學生心理造成不良的影響。被搜的人可能都會想，「我沒做錯事，為什麼要被搜？」這種不平之鳴可能會在心中發酵，造成日後學生對學校或師長極端的不信任感。而對原本就缺乏自信的學生，更會對其自尊心造成嚴重的打擊。也可能讓學生認為這種搜書包的方式是正當的，日後有機會也可能用相同的方式對待別人。這都對人權環境的塑造會造成嚴重的反效果。

學校或教師以違法方式取得之證據，得否做為處罰學生的依據？

法律觀點 ✍

關於以違法方式取得之證據，在訴訟審理的過程中能否被採納，英美法上有所謂「毒樹果實理論」。該理論發源於美國，原文為「fruit of the poisonous tree」例如，警方如未獲法院之搜索票（warrant），即至嫌犯家中進行搜索，結果搜到槍枝一把，且槍枝經鑑定某凶殺案之彈道與吻合，但因該搜索行為違反法律規定在先（該搜索行為是一棵毒樹），所以找到的兇槍就不能被法院採為合法證據（因為兇槍是有毒的果實）。另一種說法則是，搜索行為不合法，且該行為所直接取得的槍枝（該槍枝是一棵毒樹）不得做為證據，該彈道鑑定報告（該報告是有毒的果實）亦不得做為證據。總而言之，其重點在於，國家機關若以違法的行為取得證據，該證據不得為法院所採用。

我國《刑事訴訟法》第158條之2規定：「違背第93條之1第2項（審訊程序之經過時間）、第100條之3第1項（不得於夜間訊問）之規定，所取得被告或犯罪嫌疑人之自白及其他不利之陳述，不得作為證據。但經證明其違背非出於惡意，且該自白或陳述係出於自由意志者，不在此限。檢察事務官、司法警察官或司法警察詢問受拘提、逮捕之被告或犯罪嫌疑人時，違反第95條第2款（緘默權）、第3款（得選任辯護人）之規定者，準用前項規定。」因此，我國刑事訴訟法雖亦有遵循該原則之傾向，惟仍設有部分除外之條件，並非全然接受。此外，於重要的證據排除法則之規定上，如《刑事訴訟法》第158條之4規定「除法律另有規

定外，實施刑事訴訟程序之公務員因違背法定程序取得之證據，其有無證據能力之認定，應審酌人權保障及公共利益之均衡維護。」則加入「法益權衡」概念，為兼顧被告合法權益保障與發現真實之目的，而改採相對排除理論。

實務上，有一案例可供參考。檢方先以違反《貪汙治罪條例》案監聽台南縣議長，監聽時聽到議長開賭場，遂將之以賭博罪起訴。一審時法院以毒樹果實理論，認為檢方得到賭博案的證據，不具證據力，判處無罪。（臺灣臺南地方法院94年度易字第1050號刑事判決）而二審法院則認定我國法未絕對採該理論，故證據有效。

學校以「搜書包」、「搜宿舍」等方式取得證據，並據以對該學生加以處罰，在各級校園並不少見。目前教育部對此訂有《學校訂定教師輔導與管教學生辦法注意事項》；其第28點規定：「為維護學生之身體自主權與人格發展權，除法律有明文規定，或有相當理由及證據顯示特定學生涉嫌犯罪或攜帶第30點第1項及第2項各款所列之違禁物品，或為了避免緊急危害者外，教師及學校不得搜查學生身體及其私人物品（如書包、手提包等）。」該注意事項第29點亦規定：「為維護校園安全，學校得訂定規則，由學務處（訓導處）進行安全檢查：一、各級學校得依學生住宿管理規則，進行學生宿舍之定期或不定期檢查；大專校院進行檢查時，應有學生自治幹部陪同；高級中等以下學校進行檢查時，則應有學校家長會代表或第三人陪同。二、高級中等以下學校之學務處（訓導處）對特定學生涉嫌犯罪或攜帶第30點第1項及第2項各款所列違禁物品，有合理懷疑，而有進行安全檢查之必要時，得在第三人陪同下，在校園內檢查學生私人物品（如書包、手提包等）或專屬學生私人管領之空間（如抽屜或上鎖之置物櫃等）。」

依據前述規定，教師及學校於符合特定條件下，得有範圍地搜查學

生身體、私人物品或私人管領空間，其重點在於必須有「有相當理由及證據顯示」或「對特定學生涉嫌犯罪或攜帶特定違禁物品，有合理懷疑，而有進行安全檢查之『必要時』」等前提時，方屬適法。否則，即便此因此而搜查到違禁物品，也會產生「違法取得證據」的問題。

　　教師「未有合理懷疑」即對全班學生搜書包，卻赫然發現某學生攜帶到校，如認為及時發現並將該生依據校規議處，係為保障其他人的生命或健康，經利益權衡後認為此權利較全班同學之人格權、隱私權遭部分侵害更為重要者，則校方未以合法方式取得證據，基於利益權衡原則，仍認為該證據可作為觸法學生之依據。，有論者採取較嚴格之立場，認為教育工作者更應以身作則，不得有違法取得證據之行為，不得以此違法取得之證據作為處罰學生之依據。

　　此外，不論採取上述何種立場，如校方有違法取得證據之行為，雖可能可依據利益權衡原則讓該證據仍具效力，惟校方逾越前述權力範圍，侵犯學生隱私權之行為，得否阻卻違法或免除教育行政面之議處，仍有疑慮。

教育觀點 ✍

　　學校是教育學生之場所，亦是建立學生正確觀念之場域，就像福祿貝爾所言：「教育無他，唯愛與榜樣。」因此，我們的一言一行、一舉一動，對學生來說都有潛移默化的效果，倘若身為老師的人，以違反程序正義、侵犯隱私權或是踐踏學生人格尊嚴之方式來取得證據，進而對學生做出懲處，這樣的結果當然不是教育，而是反教育。

　　教師「未有合理懷疑」即對全班學生搜書包，卻赫然發現某三位學生分別攜帶了西瓜刀、銳利的水果刀和色情刊物到校，即便是「實質

上」學生確實有違反校規之虞，但是教師在「程序上」已經違法在先，也構成了「違法取得證據」的難題。

　　原則上，「程序正義」應該要優先於「實質正義」，是故所搜查到的違禁物品，應該要被「排除」，也就是在法律上應該要「視而不見」，並不能做為處罰學生的證據。

　　然而，例外的情況是，如認為及時發現了違禁品並將該生依據校規議處，係為保障其他人的生命或健康，經利益權衡後認為此權利較全班同學之人格權、隱私權遭部分侵害更為重要者，則縱算校方未以合法方式取得證據，基於利益權衡原則，仍認為該證據可做為處罰學生之依據。

　　當然，既說是「利益權衡」，難免或多或少有寬嚴不一的情況，例如在上開舉例中，由於色情刊物的傷害性較小，可能大多數人均同意應予排除做為證據。而西瓜刀的危險性較高，可能就會構成例外的情況，而在利益權衡下同意作為處罰學生的證據。至於銳利的水果刀，則可能會有所爭執，若有論者採取較嚴格之立場，認為教育工作者更應以身做則，不得有違法取得證據之行為，就會主張不得以此違法取得之證據作為處罰學生之依據，然而，或許會有部分人認為銳利水果刀的危險性也不小，就會作出相反的決定。無論如何，具體情況與個案的考量，都是判斷的參考依據，有時候無法在事前即一概而論。

處理建議

　　基本上學校在處理學生違規事項，應避免以違法取得的依據，來處罰學生。

　　對於違法方式而獲得學生違規的證據，縱使因此而得知學生的違規

事項，也應回歸教育的本質，針對學生違規的問題進一步加以關心與了解，再施以輔導管教的教育措施，不宜一味以處罰做為管教學生的手段，否則學生非旦無法理解老師的用心，反而只會招致學生的怨懟，造成反效果。

延伸思考

　　另外與此相關的情況是：第三人以違法的方式所取得之證據，得否做為處罰學生之依據？例如：其他的學生侵害隱私權，違法搜刮別人的書包，進而發現了違禁品，並將此證據或違規事實告知老師，老師得否以此證據，做為懲罰學生之依據？

　　此問題仍得參考前述討論，原則上，該違法取得之證據，應予排除，以免侵害學生之身體自主權與人格發展權，甚至造成證據提供學生與受罰學生間之衝突，加深校園內之不信任。然而，在例外的情況之下，例如該第三人學生，有聽見或看見一些可疑的舉動，進而在不及報告老師的情況之下，才親自動手違法搜查別人的書包，並且發現了危險性很高的違禁品，此時就可以基於利益權衡原則進行衡量。

　　一般而言，校園之環境，終究較社會環境單純，在沒有立即且重大危險的前提之下，建議老師可以多多強調我國傳統文化裡向來較為缺乏的「程序正義」概念，貫徹違法證據排除之原則。這除了是一種法治教育的機會，也更能夠彰顯學校的教育目的：學校或老師不處罰學生，是因為學校或老師「程序違法在先」，然而，這並不代表學生的行為，在「實質上不應該受到處罰」。相同的道理，有時候，學校或老師選擇處罰或不處罰學生，都是為了背後更重要的教育目的，學校或老師並不會為了處罰而處罰，而即便是採用處罰做為一種手段，背後也是有嚴肅的

教育目的，學校或老師若能善用此種情境，進行妥切的機會教育，相信會是同學們非常寶貴的一堂課。

第五篇

其他

學校或老師應如何處理家長或學生的個人資料？

法律觀點 ✍

一、學校於學生就學過程中，基於教育及輔導之目的，依法必須蒐集及製作各種教育紀錄或學生檔案，例如學籍資料、成績資料、輔導資料、缺曠課紀錄、獎懲紀錄、健康紀錄等等，這些教育紀錄或檔案，其記載事項多具相當個人性，足以識別屬特定學生之資料，因而符合我國《個人資料保護法》第2條第1項所定義之個人資料：「自然人之姓名、出生年月日、國民身分證統一編號、護照號碼、特徵、指紋、婚姻、家庭、教育、職業、病歷、醫療、基因、性生活、健康檢查、犯罪前科、聯絡方式、財務情況、社會活動及其他得以直接或間接方式識別該個人之資料。」而受到該法規範，換言之，學校或教師對於學生個人資料之蒐集、處理及利用，除其他法規有特別規定外，應受到個人資料保護法之限制。

二、其次，基於教育及輔導之目的所蒐集、製作之學生資料，其內容更是經常同時涉及學生個人之隱私事項，屬於大法官會議第603號解釋所揭諸之「資訊隱私權」之一環，依該解釋意旨認為，學生就其個人隱私資訊，擁有自決權，包括決定是否揭露、如何揭露（在何種範圍內、於何時、以何種方式、向何人揭露）、知悉及控制其個人資料之使用以及資料記載錯誤之更正權等權利，是以學校及教師對於學生個人資料之蒐集、處理及利用，尤應注意個別學生或家長對於隱私之期待及保護，避免因不當利用或濫用學生個人資料造成損

害，因而須背負相關民、刑事責任。

三、關於個人資料保護，「經濟合作暨發展組織」（OECD）揭示八大原則，即限制蒐集原則、正確性原則、目的明確化原則、限制利用原則、安全保護原則、政策公開原則、個人參與原則、責任原則等，內容多已具體落實於個人資料保護法及各該教育法規中，所揭諸之原則亦可為學校及教師蒐集、處理及利用學生個人資料之準則，茲舉要者說明：

　　（一）限制蒐集原則：即原則上不得恣意蒐集學生個人或其家庭資料，必須出於教育或輔導等目的，特定個人資料如醫療、基因、性生活、健康檢查及犯罪前科等，更是法律明文規定原則上不得蒐集之資料（《個人資料保護法》第6條），而實際上大部分的學生個人資料之蒐集與建立，均係基於法律或教育法令規定，例如《國民教育法》、《學校衛生法》、如《國民中小學中途輟學學生通報及復學輔導辦法》等等。如非基於法律規定，原則上須得到基於特定目的及學生或家長同意始能蒐集（《個人資料保護法》第15條、第19條），且如經學生或家長反對，應刪除、停止蒐集、處理或利用該個人資料（《個人資料保護法》第11條）。

　　（二）限制利用原則：即原則上必須在蒐集之教育或輔導目的內使用學生資料，不得使用於原蒐集目的以外範圍，例如學生成績紀錄，不但要保密，且除家長或學生同意，不得為非教育目的使用（《國民小學及國民中學學生成績評量準則》第11條）。

　　（三）安全保護原則：即學校及教師有義務對於學生個人資料採取合理安全之保護措施，例如：專人保管、加密措施等，如有違反，導致學生個人資料遭到遭不法蒐集、處理、利用或其

他侵害者，恐須負相關之賠償責任，過去常見為便於聯絡學生而將學生家長資料放置於教師辦公室供閱覽之做法，恐有違此規定。

教育觀點 ✍

　　身分是個體處於社群活動時的自我表徵，學校即是小型社群活動的縮影，因此為增進學校與教師對學生在校學習之幫助與認識，建置學生基本資料與學習歷程之行為紀錄，即成為校園運作的重要基礎。學生之個人資料與紀錄，係屬個人獨有或與家庭共有者，因此學校在蒐集、使用、管理學生資料及紀錄時，應於「必要性之教育目的」前提下，方得為之。

　　為理解並協助學生在校園中的成長學習，學校基於教育目的之必要性，會蒐集與學生個人及其家庭有關之資料，該類資料係為協助學校及授課教師，對於該學生及其家庭能有更深入之了解，並能於教學歷程中，適時協助學生行為及教學策略指導之參考依據。因此，學生資料之蒐集，應基於教育之必要性目的，始得為之，應有限度，不得無限上綱。

　　學校及教師於「蒐集」專屬學生之個人資料與紀錄時，應遵守「尊重」與「不公開」原則。縱因基於必要之教育目的，學校及教師仍應謹記：學生資料係專屬於個人所有，於蒐集相關資料時，首應遵守「尊重」原則。如涉及學生個人身體特殊資料（如：身高體重、身心障礙等）、家庭資料（如：父母職業類別、父母婚姻狀況、家庭經濟、特定族群身分、家族病史等）時，更應基於保護學生之立場，避免於個人資料之蒐集歷程中，基於管理之便捷，不慎公開個資而形成同儕茶餘飯後

之話題，造成學生身心感受不良。

　　再則，應遵守「不公開」原則。由於部分個資涉及個體差異性，基於人權保障之理念，學校應避免於公開場合或班級中，直接進行個資身分之蒐集或集合。例如：為協助體重過重之學生所進行良善之衛教活動、為提供弱勢族群（清寒或原住民）學童學費減免或午餐費用之支援等，亦應避免採用校園廣播器為之，以免原為教育之善意，卻於無形中促成階級意識。

　　學校及教師於「使用」學生個人資料與紀錄時，應遵守「尊重當事人」之教育專業倫理原則，以及「誠實使用」原則。

　　學校及教師蒐集而得之學生資料，應限使用於：幫助學生克服學習困境、協助並提供學生、家庭之支援系統之參考面向。教師不應將全班學生之通訊錄（包括：姓名、電話、電子郵件、父母姓名及聯絡電話等），印製全班同學人手一份。如遇同班級學生及家長欲取得其他學生之家長聯絡電話，最適宜之處理方式，應請該生家長能自行獲取當事人之同意後為之，學校及教師切莫在未告知當事人之情況下，主動將學生之個資轉知第三人。

　　至於校園學務處為便於管理全校眾多之學生，習於建置「班級學生之基本聯絡資料卡」，置於處室內可見可及之櫥櫃中。其本意雖為用以聯繫家長以共同關懷學生之出勤現況，然基於憲法保障個人隱私權及對學生個資之誠實使用原則，處室應將該類學生資料妥善存於密閉且需有管理權限之處，非屬管理學生及聯絡家長之任何人，不得任意取得。

　　此外，針對「管理」學生個人資料與紀錄，則應注意「保密」與「誠信」原則。基於憲法保障人民隱私之人權規範，以及教育人員之專業倫理，對於學生資料與紀錄應妥善保管，除不得任意公開或洩露學生之個人資料與紀錄，其保密及注意義務亦相對提高。由於學生及家長係

理解學校蒐集學生資料之教育目的，配合並同意學校可以使用，基於
「誠信」原則，除與校園教育目的相關之情況，學生之個資不得任意公
開或洩露，亦不得因疏於管理注意之義務，使坊間補教業、才藝安親班
業者輕易取得，進而對學生及家長進行推銷並造成困擾。

　　學校教師縱使基於教育目的而有查詢使用學生資料、紀錄之必要，
學校亦應建立明確之校園個資與紀錄之使用與管理規則，教師應遵守使
用學生資料之使用程序。在校園中，由學校及教師對於學生個資與紀錄
之使用與管理，建立起遵守法治的校園文化。

處理建議

　　目前各級學校仍因處室業務之殊異，而各自建立一套學生個資或紀
錄之資料庫。有鑑於現今對個人資料保護之法治已趨完善，校園為學生
人格養成及法治觀念建立之重鎮，自應善加管理並審慎使用學生個資與
紀錄，與現今法治接軌。

　　首先，是否應考慮將各處室之學生個資及紀錄整合，可避免重覆填
寫，亦可建立校園單一窗口，統籌管理學生資料與紀錄，以明確管理者
之權利義務。校園各人員縱須有查閱、使用學生資料與紀錄之必要，都
應經由一定之法定程序，經由該權限管理者之審查認可後，使得為之。
單一窗口之設置，明確管理者之權責，並建立校園學生個資管理之法治
程序，未來不論學校、教師，甚或是學生家長，都需依此程序於必要
時，調閱與學生有關之個資及紀錄，避免發生不必要之爭議。

　　再則，學校及教師應即建立起「重視並保護學生資料與紀錄」之理
念。學校及教師於建置學生資料與紀錄之時，基於個人資料保護之法治
觀念，如使用校園公用電腦運作完成後，應即刪除或移除之，避免使用

該部電腦之其他第三人可任意觀看或取得。至於經由電腦列印出之學生資料與紀錄之紙本，更應確實銷毀，以盡學生個資保護之責。

　　教師為教育之傳承與指導者，於任何教育處置之行動前，能站在學生之立場，常以同理心思量之，並切實遵行上述建議處理原則，應可謂已善盡教育者之職。至隱私權之保護，縱受憲法所保障，仍有其限制，教育工作者於執行教育的歷程中，甚有介入協助處理之義務。對於隱私權之保護，學生及其監護人亦應肩負相當之責任。如學校及教師基於教育之目的，並已遵行上述處理原則，將適時公開部分個資（如：公開表揚、作品分享等），但個人仍希望隱私不受干擾，應建立起事前主動私下表達此立場，以利教育工作者執行教育事務之處理。如此，校園及教師、學生及家長，彼此雙方都能善盡對於個資及紀錄之保護責任與共識，方能使親師生間對於教育事務處理之觀點，因不斷的交流與溝通，達成完美之共識，共同為學生之學習，建立良善的學習環境與典範。

延伸思考

　　老師長時間與學生互動交往，諸多學生個人資料縱非老師主動蒐集而來，老師往往於過程中知悉諸多涉及學生個人、家長及家庭環境等資訊，老師須秉持教學倫理，謹慎使用學生資料，避免使學生個資遭到濫用，有時以名次排座位、表揚樂捐踴躍之學生、公布調皮搗蛋的名單、公告無力繳納營養午餐費之學生名單，常常無形中洩漏了學生或家長的個人資料及隱私，應更審慎為之，而涉及教育與輔導需要，例如中輟生、懷孕學生及特殊行為學生等等之輔導紀錄，更與學生及家長隱私息息相關，其資訊之使用方式、範圍，猶須審慎遵守相關之專業輔導倫理及保密義務。

學生和家長是否有權利向學校要求閱覽關於學生自己事項的紀錄？如學生認為關於自己的紀錄有不適當的記載時該怎麼辦？

法律觀點

　　學校為了維護學生的學習權及受教育權，依法可以蒐集、製作或建立學生個人事項的資料，諸如健康檢查及疾病檢查結果（《學校衛生法》第9條）、重大違規事件或特殊行為學生（《各級學校提供家庭教育諮商或輔導辦法》第9條）、學生健康基本資料調查、健康檢察紀錄卡（《學生健康檢查實施辦法》第4條）、學生學籍（《國民教育法》第6條第4項）、學生成績評量（國民教育法第13條第1項）、技藝教育學生推薦表（《加強國民中學技藝教育辦法》第5條第1項）、中輟生檔案（《國民中小學中途輟學學生通報及復學輔導辦法》第6條）、成績評量紀錄（《國民小學及國民中學學生成績評量準則》第7條）、受輔學生輔導（《教育部推動認輔制度實施要點》第7條）及受輔（懷孕）學生輔導（《學生懷孕事件輔導與處理要點》第11條）等，這些內容均事涉學生的個人事項，屬於資訊隱私權保護的範疇，依司法院大法官會議釋字第603號解釋意旨，學生基於其資訊隱私權，可以自主控制前述由學校所取得的個人資料，包括是否揭露其個人資料、揭露的決定權、知悉並控制對個人資料之使用及資料記載錯誤的更正權，因此自然可以向學校請求閱覽，並於資料記載錯誤時，予以更正。而學生家長基於輔導子女的責任（《教育基本法》第8條第3項）及法定代理人的地位（《民法》第1086條第1項），亦應賦予相同之權利，始能協助維護子女之資訊隱私權，殆無疑義。

不論由公、私立學校所取得的學生個人事項紀錄，性質上是屬於政府機關蒐集及利用的政府資訊，因此學生及家長基於人民的地位，可以依照資料性質的不同，分別適用《政府資訊公開法》及《個人資料保護法》，據以請求學校提供閱覽上開資料。前者的目的重在公開或提供政府資訊的程序規定，並非限制可以請求提供閱覽的對象，除非具備該法第18條所定例外限制提供資訊的情事外。例如，該資料除了學生自己事項的紀錄外，尚同時記錄或存在他人的資料時，可能涉及該他人的隱私權。原則上學生及家長都可依《政府資訊公開法》第9條之規定請求學校提供閱覽；而後者的目的重在限制取得個人資料的公務機關或個人的蒐集及利用等行為，對於學生請求閱覽自己事項的紀錄，原則上也沒有禁止的必要，學生及家長亦可依《個人資料保護法》第10條之規定，請求學校提供閱覽。

　　除了上開法律的規定外，現行教育法規也有明確規定學生及家長請求學校提供閱覽的範圍：在國民教育階段，學校對於與教育子女有關的資訊，除法令另有規定外，不得拒絕家長的請求公開（參見《國民教育階段家長參與學校教育事務辦法》第6條第1項）；學生或監護權人可以依法律的規定，向學校申請閱覽學生個人或家庭資料（參見《學校訂定教師輔導與管教學生辦法注意事項》第17條第2項）；家長可以向學校申請閱覽學生個人輔導資料（參見《學校實施教師輔導與管教學生辦法須知》第6條）。因此，對於與教育子女有關的資訊、學生個人、家庭及輔導資料，都可以依照上開教育法規，向學校請求提供閱覽。

　　依《政府資訊公開法》第14條第1項之規定政府資訊內容關於個人、法人或團體之資料有錯誤或不完整者，該個人、法人或團體得申請政府機關依法更正或補充之；另依《個人資料保護法》第11條之規定，公務機關應維護個人資料的正確，並應依職權或當事人請求適時更正或補

充，足見學生及家長認為有關學生自己事項的記載錯誤時，都可以依上開法律規定請求更正。然而上開規定都是針對資料錯誤的情形所設，如果屬於判斷性、評價性的內容，就不在適用的範圍。茲有疑義者，如學生係認為學校資料的內容「不適當」，例如「上課不專心」應記載為「與同學討論問題」、「蹺課、逃學」應記載為「未請假」、「忤逆師長」應記載為「向師長陳述個人意見」等，學生及家長是否能夠請求學校更正？學校又應該如何處置上開請求？由於這些資料性質上雖然記載客觀的學生個人事項，但又兼含記錄者本身主觀所為的判斷或評價在內，而主觀的判斷或評價，並無涉及正確或錯誤可言，僅有內容適當與否，依照前述說明，應該沒有依據學生及家長的請求予以更正的可能。惟附帶一提的是，縱然認為具有判斷或評價性的資料沒有更正的可能，但並非意味著學生及家長就沒有請求學校提供閱覽該等資料的權利，兩者不可混為一談。

教育觀點

　　在學校裡有各種有關學生的紀錄，大致可分為兩大類：第一大類是屬於學生的基本資料及各式學習紀錄，如：聯絡資料、學習成績、身體檢查、心理、智能測驗等各種的紀錄。第二類則是教師基於輔導管教之職責，另行製作的會談紀錄、往來信函、相關文件、個案資料、會議紀錄等。不過以上的分類，只是為了便於理解與討論而做的區分，並不是絕對的分類方式。

　　第一類的資料，屬於學生個人的學習成長紀錄，多半是依照教育行政的相關規範與要求，例行性的紀錄。既然是學生個人的成長紀錄，學生與家長自然有合理的權利要求閱覽，同時若發現有誤之處，得進一步

要求學校予以更正。

　　至於後者，第二類的資料，則是由教師另行製作，其中包含教師依據教育專業所做出的判斷、評價與個人會談的隱私紀錄。

　　有關學生個人會談的紀錄，依據輔導專業倫理的規範，在未徵得學生與家長的同意，應有保密的義務，不得對外洩漏。保密原則既是專業輔導倫理的重要規範，所以教師是要站在學生與家長的立場保護學生相關資料，同時為建立信任關係，且基於尊重家長的輔導子女責任，學生與家長自然有權利要求閱覽與學生有關的紀錄。保密原則對象應不排除家長，除非家長與子女的利益發生衝突，學校才得以拒絕。

　　至於其他教師所製作的資料與紀錄，當學生或家長認為相關紀錄可能有不適當時，且進一步要求閱覽，教師仍應秉承輔導專業倫理及專業教育判斷，予以說明，甚至必要之時應提供資料讓學生或家長閱覽。值得注意的是，教師在進行相關記錄時，應儘量運用中性語詞記錄事實，並應減少教師個人情緒性的評價，更詳細的說明可參本書第52題（學校或老師應如何處理家長或學生的資訊？）以避免因情緒性的評價，使得學生或家長在閱覽相關紀錄時，造成學生與家長的反彈甚至爭議。

　　尤其隨著自我資訊權意識的抬頭，針對學生所做的相關紀錄，日後都有可能家長、學生閱覽或被檢視，那麼教師們一開始在做記錄時，就應更慎重其事。有些時候老師們仍沿襲以往舊習，對於學生行為舉止的描述，無法區分事實描述或主觀評價，例如針對學生曠課，若記錄為「某生…日至…日無故未到校」與「某生時常曠課、逃學，行為不佳」，後者自然容易引起紛爭。另外，老師在針對個別學生製作學生輔導紀錄（B卡）時，除表列負面行為之外，若該生有良好行為表現，也應多予記錄，以避免有針對特定學生產生偏見的情形。

處理建議 ✍

　　現今社會是講究權利的時代，無可避免，學生或家長會有需求向學校或教師，要求閱覽有關學生的紀錄，學校與教師，應基於親師合作的教育立場，提供相關資料，以供家長閱覽；並對於未成年學生是否適合閱覽特定資料，事先取得家長的共識為宜。

　　而學生若認為有關自己的紀錄可能有不適當之處，得逕向學校單位申請（未成年學生應請家長代為申請）閱覽並說明相關紀錄的影響，有錯誤需更正之必要時，也應備齊相關依據（例如，提出醫院證明以更正身高記載錯誤），請學校予以說明或進一步修正。

　　至於家長要求閱覽學生相關資料與紀錄，學校應做基本判斷，若學生與家長有明顯利益衝突時，學校則應以學生利益為優先，拒絕家長閱覽學生之相關資料。然若學校因個別因素，無法依照學生或家長的請求更正相關資料，也應做適當記錄，以正視家長的權益。

延伸思考 ✍

　　依《學校訂定教師輔導與管教學生辦法注意事項》第17條第2項」之規定，學生或監護權人得依《政府資訊公開法》、《行政程序法》第46條、《個人資料保護法》及相關規定，向學校申請閱覽學生個人或家庭資料，但以主張或維護其權利或法律上利益確有必要者為限。該注意事項也是以在法律規定的範圍內，學生或監護權人可以向學校申請閱覽學生個人或家庭資料。惟值得商榷者，該注意事項還要求必須具備「主張或維護其權利或法律上利益確有必要者」之條件，才能申請閱覽學生個人或家庭資料，已增加《政府資訊公開法》及《個人資料保護法》等法

律所沒有的限制，而該注意事項在性質上是屬於低位階的行政規則，不應逾越高位階的法律規範，適用上仍應依所適用的法律定之，應較為妥適。又該注意事項也規定有監護權人的情形下，才能據以向學校申請閱覽學生個人或家庭資料，同時不當地增加了法律所沒有之限制，其依據為何，實在值得探究。

　　另外，《學校實施教師輔導與管教學生辦法須知》第6條雖然規定：「家長向學校申請閱覽學生個人輔導資料，除學校依法令負有保密義務，或知悉該家長有遭停止親權、監護權或不適格之情形外，不得拒絕。」並未規定學生本人可得申請，是否意謂學生本人不能申請閱覽？此時，應該思考的是，上開規定既然是為了防止學生隱私遭受侵害所設，則學生本人申請閱覽個人輔導資料，當無侵害隱私之虞，學校自然沒有拒絕學生申請之理，惟資料內容如果還涉及老師個人的判斷或評價在內，性質上不宜揭露時，學校可以適當地限制已如前述。再者，家長雖有停止親權、監護權或不適格之情形，惟此亦非必然與學校所負保密的義務相牴觸、衝突，更何況其他法律諸如《政府資訊公開法》、《個人資料保護法》或《行政程序法》都沒有設有相同的規定，上開辦法須知的規定顯已增加法律所沒有的限制，其限制所為依據何來，亦值得我們探求。

學校對於學生個人資料或紀錄有對外保密的
義務嗎？

法律觀點

一、依《教師法》第17條第8款規定及《學校訂定教師輔導與管教學生辦
法注意事項》第17點規定，教師對於因輔導與管教學生所取得之學
生個人或家庭資料，非依法律規定，不得對外公開或洩漏；換言
之，原則上老師對於學生個人及其家庭資料負有一般性的保密義
務，不得對外公開或洩漏。鑑於多數學生仍屬未成年人，但就維護
其隱私權或資訊自決權而言，與成年人並無二致，甚至因其心智尚
未成熟，隱私一旦遭受侵害，更易於造成難以回復之傷害而不利其
健康成長。是以原則上課予教師對於學生之個人資料負有保密義務
而不得無故予以公開或洩漏第三人。

二、除此之外，關於若干特定之學生資料，其保密義務及使用，亦訂有
行政法規予以規範，例如學籍資料（《國民教育法》第6條、《臺北
市國民中小學學生學籍管理辦法》第13條）校方限於教學及輔導目
的始能使用學籍資料以及原則上對外負有保密義務，不得任意提供
第三人閱覽、抄寫、複印、複製或攝影；健康資料（《學校衛生管
理法》第9條）校方限於教學、輔導及醫療之目的及學生家長同意始
能使用學生健康資料以及原則上對外負有保密義務；學生成績紀錄
（《國民小學及國民中學學生成績評量準則》第10條）校方不但負
有保密義務，且除家長或學生同意，不得為非教育目的使用；各種
輔導紀錄（《學校訂定教師輔導與管教學生辦法注意事項》第17

條、《教師輔導與管教學生辦法》第10條、《各級學校提供家庭教育諮商或輔導辦法》第8條）亦必須遵守相關保密義務及倫理。

三、學校對於學生之個人或家庭資料雖負有保密義務，但基於法律規定，亦有例外，較常見之例外包括：（一）對學生或家長得請求閱覽自己之紀錄，此即資訊自決權（釋字第603號解釋）及個人參與原則之落實（見《個人資料保護法》第3條）。（二）通報義務：學校發現學生遇有遭受身心虐待（校園霸凌）、家庭暴力、性侵害、性騷擾之情況時，依法均有向主管機關通報之義務（《兒童及少年福利與權益保障法》第53條、《家庭暴力防治法》第41條、《性侵害犯罪防治法》第8條），然於通報過程中，仍須注意維護學生個人之祕密及隱私，以密件方式處理等。（《學校訂定教師輔導與管教學生辦法注意事項》第36條）（三）其他依法律規定時，換言之，除非有「法律」明文規定為保密義務之例外，否則即使是如警察局、調查局、議員等單位要求學校提供學生個人資料，校方未必有必須提供相關個資之義務。

教育觀點

　　個人資料或紀錄係屬學生所獨有，因此，校園除基於必要之教育目的，蒐集並使用學生之個資與紀錄外，亦應善盡對資料與紀錄之保密、管理責任。校園對學生個資、紀錄之使用與管理，尤須謹慎至此，遑論對外更應予以保密。此為學校及教師應具備之專業倫理素養，亦是法定職責。是以，為維護學生個人及其家庭人身安全與家居生活不受干擾，學生及家長自有權利要求校方應對學生個資或紀錄對外應善盡保密之責，學校亦應尊重當事人之意願，並依誠實信用之方式為之。

　　媒體報導中，時常可見個資外洩之新聞，有個資所有人自己外洩者，如：「免費送遊戲幣？個資外洩當冤大頭[7]」；有商業經營者因電腦控管異常致資料外洩者，如：「誠品網購個資外洩，詐騙不絕[8]」；亦有運用個資以獲取利益者，如：「補教業者違法購買學生個人資料以利招生[9]」等。校園對學生資料之蒐集較完整，該類資料亦為當事人願意配合學校「必要之教育目的」而同意被蒐集與使用。為免誤觸法律及造成個資當事人及其家庭不必要之困擾，校園及教師除應善盡管理與保密之義務，其保密之注意程度，亦應相對較高，更不應任意對外（如：補習班、治安機關及媒體）公開之。

　　學校對於所屬學生個資與各項在學紀錄之處理，應兼顧「尊重」與「不公開」之原則。不論其資料為個人及家庭基本資料、學習表現、生活適應、測驗紀錄，甚或是個人作品之創作，都不得任意對外公開之。

　　為建立學生「見賢思齊」之學習典範，在教育場域中，難免對各項表現優異之學生及其作品（或成績），校方會採取公開表揚、或於校外圍牆張貼紅布條及跑馬燈方式為之，除讓學生努力及用心之表現得受褒揚，亦為使社區及家長明白該校對學生教育所付出之用心，進而增加學校之招生率。然此表揚方式，實需審慎為之，否則恐於無意之間，不慎觸犯洩露學生個資之法制。

　　如前所述，學校對於學生之個資與紀錄，應遵守「尊重」與「不公開」之原則，學校基於教育目的，為激發學生同儕相互學習之典範，於

7　「免費送遊戲幣？個資外洩當冤大頭」，卡優新聞網，2010-06-28，網址：http://www.cardu.com.tw/news/detail.htm?nt_pk=28&ns_pk=10045，最後瀏覽日期：99年09月05日。

8　「誠品網購個資外洩 詐騙不絕」，中國時報新聞網，2009-12-09，網址：http://www.itis.tw/node/3462，最後瀏覽日期：99年09月05日。

9　「買個資觸法 三補教名師免收千萬學費贖罪」，自由電子報，2009-04-26，網址：http://www.libertytimes.com.tw/2009/...oday-life8.htm，最後瀏覽日期：99年09月05日。

採取校內公開表揚之方式前，可先向學生當事人說明。校方採取公開學生部分個資與創作作品，係基於教育之目的，如學生本人及家長，在學校之表揚活動中，不願公開任何個資與創作作品，亦可拒絕接受表揚。換言之，有關個人資料資訊自主權的權利，如學生及家長不願參與校園表揚活動，亦應善盡「主動告之」之責。

　　至於學生在校行為紀錄之內容，係教師「近距離」與學生相處之觀察，並針對學生言行所為之事實記載與處理經過。該類紀錄之內容，應秉持教育倫理與教育專業精神，對學生行為表現之記載，應以客觀可證之事實如實呈現，所用之言詞，亦應採中性客觀為宜，屬個人評價部分，則不宜載入。但如為該師依其教育專業所提出之修正改善之建議，則為適當，應尊重其專業自主之權。教師於學生行為事件處理歷程中，如能與家長持續保持溝通聯繫，讓家長同步了解其子女在校之行為表現，更有助於學生行為紀錄資料之正確性，並可適時提醒家長應對子女行為管教負起管教之職責，避免日後生發爭議情事。

處理建議

　　現今對於人權議題的關注程度日增，學生個資與各項學習紀錄，在資訊公開之價值法治發展下，受到之重視與關心程度益增，尤其涉及與升學有關之各項資料，關注程度更甚。因此，教師於教學歷程所製作之學生紀錄與各類資料，應秉持教育倫理與教育專業之精神，對於學生行為表現應為客觀可證之事實記載，所運用之文字與評價，亦應採中性客觀之言詞為宜。最好能在處理並完成該次紀錄之際，與家長聯繫，讓家長亦能於忙碌的工作歷程中，同步了解子女在校的行為表現。

　　至於校園事件中，尚有來自公部門之介入，要求學校應公開學生之

個資與紀錄之可能。例如：因處理霸凌或少年幫派犯罪等事件，學校如遇警方到校表示，因學校學生涉及校外違法情事，要求閱覽學生個資及在學紀錄；或來自法院之少年觀護人，為對虞犯及非行少年進行輔導、觀察、監督、矯正、管束與保護之作為，欲取得該少年在學校之個資與各類學習紀錄，進而要求學校提供該學生之資料時，學校應否同意？

　　前已述及，學校之所以會有學生在校之個資與紀錄，係基於必要之教育目的，並獲得學生及家長信任與同意後，蒐集、製作而成，原則上，實不應因任何因素而對外公開之，縱因要求者為公部門之執行者。然前述情境，係公部門為處理該學生行為現況，需參考學生在學之紀錄，以利熟悉學生行為發展之成因。為使該學生在司法體系之介入處理歷程中，能儘速獲得良佳之理解與接納，學校應在有條件之情境，將學生紀錄經轉化後公開。

　　因此，公部門欲取得特別學生之個資與紀錄時，應以「正式公文」並附完整理由與資訊，使學校足以判斷提供學生個資與紀錄之必要性與範圍。其次，學校於接獲公部門公文書後，應即與家長聯繫，取得家長同意，並使家長明白校方後續之處理程序。最後，學校應經過專業評估與判斷，將學生個資與紀錄做必要性之摘錄，隱去與公部門所需處理事件無關之內容，以及涉及其他第三人等資訊。

　　公部門應扮演依法行政之典範角色，於請求學校提供學生個資與紀錄之要求時，「應」秉持法治精神，尊重教育之專業，並踐行學校設置個資與紀錄取得之正當程序，亦應將充足之資訊轉知學校，使學校理解所需配合提供之學生資料與紀錄，並應給予學校合理適當之處理期程，切莫採取高權官僚態勢，強勢要求學校絕對配合，破壞依法行政之理念。

　　對於特殊行為學生之輔導與處置，司法與教育應相互合作，並能適

時提供適當之支援與幫助，共同協助行為偏差學生，能即時返回正途。

延伸思考

　　校園中常見校方為了鼓勵特定學生並激勵其他學生見賢思齊，將學生之優良事蹟予以公開表揚，例如以跑馬燈、紅布條、網站公告等方式公開學生校外比賽獲獎、學業成績優良、考上學測金榜題名等訊息，其立意固然優良，然而成績仍屬於學生之資訊隱私領域，依大法官會議釋字第603號解釋意旨，學生享有是否及如何揭露之決定權，同時享有知悉及控制學校使用其個人資料之權利，甚至不得預先拋棄或以特約限制學生之上開權利（《個人資料保護法》第3條），是以縱使校方立意良善或出於教育目的，然倘若學生或家長要求不公布該資訊，校方應優先尊重學生擁有資訊自決及維護隱私之權利，即不得公布該資訊，以免徒生爭議。

學校老師是否必須接受家長之要求，協助餵食學生藥物？

法律觀點

　　在法律上，首先找到的根據是《兒童及少年福利與權益保障法》，該法第4條規定「政府及公私立機構、團體應協助兒童及少年之父母或監護人，維護兒童及少年健康，促進其身心健全發展，對於需要保護、救助、輔導、治療、早期療育、身心障礙重建及其他特殊協助之兒童及少年，應提供所需服務及措施。」因此，學校老師應於維護兒童及少年健康有所需要時，提供所需服務及措施，當然包括協助餵食學生藥物。

　　其次，根據《教師法》第17條規定「教師除應遵守法令履行聘約外，並負有下列義務：一、遵守聘約規定，維護校譽。二、積極維護學生受教之權益。三、依有關法令及學校安排之課程，實施教學活動。四、輔導或管教學生，導引其適性發展，並培養其健全人格。五、從事與教學有關之研究、進修。六、嚴守職分，本於良知，發揚師道及專業精神。七、依有關法令參與學校學術、行政工作及社會教育活動。八、非依法律規定不得洩漏學生個人或其家庭資料。九、擔任導師。」本條文雖看不到老師有協助餵食學生藥物之直接規定，但是，仍不排除在教師的聘約中可能有所約定，或是學校在擔任導師辦法中另有規定。因此，必須根據個別教師聘約或學校之擔任導師辦法，判斷老師有無協助餵食學生藥物之義務。

教育觀點

　　從國家法制來看，國家對於未成年人，設有層層保護與負責教育的主體，家長是第一順位的義務主體，換一個場所，當學生送進學校後，學生的照顧義務就轉移給學校，學校教師成為此一時段的主要保護者。因此，國家制定了法律，讓學生或學生家長有權利請求學校教師給予協助。只是，應該認清教育的目的在「培養學生帶得走的能力」，我們應該以教導學生獨立依指示服藥為優先，當學生依舊不能自行服用藥物時，教師才有義務協助餵食學生藥物；反之，如果學生已經能自行服用藥物時，教師即無義務協助餵食學生藥物，學生或學生家長也無權請求了！

處理建議

一、給家長的建議

（一）不要隱匿病情：例如明明是腸病毒，卻只告訴老師學生只是感染感冒，以免造成防範措施不足，讓其他同學與老師也感染相同的疾病。

（二）提供便利貼等方便老師記憶的提示標示，用筆寫下來，明確告知老師學生餵食藥物的時間、數量與餵食後反應，連醫生的囑咐也應該讓老師知道。

（三）把協助餵食學生藥物的工作簡化，讓老師可以快速的完成應協助的工作。例如，只把需要老師協助餵食的藥物量帶到學校來，分次包裝，讓老師能夠一次一包餵食，簡單明瞭。

二、給老師的建議

（一）從教育的角度看協助餵食學生藥物這樣的要求，凡是學生有能力自己完成的工作，原則上要讓學生自己完成，「不要強求學生；也不要溺愛學生」，應該避免讓學生養成依賴的個性，而失去教育的意義。

（二）適度的向家長會求援，老師每日的任務很多，有些任務並不是非得親自躬行不可，如果可以的話，其實也可以適度的向家長會求援。

（三）適度的向學校求援，教育任務的承擔者有時是學校本身，學校有義務解決問題。因此，教師應就本身不足之處，向學校請求支援，尤其是較為艱難的餵食藥物工作，可以適時的請求學校護理人員協助完成。

（四）設計班級的作息程序或連絡機制，學生服藥通常有固定的時間，家長若只在班級學生連絡簿上告知老師，則會因教師每日安排批閱學生連絡簿時間不同，而可能錯過。因此，老師在處理這類有時間要素的問題時，應該設計容易相互配合的作息程序，或提供例外的連絡機制，讓家長方便傳遞訊息。

延伸思考 ✍

　　是否只要家長提出協助餵食學生藥物的請求，老師就必須全部接受？還是要分階段？或是分類型？原則上，餵孩子吃藥是父母親的事，但是服藥時間如果是學生在校時間，家長沒辦法盡到責任，則學校因為《兒童及少年福利與權益保障法》之規定，仍有協助餵食學生藥物的義

務。只是，此時應該分階段，例如小學一年級及幼稚園學生與二年級以上仍無法自行服用藥物之學生類型為限。

至於個別教師之聘約或學校之擔任導師辦法，若願意訂出更高之協助標準，亦可做為老師協助餵食學生藥物之請求依據。

進一步言之，若家長提出協助提醒學生按時服用藥物，老師也必須接受嗎？從學生都是思慮不周的未成年人，身為輔佐的老師實無拒絕的理由！

另外，是否需要填寫切結書？老師按時、按處方服藥的指示餵藥，當餵藥行為出問題時，老師是否要負法律責任，負何等的注意義務之法律責任則有必要事先釐清。

UNIT 52

學生在操場遊戲發生事故，有老師正巧在場但並非該生班導，該老師有無責任？

法律觀點

所謂「責任」是指什麼？如果是國民中小學，依《國民教育法施行細則》第13條第2項規定「校長及全體教師均負學生之訓導及輔導責任。」這裡似乎很少人談到「安全照顧」是否屬「訓導與輔導」的範疇，不過以整個社會對老師的期許及學生在學校應享有安全學習環境的期待，答案應該是肯定的。

但是，這裡的責任，也應該區分事故的嚴重程度，如果是很嚴重又四周無人可以協助，可能要趕快送醫，如果不嚴重也不急迫，也許找到導師或行政同仁交棒即可。又如果情況嚴重卻置之不理，致危害加重，有可能構成「對偶發事件的處理有明顯失職，致損害加重」此時依《公立高級中等以下學校教師成績考核辦法》第6條第1項第4款，老師有被記過的可能。

老師們最關心的法律責任，其實是有不同的屬性。一般法律責任有區分所謂民事責任、刑事責任與行政責任。

行政責任部分，如果老師沒有處理好可能會有行政責任。

民事責任部分，家長可能不關心老師是否被記過，可能覺得要請求損害賠償。所有的損害賠償都是民事責任。損害賠償的責任，有的時候是學校，有的時候是老師。但家長只能請求一次，且不能分別針對學校及老師個人。所以家長可能會對學校及老師請求連帶損害賠償的責任；也有可能家長對學校提起國家賠償的請求，如果家長主張老師在學校未

盡職責，應該由政府來負責的話，家長提的是國家賠償，家長如果提國家賠償請求的話，對老師的部分就不能請求。但是訴訟結果，學校對於家長要負責的時候，如果查出老師有故意或重大過失的話，學校是可以向老師求償的。但老師不用太多慮，老師很少因故意或重大過失影響到學生身體健康或其他權益。另外一方面，實務上學校也很少去跟家長追究，所以只要老師把該做的工作做好，通常不太會有民事的責任，如果家長執意要告則另當別論。

　　就刑事責任來說，在《刑法》上有所謂傷害罪。所以如果因老師的疏失或疑似有疏失造成學生傷害，學生當然會請求傷害罪的告訴。犯罪行為指涉的對象是人，所以傷害罪不會告學校，告的通常是老師個人。老師因為故意過失傷害到學生，那老師有什麼樣的故意過失？那通常老師不太可能故意傷害學生，那老師也不一定會過失地傷害到學生。但老師的過失有時候是確實有一過失行為，或者老師因為該注意而未注意的過失行為，也就是說老師有時是有積極作為的過失，有時候是應作為而不作為的過失，這些都構成過失的責任。然而在這麼多責任下，老師會產生：「我有什麼樣的責任？」的疑問。這個部分是指老師不可以有積極的行為造成學生的傷害，像老師不當體罰就是典型的老師的積極行為；但有另一種狀況是老師不會傷害學生，而是應作為而不作為，就是沒有善盡義務的行為導致學生受到傷害，這部分包括設施安全的維護，還有教學當中安全提醒注意的履行，比如科學實驗或體育課有無做必要講解與說明？有無適時提醒？有無適時做巡察等等，這些需要有些更詳細的分析，才有辦法分辨是否有應作為而未作為之處，是否盡責任也不見得以是否有在場來判定；如果在場而作勢不顧也是不行，如果因為其他義務而不在場也不代表就是疏失，因為人不可能分身兩處。老師到底有沒有盡到義務，在場可能是一個判斷指標，而在場做些什麼事也要列

入考量。

　　另一方面不管老師是否在場，在事前或當下有無做安全的提示，或危險障礙物的排除等等，都會涉及民事責任、刑事責任、行政責任等等的承擔。

教育觀點 ✍

　　題目問的是有老師「正巧」在場但並非該生班導，意即該師並非該課程負責的老師，也非班導。在此前提之下，所謂的「負責」是指要做適當的處理，包括即時通報及現場管理，而不能視而不見。即使是不認識的人，見有危難都該路見不平；那麼在校園中學生發生事故，只要是在場的老師，無論是否為導師或該課程教師，都應該立即做出適當的處理才是。

　　在校園中發生意外事件，多數學生的反應多是驚恐、不知所措，若無教師在現場做相關的緊急處理，容易衍生其他更多問題，甚至使意外傷害程度擴大。因此教師在校園事故發生時，其主要責任為通報，其次則為協助現場管理，教師在意外現場所扮演指揮、協調、管理、安撫學生等角色尤為重要。

　　近年許多老師時常感嘆學生的公共道德低落，然而與學生朝夕相處的教師們，若能以身作則，把握機會教育，在學生發生事故時，當下進行必要的緊急處理，讓學生感受到教師冷靜處理、熱心助人的風範，對於學生亦將是最佳的身教示範。

處理建議

　　學校是團體生活的場所，難免會有意外事件發生。然而學校做為教育單位，應以「防患於未然」做為校園安全教育推廣的基本目標，平時做好各項預防的工作，包括建立完整危機處理計畫、注意及維護校園各項設施的安全、學生安全教育的宣導與落實、充實教師的危機處理知能等等事項，才能將意外事件的發生降到最低。

　　學校也可以在聘約上要求每位老師熟悉或了解相關處理程序，而且確實建置一個完整的危機處理程序，在意外發生時可以發揮其作用。

延伸思考

　　學生在學校裡很容易發生意外，建議在新生入學，特別是小學，要建立一套完整安全教育計畫並且落實執行，不斷提醒學生注意安全，讓傷害減少。同時學校在建立危機處理計畫中應該力求細緻，需在入學時了解每位學生之特殊需求，如特殊病史、醫療方式等，並將其列入危機處理計畫中，萬一發生事故，方能有最妥善的處理。

　　另外，學生於遊戲時發生事故，也可能因為學生互動之間缺乏「責任」、「正義」、「權威」、「隱私」（請參民間公民與法治教育基金會出版《民主基礎系列叢書》）等概念所造成；例如，不知道玩遊戲時自己有哪些責任，容易只顧玩樂的刺激，忽略要照顧自己及注意安全的責任；或是缺乏分配正義的概念，對於校園中共有的遊戲設備，不了解需要與同學們共同分享而造成紛爭；也或者是缺少對權威的認識，對於遊戲當中的領導者，無法學習合作，甚至領導者濫用權威，以致產生糾紛與衝突；抑或學生缺乏尊重個別隱私權的概念，容易在互動時，侵犯

對方的隱私而毫不自知，因此引發衝突而導致事故的發生。

　　與其，教師在意外發生之後，追究事故責任的歸屬，不如，平時多教導學生互動之間應該有的基本人權、法治認知與相互尊重，才能讓校園中的意外事故發生的情形降至最低。

UNIT

53 學生參加班級或學校所舉辦之活動發生事故，如燒燙傷，學校及老師的責任為何？

法律觀點

　　意外事故倘若發生在學校辦理的活動，學校是「活動主角」，學生是參加學校活動而受傷，如果有任何責任，最終應該由學校負責，且老師是學校的人員，因此應該由學校一致對外處理，然後內部再分攤責任。但學校對外賠償要用公務預算，所以很少有學校會想到要站到第一線，不過內部責任還是有比例承擔的問題。至於常身處第一線的老師有無疏失，應考慮的不只有是否在場或恰好不在場，尚包含事前有無對學生做安全講習，叮嚀學生注意安全等。但要注意「舉證責任」，因為如果事後有爭訟，任一方的說詞，如何由「證人」的證詞或其他證據來佐證，可能是影響訴訟結果的重要因素。此外，主張有在四處巡視，這是盡到注意義務（提醒學生安全）的一種做法，不過除此而外，包括是否在場、事前有無做安全講習等等，都可能被列入有無疏失的考量。

　　如果意外發生後，學生家長對學校提出告訴，可能提「刑事告訴」，主張相關人（甚至其他人，包括老師等）有「過失傷害罪」。事情如果不是很嚴重，檢察官偵辦時，一般都會先建議雙方可否和解，甚至主動幫忙協調，另外也可能移請「調解委員會」調解。所以即使進行「刑事程序」，仍然會有和解機會；只要談成和解，家長同意「撤回告訴」，刑事部分就會結案，檢察官會做成「不起訴」處分。

　　另一方面，如果和談不成，除追究刑事外，有些家長也可能用「民事訴訟」來請求損害賠償，法官應該也同樣會先勸和解，若和解不成，

「金額」就可能由法官來判了。

教育觀點

　　學校對於學生所發生的各項意外的責任，主要有兩個面向：（一）為事前的預防工作；（二）是意外現場及事後的處理是否妥適。

　　由於學校所舉辦的活動通常屬於教育的型態，在進行活動之前要有教育歷程及教學行為，包括防止意外的發生的安全教育宣導。若有事故發生，學校是否有落實事前的預防工作，就會是追究責任的首要考量之處。

　　如果所有的預防工作都有落實執行，仍然不幸發生意外事故，那麼現場的立即處理是否妥適，還有事後與家長的聯繫，是否發揮同理心，同理家長的憂慮等等，除考驗著老師的應變能力與處理態度之外，也會成為追究責任的另外一個面向。

　　現今的社會是講究權利意識的社會型態，加上少子化的趨勢，使得每位學生都是家長的寶貝，學生參與學校活動發生事故，家長透過法律主張自己的權益，在所難免。不過重點不在於家長有沒有透過法律追訴學校與老師的責任，而是學校與老師有無盡力做到該做的事，如果答案是肯定的，那麼也無須擔心司法程序的介入與調查。

　　同時也建議學校應舉辦相關校園法律知能研習，讓學校行政人員及一般教師更加了解自身相關權益，也能減少因為對於法律的不熟悉而產生的莫名焦慮。

處理建議 ✍

　　學校舉辦各項活動，仍應秉持事先周全預防，事後妥善處理的精神。事先有周詳、安全的細節規劃與計畫；事後處理與家長的溝通則務求妥適。以上兩者都會影響學校及老師在每個意外事故中，所分擔的「法律責任」之比例。

延伸思考 ✍

　　有時候發生的意外事故未必是在學校或上學期間的活動，而可能是在校外活動所發生的意外，那麼老師是否也要負起相關責任？關鍵則在於：（一）是否與學校的教學活動有關？（二）是否為整個班級必須共同參與的正式活動？如果以上兩者都不是的話，就屬於師生間的私人校外活動。

　　老師利用課餘時間，帶領學生進行各項活動，表示師生關係良好，是件好事。不過因為老師是成年人，學生是未成年人，即便是課餘時間進行的私人活動，也應盡量用書面的方式正式讓家長了解，同時老師亦應秉持事先周全預防、事後妥善處理的精神，盡可能地提醒學生注意相關安全問題，這些雖不是法律義務，但是道德責任。

學生的父母離異，沒有監護權的一方是否可到校要求帶走學生？學校應如何處理？

法律觀點 ✍

　　一般人對於「監護權」的認識，在法律上其實包含了兩個概念：「親權」與「監護權」；前者是指「父母對於未成年子女權利義務之行使負擔（以下即稱親權）」，後者則是指「父母均不能行使親權或父母死亡時之監護」而言。因此，親權人（或監護人）究應如何決定，即須就上開二種情形分別說明之：

一、父母對於未成年子女之「親權」，原則上應共同行使

（一）按照《民法》第1089條規定，關於未成年子女之「親權」行使，原則上係以父母共同行使為原則，如父母一方不能行使時，則由他方行使。另父母對於未成年子女重大事項權利之行使意思不一致時，亦得請求法院依子女之最佳利益酌定之。

（二）其次，實務上常見的「父母不繼續共同生活達六個月以上」或「夫妻離婚」，其親權則依協議由一方或雙方共同任之。未為協議或協議不成者，法院得依夫妻之一方、主管機關、社會福利機構或其他利害關係人之請求或依職權酌定之。此外，行使親權之一方未盡保護教養之義務或對未成年子女有不利之情事者，他方、未成年子女、主管機關、社會福利機構或其他利害關係人得為子女之利益，請求法院改定之（《民法》第1089-1條、第1055條）。

二、父母均不能行使親權或父母死亡時之「監護人」

依照《民法》第1094條的規定，父母均不能行使親權或父母死亡而無遺囑指定監護人，或遺囑指定之監護人拒絕就職時，應依下列順序定其監護人：（一）與未成年人同居之祖父母。（二）與未成年人同居之兄姊。（三）不與未成年人同居之祖父母。但若無法依順序定監護人時，法院得依未成年子女、四親等內之親屬、檢察官、主管機關或其他利害關係人之聲請，為未成年子女之最佳利益，就其三親等旁系血親尊親屬、主管機關、社會福利機構或其他適當之人選定為監護人，並得指定監護之方法。至於法院選定確定前，則暫由當地社會福利主管機關為其監護人。

然而，前開說明雖有助於初步了解，一旦發生未成年子女「父母離異」、「分居超過六個月」、「父母均不能行使親權」或「父母死亡」等情形時，在法律上究應如何認定其行使親權人或監護權人。但一般人要依照《民法》規定判斷行使親權或監護權之人，實非易事（當然，一般人實際上也沒有認定的權限）。因此，筆者並不建議校方或老師自行認定行使親權或監護權之人。此外，除了離婚後行使親權人未明的狀態，更多時候是家暴案例，且通常是在親權協議未完成前的空白時期，學校常成為爭奪親權或監護的場所。又如果發生案例中的類似情形時，非行使親權或監護權之一方到校訪視未成年之學生，依法雖不得任意自學校中將學生帶走，但實務上常遭遇的困難是，即使是學生的班級導師，也未必清楚該學生家長是否離異，及其親權或監護權之行使狀態又是如何約定，有時學生家長或家屬甚至可能為了避免學生遭受同學異樣眼光，而不願意讓校方知悉。在這樣的前提下，如果訪視者能證明其與

該名學生間具有親屬或同居關係，確定並非陌生人或該學生不甚熟識之親戚、友人，則校方便不宜也沒有理由介入或支持訪視者與該學生間的親子活動內容。此外，如果訪視者僅是到校探視該學生，則在該學生同意其探視且沒有顯著危險存在的情形時，校方亦沒有權限加以限制。

應再特別說明的是，若校方已受行使親權或監護權的人告知，希望校方或班級導師配合「保護」未成年學生，要求校方阻撓或禁止非行使親權或監護權之一方進行探視或以任何方式與該名學生接觸時，儘管法律上行使親權或監護權之人並沒有權利要求校方配合或為任何協力行為，但筆者建議校方或老師仍不宜任由非行使親權或監護權之一方，恣意地為不當接觸或擅自從學校中帶走學生，以確保未成年學生的利益與安全，並避免日後衍生各種難以想像的糾紛。

至於法律上非行使親權的一方，擅自將未滿二十歲的子女帶走時，如違反子女之意思，則可能構成《刑法》第241條第1項之略誘罪（編按：《刑法》第241條第1項規定：「略誘未滿二十歲之男女脫離家庭或其他有監督權之人，處一年以上七年以下有期徒刑。」）故如發生上開情形，校方可告知欲擅自將子女帶離的家長，其將可成觸犯略誘罪，希望他（她）能三思後行。

教育觀點 ✍

「老師，我是王小明的爸爸，現在有急事要帶他回家。」

「老師，你不知道我跟小明的爸爸離婚了嗎？你怎麼可以任由他帶走我的孩子？」

這樣的對話，似乎是在電視連續劇中屢見不鮮的對白，但因現今社會婚姻關係逐漸複雜的狀況下，在真實教育現場可以說是並不陌生，簡

單的一句話，背後所蘊含的人際互動以及延伸的問題，可以說是相當的
複雜。

　　平心而論，當老師一聽到是孩子的父親時，通常會直覺反應地認為
「既是孩子的父親，應該有權利將孩子帶走」，因此同意學生與父親一
同離去，但這一時不夠謹慎的思考，卻可能造成更大的風波。

　　的確，教師並沒有義務要對家長的婚姻關係做維護，更無義務做夫
妻關係的橋樑，但鑑於學童安全乃是教師職責之一，面對這樣簡單的
「小事」，仍應該謹慎處哩，以免衍生出更難以解決的狀況。那麼，到
底一個老師該怎麼處理：「父母離異，非行使親權一方的父親要將孩子
帶走的狀況呢？」從教育觀點出發，教師所扮演的應不只是教導學生的
角色，學生在校園的安全問題，也是教師職責的一個重要部分。因此在
遇到父親要帶走孩子的狀況時，教師應先考慮孩子的家庭狀況，可透過
平日的親師溝通、家庭聯絡簿的撰寫來了解，並觀察孩子對於訪視者的
反應，例如：小明聽到爸爸要接他，反應出十分害怕；且若學生出現恐
懼的情緒行為，教師便應該立即與母親連絡，並商議進一步的處理。

　　另外，有鑑於家庭時常是影響學生人格成長的重要因素，即便是雙
親失和，還是需要以學生最大利益做考量，學校方面應有更積極的作
為，在教育上為孩子共同努力，例如：在學生入學之初，學校即應建立
緊急聯絡人機制；同時建議由校長可以學校之立場寫信給學生家長，內
容可以提到如果學生有個別不同的家庭狀況時，請學生家長出示相關文
件，不論是法院文件或協議書可先提供給老師，讓老師了解狀況，並提
醒家長如果有如題目所述的情形發生，應盡量避免影響學生的就學權
益，不讓孩子不知所措（事前加強對該類案例的要求）；同時，學生家
庭發生變故，學校應啟動輔導機制的介入，若有需要應進一步通報高風
險家庭。

處理建議 ✍

　　為了減少本案類似爭議，筆者建議校方或班級導師，在知悉學生有「父母離異」、「分居超過六個月」、「父母均不能行使親權」或「父母死亡」等法定情形時，雖然法律上並沒有積極規定或要求老師負有查詢或協力義務，但班級導師仍應主動與學生之同居家屬或其他親人取得聯繫，設法了解該學生的親權或監護權行使狀態，並建立緊急聯繫方式，較為保險的做法是以戶籍謄本、和解筆錄上之記載或確定之判決書為據，並應定期更新。當然，有關學生親權或監護權行使狀態之資訊或文件，涉及學生個人隱私，班級導師應妥善處理並予以保密，且除學校輔導室外，若沒有相當充足的理由及必要性，亦沒有必要提供予其他校內人員或任何第三者知悉。

　　此外，儘管校方或班級導師沒有配合「保護」學生的協力義務，但校方仍不宜任由非行使親權或監護權之一方，恣意地為不當接觸或擅自從學校中帶走學生。至為避免探視時發生不當接觸的情形，筆者建議校方應考量的因素至少應包括下列幾點：

一、如已透過家人建立緊急聯絡人名冊，應立即通知並徵詢其意見。

二、應尊重受探視學生之意願。班級導師應詢問該學生是否願意接受探視，如該學生表示拒絕，校方即不應安排學生接受訪視。

三、須無顯著的安全顧慮。班級導師應觀察該學生對於訪視者是否會感到恐懼或害怕，以及訪視者神色有無異常或攜帶危險物品到校等，若有上開情形之一時，校方即不應同意探視。

四、探視之地點應僅以校內為限，不宜任由非行使親權或監護權之一方擅自從學校帶走學生。

五、班級導師應在場陪同，以確保學生人身安全。

應予附帶說明的是，在尚未主動查明學生監護權或親權行使之狀態前，一旦發生案例中的情形而無從判斷而又爭執激烈時，建議老師可以先通報警方及教育處協助處理；且如該家長臨時提出戶籍謄本或相關判決文件為憑時，亦不宜由班級導師個人逕自認定，建議校方應再指派主管一人陪同班級導師處理，例如：學務主任或校長。

延伸思考

　　父母親的分居或離異，有時是造成學生行為與學習偏差的主要因素，身為教育工作最前線的校方與老師，實應審慎從個案考量，嘗試從不同角度幫助我們的孩子，並針對此類狀況運用各種相關資源進行輔導工作；不過，筆者強烈建議教師在處理相關問題時，應時時保有充足的法治概念，以立即面對許多隱而不見的法律問題，並進一步的「保護」自己。

　　此外，法律決定行使親權或監護權之人的基本考量為「對未成年子女之最大利益」，若是基於這樣的思考並加以落實，則校方在知悉學生家庭發生「父母離異」、「分居超過六個月」、「父母均不能行使親權」或「父母死亡」等情形時，似乎不宜坐視而疏於關心、了解。因此，教育主管機關是否應制訂一套保護學生且能讓老師有所依循的程序或制度（例如：建立緊急聯絡人名冊並定期更新、制訂校外人士於上課時間或甫下課時到校要求探視學生之通報及處理程序等），並責由校方及各班級導師加以落實，同時，為了保障學生隱私權，於取得學生資訊之際應有所節制，僅了解狀況即可，不一定要了解背後故事完整的曲折原委，且應確保該等資訊的保密性等，都是值得嘗試的方向。

未獲親權的一方家長，想透過導師了解學童的成長狀況，學校應如何處理？

法律觀點 ✍

　　所謂「透過導師了解學童的成長情形」，若在有親權的情況下，基於維護學生的受教與學習的權益，針對學生就學的情形，學校或老師本就有一般性的告知義務；甚至延伸出明確的制度，如成績單、親師座談、電話聯繫等等的行政作業規則。學校或老師若違反，最少會有行政上的違失責任，至於是否構成民事上侵權行為的損害賠償責任，仍應視實際的案例與法律要件之構成與否判斷之。

　　然而，若是學童父母離異，未獲親權的一方家長，與學校聯繫，想了解學童的相關訊息，則應視其要求而有不同的做法，相關法律亦無詳細規定。首先，未獲親權家長，若要求接觸學生或希望得知學生個人聯繫方式等。學校係公務機關蒐集、持有學生或家長的個人資料，仍應維護其個人資訊的隱私，而拒絕之（《個人資料保護法》第16、41條）。但若未獲親權的家長，只是單純想知道學生的成長狀況，並不要求接觸學童，學校與導師雖無法律上的理由得以拒絕之，但並不表示其即有法律上的權利來請求之。基於親情倫常，父母關心學童的成長，似乎是理所當然，惟其在沒有親權之情況下，前揭基於維護學童學習與受教權益所衍生的權利，即不得由未獲親權的家長來主張。再者，針對子女或學童之利益而生之權利，不論是父母親的親權或老師和學校的權利，並非其本身固有之權利，仍需以子女或學童之最佳利益為依歸。（依據《民法》第1055-1條、《教育基本法》第1條）因此，甚或未獲親權的家長若

要主張其權利，仍必須建立在是否在維持學童之利益，並非為其「自己」的利益。

教育觀點

　　目前社會生活型態多元，學童父母的婚姻狀況也相較以往複雜許多，然而父母對於學生的影響卻又十分深遠與重要。學校在處理未獲親權一方的家長，要求探視或了解學生的成長情況，的確不易處理；一邊是血濃於水的親情，另一邊又要向具有親權的家長交待，雙方拉鋸的情形下若處理不當，容易引起爭議。

　　就教育角度而言，不論未獲親權的家長有何種要求，學校應以學童的學校生活與學習為主要考量，依輔導學童的經驗及經營親師（指具有親權的一方家長）關係需求，依照符合教育目的之考量，視其具體要求之內容而做適當的處理。例如，若其請求與學童接觸，為維護學童的權益，當可拒絕之。但若只是單純想知道學生的成長狀況，除非能證明如此的確會影響「輔導學童及經營親師關係」，否則即難以此拒絕之。甚者，從維護學童的成長利益而言，在尊重具有親權一方家長的前提下，重建與另一方家長的關係、形象等等，若有可能和另一方有適時的溝通，亦無不妥。

　　同時學校的輔導機制，亦需平時就了解學童的家庭基本情況，與學童建立良好的信任關係，適時輔導學童健康地面對家庭的問題，如此方能在特殊狀況發生時，給予學生最大的支持與協助。

處理建議 ✍

　　針對未獲親權家長之相關要求，學校的處理應遵循以下原則：

一、處理方式應由學校行政系統與導師共同商討，以分擔導師個人所承受的壓力。

二、尊重具有親權的家長，相關處理方式應與其溝通，並達成共識。

三、維護具有親權家長與學童的資訊隱私。

四、從維護學童的成長權益的角度，與未獲親權家長溝通。

延伸思考 ✍

　　至於有些父母因家暴或其他特殊事宜離異，同時在離婚協議條款載明「不得在孩子就學的地方做出騷擾之行為」，若未獲親權的家長向學校連絡，探詢學童的成長狀況，雖並非必然即構成「騷擾之行為」。參考其他法律的標準，如：《性騷擾防治法》第2條第2款「有損害他人人格尊嚴，或造成使人心生畏怖、感受敵意或冒犯之情境，或不當影響其工作、教育、訓練、服務、計畫、活動或正常生活之進行。」即可能達到所謂「騷擾」。若有家暴之狀況，一般只要有接觸（甚至「電話聯繫」，更不用說「到學校看學童」），都會造成被害人的心生畏怖。因此，就本案例而言，學校可以依具有親權家長的意見，回絕未獲親權家長之要求。

在校園內由學生所擔任的哪些人選適合用
選舉方式產生？模範生或優良學生適合以
選舉拉票的方式產生嗎？

法律觀點 ✍

　　民主是現代國家的存在形式及人民的生活方式之一。我國憲法已明
確宣示國家應採行民主國的體制，因此對於國民民主觀念的蘊育，自然
可以嘗試從校園中做起，以確保能內化為人民願意衷心支持並捍衛的生
活方式，這也是《教育基本法》第2條要求學校應培養學生民主素養的目
的。由此一觀點，固然可以支持學校在校園中辦理模範生選舉的活動，
但仍應注意此一活動的極限。

　　《憲法》第2條宣示了「國民主權」的概念，也間接反映民主制度的
核心要素之一：民主正當性原則。換句話說，人民是國家權力的承擔
者，但是人民可以透過選舉的方式，授權特定人代為行使國家權力，使
得權力的行使方式符合人民意志，人民可以間接管理自己的事務（即自
治），也使此一特定人獲得行使權力的正當性。因此簡單地說，選舉是
權力的授與過程；如果要在校園中舉辦選舉，讓學生了解民主的意義與
價值，辦理方式及遊戲規則也應盡可能秉持此一立場，凸顯選舉制度背
後蘊含的「授權」概念，才能讓學生有效習得主權的來源、管理權力的
授與方式、校園或班級管理權威的產生過程，也才符合民主教育的本
質。由此角度而言，目前校園中選出的模範生或優良學生，既然無法參
與校園事務管理，無關權力授予，似乎無助於學生民主觀念的蘊育。至
於班級中的班長或幹部，在選出後多少會享有一定程度的管理權力，較
符合學生自治的民主教育本質。老師應考量學生的心智發展，逐步改採

選舉的方式選出。

　　此外，民主原則的另一核心要素是「少數保護」原則，也就是多數決的民主操作模式，不能凌駕於對少數人的權利保護。是以在健全的民主國家中，不可能採用公民投票的方式判處特定人死刑或予以驅逐出境。因此在校園中，與上述「授權」的概念無關，並可能涉及侵犯學生權利的事項不適合，甚至不可以用投票的方式決定，例如：選出誰是壞學生、誰是小偷、決定處罰方式等。目前校園中，甚至時而見到學生利用班級選舉機會，陷害不在場或不討喜的同學擔任幹部，更是嚴重扭曲選舉制度的本質。

教育觀點

　　依照教育部的規定，模範生選舉在各級學校已行之多年，但國小學童往往選出的是智育成績名列前茅者，到國中階段因重視同儕關係，則是會搞笑、人緣好的學生當選機率大。其實認真思索模範生的意義，應當是五育並進，足為表率，不只是現在的行為模範，更應是未來的行為典範。單單成績優異或是人緣奇佳，都只是孩子的偏頗認知，均不足以涵括模範生的意義。況且模範生在教育上既有行為典範的意涵，是教學內容的一環，理應由教育的實施者來評選，讓學生自行選舉並不恰當。

　　此外，選舉是現代民主教育重要的課題，我們透過選舉授予權力、建立權威，以運行民主體制。因此若真要透過選舉的方式來選出模範生，則教育工作者應明訂其教育意義，讓學生思考法治社會對於選舉的認知，例如：（一）設立模範生（權威職位）的目的為何？（二）這個職位有哪些責任、職權、權利與限制？（三）設計此職位的優缺點為何？應如何改進？如許多國小已將模範生改為自治市長選舉，並授予部

分校務參與的權利。（四）具備什麼資格的人可以勝任此職位？如此才能讓選舉人（選民）與被選舉人（參選人）清楚自己的權利與責任，以審慎思考、明確決斷，以達成民主法治教育的目的。

處理建議 ✍

現今升學壓力下，許多教育活動因與升學無關而不受重視，漸而流於形式。如各校每年必舉辦的模範生選舉（依照縣市教育局規定，如臺北市每學期均需選拔一次。）因模範生的定義不明，學生們普遍對此選舉的認同不高，導致各校常選出最會搞笑和最會拉票的人，因而並無太大教育意義，甚至是民主教育的反效果。

其實在校內辦選舉，對學生而言是很好的民主法治課程，只是一個有教育意義的活動需要長時間的蘊釀、宣導，才能在學生心中發酵、發芽，例如：在模範生選舉之前，校內老師都應先形成共識，明確定義何謂「模範生」，是五育並進、品學兼優、刻苦勵學、或為孝悌楷模？如此才能形成一致的做法與教育理念，此外應多與家長說明溝通，以減少不必要的爭議。

接下來，學校應利用週會及社會課，先進行民主法治與選舉制度的教育宣導，然後請各班推薦人選，並派學生擔任小記者深入採訪報導；可配合作文課，請國文老師指導新聞寫作、人物描寫，以及組成助選團到各班宣傳；可請音樂、美術或表演藝術老師指導製作助選歌曲、海報或短劇。一連串的主題活動讓學生親自體驗與感動，投票時他們才會用心選出最佳人選，而民主法治的精神也才能深耕在學生的心田裡。

除了模範生選舉之外，學校亦應將與學生有關的事務，多讓學生藉由選舉的方式產生，以學習民主參與，如：班規制定、班級幹部等。在

選舉前應設計課程讓學生充分討論（可參考「民主基礎系列—權威」一書），引導學生關心參與校園事務，甚或激發其榮譽心和使命感，能主動參選服務大家。孩子既是國家未來的主人翁，我們就該在校園內多多培養其民主知能，以免日後成為盲目的選民，讓國家社會永遠被少數政客所宰制。

延伸思考

　　民主制度不但涉及權力授予的過程及正當性的來源，更反映了群體自治規範或措施的成形。換句話說，民主制度讓人民有機會共同決定治理公共事務的方式，也就間接具有強化討論、凝聚共識的功能。在校園或班級選舉中，學校或教師也應該扣緊此一民主的特性，促進學生藉由選舉凝聚對公共事務的意見。由此觀之，模範生或優良學生的遴選涉及價值判斷，固然多少具有宣揚善行、彰顯美德的教育功能，但既然不是直接關係校園或班級內的公共事務，未必有助於型塑民主觀念、使學生理解多數人逐步凝聚公共意見的實際過程。反面而言，模範生或優良學生既然只具有較明顯的教育功能，應較適合由施教者的角度出發，透過客觀評選或評鑑等方式執行，而不是採取主觀的同儕間投票選舉方式。

　　此外，《教育基本法》第2條已提醒學校應培養學生對不同族群或文化的了解。校園內模範生或優良學生的選舉既然涉及一定程度的價值評斷，教師就應注意這種涉及價值觀的選舉結果，可能對特定族群、文化或價值觀產生貶抑效果，進而影響少數學生的感受。也就是說，校園及班級選舉應盡可能回歸民主教育的實施目的，以涉及管理權力授予的事項為主軸；為維護學生價值觀間的多元化，對於涉及道德或價值判斷的模範生或優良學生，此類人選可能就不適合做為校園選舉的對象。

最後在實際執行面的反省上，我國目前校園中存在的各式選舉內容，多已流於形式，應付主管機關查覈的例行性活動，徒有舉手、投票的空洞民主外殼，卻欠缺多數人針對公共事務進行討論、共同決定、授權特定人行使管理權力的民主精髓。因此，教師直接指定特定學生擔任幹部，甚至以擔任幹部者可獲得加分的優惠進行「利誘」，也就屢見不鮮，卻也破壞校園民主教育的實際操作精神。

UNIT

57

學校是否有法律上的義務保護學生免於遭受其他學生的傷害？

法律觀點

　　此一問題，涉及近年頗受關注的校園「霸凌」爭議。在現行法律規定中，關於教師應保護學生免於遭受其他學生霸凌或傷害的規範，最為根本的《教育基本法》第8條中已規定：「學生之……身體自主權……，國家應予保障。」也就是說，代替國家執行教育事務的各級學校，應保護學生的身體自主權免於遭受來自各方面的侵害，包括來自其他學生的故意攻擊或傷害。不過此一規範文字，不代表學校及教師的保護範圍無窮盡，否則實在無法負擔隨之而來的廣泛責任。換句話說，學校及教師固然應依據《教育基本法》第8條規定，在能力及資源範圍內盡最大可能，保護學生不致於遭受霸凌；但教師既然不可能隨時跟在學生身邊提供保護，因此學校及教師應負擔最基本程度的作為義務，應該是「盡可能予以察知」，並在「察知後立即給予適當處理」。循此，以下可以以學校或教師是否察知霸凌情事做為區分標準，進行細部討論。

　　首先，如果教師已經察知學生遭到其他學生的故意傷害，卻仍故作不知，或故意或因疏忽而未執行此一保護義務時，若受害學生因未獲得及時保護而遭受到更進一步傷害時，學校就可能必須負擔損害賠償責任。除非霸凌行為的侵害方式或危急程度過高，教師也暴露在高度危險、救援不及的情況下，否則學校及教師應該盡最大努力，在可能範圍內保護學生免於遭受其他學生的各式傷害，並在察知後立即給予適當處理。

　　反面而言，如果學校及教師並不知悉學生遭受霸凌的情形，並不代表即可完全免責。此時，必須確認學校及教師是否有「應該察知卻不知」的疏失。如果教師依照校園或班級生活模式及一般的教學管理方式，應該可以主動或透過適當方式察知學生遭受霸凌，教師卻未能察知，則仍有可能構成學校及教師未盡作為及照護義務，而屬於怠於執行職務，必須針對學生遭受進一步傷害負擔責任。

教育觀點

　　依據馬斯洛的需求理論，安全需求為人類基本需求之一，因此國家有義務保障人民免於恐懼的自由，同理學校教育單位也應有義務營造安全、免於恐懼的學習環境，這是學生得以快樂學習的大前提。

　　以現今環境而言，防阻「校園霸凌」及營造「友善校園」是教育的重點工作，如果能建立和諧的師生關係，就能盡早發現問題，以預防衝突及傷害的發生。因此，教師平時就應暢通師生溝通管道，若察覺學生之間的衝突與緊張關係，應盡早實施相關教育，如：情緒管理、衝突解決、人際關係輔導等生活教育，讓學生學會面對問題和處理糾紛的方法。尤其青少年階段的學生，容易有「義氣」的迷思，為朋友打抱不平，常是爭吵打架的主因，教育工作者應從不同的層面來引導學生，或多和學生討論，或透過角色扮演，引導孩子思考問題、明辨是非，能用更理性、和平的方法處理問題。

　　在教育現場中，有時教師也會讓學生學習自行處理同儕之間的紛爭，然而教師若感受到學生有出現強烈的疑慮、不安或壓力的情緒，即應適時介入，並給予適當的教育，或通知家長親師合作及時開導學生。

　　當然，學生會霸凌傷害同學，不能只看表象，大多是因其身心或家

庭出了狀況。老師站在教育工作第一線，對學生問題雖然瞭若指掌，但若處理無效或力有未逮之時，應請求第二線學校訓輔人員協助處理，並立即將加害人與被害人隔離，若問題仍未解決，則其他社政單位如警察、社工人員應立即給予協助，且有些個案還須長期的追蹤輔導。強烈建議各校應長期駐派心理諮商師及社工人員，否則校園問題處理不好，日後將引爆更大的社會問題。

處理建議

　　教育工作者處理學生之間的衝突與傷害事件，應有以下基本作為：

一、先確認學生的身體安全，若已有明顯外傷（如皮破血流）或可能內傷（如腦震盪），應立即尋求醫療單位協助，並通知家長。除非傷害情節十分輕微，否則均應告知家長，和家長說明時應保持同理心，並懇切的與家長溝通。

二、詢問相關人員，了解事件原委。除了請當事人說明之外，亦可請在場的同學或老師詳述事件經過，但應小心避免侵害當事人的隱私權、人格權，以免造成二度傷害。

三、設法化解衝突，避免傷害再度發生。此過程可尋求學校輔導老師，或該生信任的師長、同學，以及雙方家長的協助。負責處理糾紛的老師，應儘可能秉持公正中立的立場，以免造成學生心生怨懟。

四、針對衝突事件的類型，提供雙方甚至其他同學適當的機會教育，以避免類似情形再度發生。

五、將衝突事件寫入學生輔導紀錄，便於日後繼續追蹤輔導，若學生身心狀況特殊或家庭問題複雜，則應尋求社政或輔導相關機構之長期協助。

延伸思考

　　《國家賠償法》第2條規定：「……國家應負損害賠償責任。公務員怠於執行職務，致人民自由或權利遭受損害者亦同。」司法院大法官曾在釋字第469號解釋中提出「保護規範」理論，主張如果行政機關應該依法執行職務的義務已相當明確，相關公務員也對特定民眾負有作為義務，並且沒有不作為的裁量餘地，卻仍舊怠於執行此一職務時，權利受損的被害人就可以主張國家應負擔上述「怠於執行職務」的賠償責任。

　　《兒童及少年福利與權益保障法》第53條規定，教育人員若知悉兒童或少年有遭受他人侵害的情況，應立即向主管機通報。此一通報義務，自然包括學校應立即採取適當的處理措施，並防止侵害繼續發生，可說正是上述大法官所稱的「保護規範」。因此目前校園霸凌事件頻傳，若學校知悉後應作為卻未為妥適處理，進而導致後續其他傷害行為，就可能需要同時負擔行政及法律責任。此處的「妥適處理」，應該包括「立即」以及「適當」處理，缺一不可。舉例而言，日前發生在花蓮的教師六年內連續性侵女童事件，校長及主任即因知悉後未立即通報而遭到監察院彈劾，學校並必須負擔高額的國家賠償責任。桃園縣某國中發生校內集體霸凌女學生事件，校長及學務主任知情後仍刻意隱瞞、掩飾，除已負擔的行政責任之外，若察明被害學生是因學校人員未積極處理、防堵霸凌惡化而受到進一步損害，學校更可能必須負擔國家賠償責任。

UNIT 58 學生帶手機到校的使用權限範圍？

法律觀點

一、隨著科技日益進步，手機的功能已不單純限於撥打接收電話而已，還兼具錄影、照相、電動遊戲、上網等功能。除了提供學生與家長聯絡之用，隨時了解學生在校學習狀況；同時對於上課或其他正式教學活動以外的個人休憩時間，使用手機調劑消遣，也有正面的意義，實無完全禁止學生使用手機之必要。然而，如果因為使用手機無法專注於課堂學習（聽音樂、上網），或者干擾妨礙其他同學上課，影響上課秩序（來電聲響太大），或者從事於侵犯其他人之不法活動（偷拍、傳送騷擾簡訊、聯絡外校人士侵入校園打人），勢必嚴重影響學生自己及其他學生的學習權及受教育權，基於學校有責任提供良好適當的學習環境及維護校園安全，對於學生攜帶手機到校的問題，確應有適當管理之機制。另一方面，手機屬於學生及家長所有的財物，其所有權也受到法律的保障，一旦限制不當或過度限制，極易引起學生家長的反彈對立，更甚者造成個人財物受損，自應謹慎為之。因此，在不妨礙、干擾而侵犯其他人之隱私、不妨害教師教學活動進行以及禁止從事不法活動的範圍內，學生應有使用手機之權利，學校也有制訂相關規範適當管理之必要。

二、學生如因使用手機而有足以妨害班級教學及學校教育活動正常進行的行為時，依教育部所頒訂的《學校訂定教師輔導與管教學生辦法注意事項》，學校或教師可以採取該注意事項第22點一般正向管教

措施、第23點必要強制措施、第24點特殊管教措施、第25點家長協助輔導管教措施及第26點獎懲委員會特殊管教措施，適時地協助學生回復正常之教育活動；至於手機部分，則可以採取「暫時保管」的方式（注意事項第30點規定），以避免學生繼續使用手機，一旦上開違反情形消滅，就應即時「返還學生」或「通知親權人領回」，以免過度妨礙學生權利，而學校在保管學生手機時，尤應妥善保管，避免手機損壞或遺失。

三、特別值得強調的是，學校及教師如果確有限制學生使用手機的必要，而需要制訂相關的規定時，應謹慎考量限制的目的及手段兩者間的必要性及關連性，除了限制的時間、地點及方式都應明確地規範外，並應依違反情節的輕重訂定限制的方式，不宜一概以限制效果最嚴重的保管手機作為唯一的手段，更不得規定沒收手機而侵害學生的財產權，此即上開注意事項所揭櫫的比例原則。例如上課時學生不依規定接聽手機，可以口頭糾正促請學生改為震動模式，再於下課回覆；又如手機簡訊或鬧鈴聲響過大，僅須口頭糾正調整聲音設定即可，除非學生一再故意使用手機干擾教學，屢經勸告仍不聽從時，才會建議教師暫時保管學生手機，但仍應下課後立即交還學生。又如果學生拒絕交出手機，為免影響課堂活動之進行及加深師生間的衝突，也不必與學生爭執，可以請求學務處或輔導處派員協助，將學生帶離教室（注意事項第24點第1項），即可解除妨害教學的狀況。此外，基於親師協力原則，為了避免學生任意使用手機所帶來龐大可觀的費用，學校也應該在家長知悉並同意學生使用手機的前提下，制訂相關規範。

四、校園現況：從網路網頁資料顯示，目前許多學校均訂有學生攜帶手機管理辦法（連大陸地區的學校也都有規定類似的管理辦法，普遍

情形可見一斑。）其內容雖因各校情況或有差異，然大體上都規定，學生攜帶手機到校限於與家長聯絡之用，必須由家長於學期初向學校申請，經核定後列入管理名單，才能攜帶到校；在校期間，原則上必須交由學校或自行保管，不得使用手機做為誇耀、出借他人、拍照、玩遊戲、聊天、其他影響他人權益、聚眾滋事、考試舞弊等用途，如有違反情形，則有「暫時代為保管手機」、「停止攜帶手機到校」權利及「保管手機到學期末再行取回」等諸多手機使用的限制。綜觀上述規範情形，僅限於聯絡家長此一目的才能攜帶手機到校，至於使用手機其他功能，則幾乎完全在禁止或限制之列，顯見學校對於學生使用手機問題，論其實質與禁止學生攜帶手機到校的結果無異！此舉是否合於前揭注意事項所揭示的處理原則，處理方式是否合理在在值得深思。尤其，其中涉及完全禁止學生攜帶手機到校、長期保管手機至學期結束等幾近剝奪使用權利的規定，是否有過度規範之虞，也值得進一步研究。

教育觀點

學校乃學習之場所，以保障學生之學習權與受教育權為首要任務，因此學校應教導學生思考討論在校合理使用手機之規範，例如：若非緊急事件，上課時間不應使用手機，以免干擾自己和他人的學習活動；不能使用手機從事不法活動，如偷拍同學的裙底風光、考試利用手機作弊、傳簡訊騷擾同學等，只要在相互尊重的原則下，可給予學生更多合理使用手機的權利。其實經由理性公開討論制定的使用規則，大多數學生都會遵守，當然還是會有少數份子想挑戰規則，那麼老師基於維持校園秩序和保障學生之學習權，便可依規則口頭訓誡、暫時保管，或通知

家長暫停孩子使用手機的權利，處理時需衡量其偏差行為與比例原則（《學校訂定教師輔導與管教學生辦法注意事項》第12點），以免學生反彈過大，引發師生衝突。

　　科技發展日新月異，雖可造福人類、便利生活，但也帶來文化失調的現象。根據金車教育基金會民國100年公布「青少年使用手機」調查，93%的青少年有手機焦慮傾向，除了使用手機會有網路成癮症，沒帶手機會不安，沒人來電會孤單，電話講久也會焦躁不適。此外孩子若利用手機從事不法活動，侵害他人權利，父母須承擔民事賠償責任，因此教育者應多和家長溝通，親師協力一同教導孩子正確使用手機才是上策。

處理建議

　　制定手機使用規則時，應運用公民法治教育的理念，引導學生充分討論有關手機等科技產品的使用禮儀與規範，並納入班級自治公約中，同時規則須明確，避免太過籠統，以免學生無所適從，如應載明何時何地不可使用手機，若違反規定須暫時保管多久時間等，如此學生遵守的意願應較高。

　　再者，現今離不開手機的青少年愈來愈多，但基於健康安全的理由，應提醒電磁波可能危害身體，尤其12歲以下孩童使用手機，應可有較多的限制，以維護學生的健康。

　　至於學生使用手機違反校規，同時又觸犯刑責者（例如：用手機偷拍他人），是否會產生一罪兩罰的問題？實務上通常校方會以校規處置（依情節輕重記警告或記過），而不會報警處理（其實性騷擾事件若發生在校園內，依性別平等教育法規定為校方權責，警方通常不受理）。畢竟未成年孩子懵懂無知、行事思考欠周詳，而學校為教育單位，教育

導正學生的偏差行為責無旁貸。除非惡性重大，受害者家長堅持提告，否則應儘量用教育方式使其改過遷善即可。

延伸思考

　　如學生以手機從事不法活動，學校及教師得否基於保全證據的必要，暫時保管學生的手機？學生使用手機從事不法活動，由於手機本身終究不屬於法律所定的違禁品，與前揭注意事項第30點第2項關於暫時保管違禁物之情形不符，而且協助偵查犯罪亦非學校或教師之法定義務，於法不負有保全證據的責任，因此尚不能以保全證據必要性來做為暫時保管手機之依據。學生行為足以妨害學習或教學時，可以依該注意事項第30點第3項規定暫時保管之，兩者所憑事由截然不同，應予釐清。

　　又學校及教師應避免以限制或剝奪學生使用手機的權利，做為學生違反其他校規行為的處罰手段，例如：學生違規抽煙、未依規定繳交作業或上課講話等，並未使用手機干擾教學，卻被暫時保管手機不能使用。主要的理由是因為處罰的手段與透過處罰所欲達成矯正違規行為的目的間，不具有合理的關連性，這就好比學生不按規定繳交作業，不去要求他利用課餘時間寫完作業，卻去處罰他不能跟同學講話的道理是一樣，畢竟處罰不僅僅只是為了處罰，而是為了有助於調整學生的特定違規行為，才有教育上的正當性可言。

老師是否可以禁止學生使用手機或其他電子裝置，針對教師的教學活動照相、攝影及錄音等？

法律觀點

　　學生在學校使用手機、數位相機或錄音筆等電子裝置記錄老師授課內容，再回家重覆播放，以增進學習效果，既然有助於教育目的，不論是家長或學校老師都樂觀其成，原無加以限制或禁止的必要。然而，學生攜帶這些電子裝置到校，有時在上課期間使用手機跟同學互傳簡訊，影響上課秩序；有時在下課期間攝錄老師或同學的私人活動，甚至捉弄同學，各種情況不一而足，未必都與教學活動全然相關，甚且造成校內學生之間、師生之間衝突頻生。學校老師應該如何看待與處理，才能兼顧教育目的及學生權益，確實值得探究。

　　由於學校最主要是提供授課及學習活動最重要的場所，因此在維護教學秩序及學習活動所必要的範圍內，以符合比例原則的方式，適當地限制或禁止學生使用手機、數位相機或錄音機等電子裝置，殆無疑義。不過，除了教學必要性的考量外，也還必須注意到以下的情況：（一）老師教授某一學科的過程，就是透過演說、肢體、書寫等方式，將該學科領域中的觀念、思想表達出來，使學生能夠吸收理解，當然屬於創作，而受到著作權法之保障。因此如果學生有意使用照相、錄音或錄影記錄授課的內容，即是重製老師的創作，於法必須得到老師的同意，否則老師可以主張《著作權法》第84條至第90條之3所規定的民事損害賠償責任，以及同法第91條第1項擅自重製他人著作的刑事責任。（二）如果是針對學校公開的活動加以記錄，原則上無法合理期待個人隱私應該受

到保護（即不具隱私的合理期待性），尚不至於侵害被記錄者的隱私權。不過，因為這些活動內容同時涵蓋了學生或老師的肖像或聲音語言，在不當使用而情節重大的情形下，仍然有侵害肖像或聲音語言等特殊人格權之虞，可以對侵害者主張《民法》第195條第1項之非財產上之損害賠償責任，值得加以注意。（三）至於如果是針對同學或老師的私人活動任意加以記錄，顯然有合理期待個人的隱私應該受到保護，將涉及《民法》隱私權的侵害及《刑法》第315條之1妨害祕密罪等問題，決不可等閒視之，學校老師一旦發現該等情形，應適時地提醒學生注意並加以制止，以避免隨之衍生的法律責任。

基於以上的說明，老師如果確有限制或禁止學生使用上開電子裝置之必要時，首重比例原則之掌握，亦即必須視違反情節的輕重，採取適當且能合於目的的方式為之，不宜一律均採取最嚴格的方式來對待：例如，學生在沒有惡意的情況下，未及注意拍攝老師授課或者同學私人活動，老師發現時可以委婉地提醒、勸誡，要求學生應該徵得本人的同意，如果學生欣然接受，且不至於影響教學秩序，自無限制使用該電子裝置的必要。反之，學生屢勸不聽、執意為之，老師才需要進一步考慮施以適當的輔導管教及維護教學秩序之措施，要求學生刪除拍攝內容、關閉電源或暫時保管至下課或活動結束後等等，以防止侵害繼續發生。特別值得一提的是，由於逕自刪除拍攝內容，可能會涉及處分或毀損學生家長的私人財物，極易衍生侵權的法律問題，切勿一時心急強行為之。此外，如果老師本身自己也是被拍攝（侵害）的對象，為避免球員兼裁判可能引發的爭執，建議宜通知學務或輔導老師等第三人介入處理，以免造成師生的對立衝突。

教育觀點

　　以目前教育現場來說，學生的學習模式在拜E化影響與高科技所賜之下，已不再是僅有單純的聽講與抄寫。受多元靈活創意的發想，學生之間已逐漸流行在課堂上使用手機或其他電子裝置進行攝（錄）影（音）。大部分可能是為了配合老師的教學節奏、彌補課間精神不濟的問題，或是為方便複習使用，而針對老師教學內容所做的記錄；但也有少部分，可能只是為了惡作劇或打發時間。不論其使用的目的為何，對於熟悉於傳統教學情境的老師總是一項衝擊，因為此舉牽涉的可是「尊重」的問題。不過，換個角度想，這不也是教導學生相互尊重的待人之道，與相關權利保護概念的機會教育？

　　「講求禮儀」是人格的養成，「平等尊重」是民主素養的基礎，既然具攝（錄）影（音）功能的手機及電子裝置對於個人在隱私及肖像上的權利影響甚大，就應該教導學生待人禮儀與尊重他人的能力，使其理解並進而能同理「事先獲取他人同意始得為之」的原因與重要性。再者，老師也可藉由闡明在教學上的期待與欲達目的，來讓學生做為課堂上是否能使用手機或其他電子裝置的判斷基準，進而培養學生思辨與自制的能力。除此之外，還能透過老師畫下的使用原則，表達出教學內容是經過教師內化後，依自身的邏輯架構重新建構組織而成的知識體系，受有教學上著作權的保護的意義，從而讓學生了解到尊重教學著作權之理由及其保護運作的模式。也唯有經過這番溝通說理的過程，才能發揮教育功能，展現正向意義。

處理建議

　　老師在允許學生於課堂上使用手機或其他電子裝置前，應事先說明相關規範，可能是師生個人私領域的隱私或肖像權的保護概念及要求、班級秩序維護的限制條件，或是老師對於個人教學著作權的保護原則，讓學生針對合理使用規範進行理性的溝通與討論。規範若是僅由教師單方強行規定，則不但易形成高壓威權的教育環境，違背民主法治的教育精神，也會剝奪學生說理及平等尊重的學習機會。因此，在共同協商訂定使用規範時，老師可以以自尊尊人之前提與法治基礎的相關概念導入，從旁協助學生進行討論，藉以制訂出合理且大家都能自願遵守的原則規範。

延伸思考

　　報載有學生因為偷拍老師在課堂上體罰其他同學的過程，被老師發現後要求刪除，遭學生拒絕，後來學生一時情緒，竟持美工刀割腕自傷，引發社會廣泛的討論，究竟學生可不可以拍攝老師體罰行為？老師有沒有拒絕或要求刪除的權利？值得探究。

　　首先，老師在課堂上體罰學生，性質上屬於學校公開的活動，原則上沒有合理期待隱私能夠得到保護，如學生加以拍攝，尚不至侵害老師的隱私權。不過，體罰乃現行教育法規所明令禁止之不法行為，學生加以拍攝記錄，如同社會上常見有人拍攝交通違規或犯罪事件過程的情形一般，此舉不僅有助於降低不當體罰的發生，同時也可以做為證明的方法以釐清責任，加上更不是專以被記錄者的肖像或聲音語言為主要目的，很難說已構成侵害肖像或聲音語言等人格權的重大情節，應無阻止

學生拍攝或事後要求刪除紀錄的道理，否則不啻變相鼓勵不當體罰行為繼續存在。換言之，縱使老師可以透過著作權及教學自主權等角度，合理地限制學生不當錄影或拍照的使用，然而一旦老師本身的行為已經涉及違法時，就不能再以上述理由來限制或禁止。

本書參考或引用相關法令索引

人民團體法	兒童及少年福利與權益保障法
中華民國刑法	性別平等教育法
中華民國憲法	性別平等教育法施行細則
中華民國憲法增修條文	性騷擾防治法
少年事件處理法	性騷擾防治法施行細則
公立高級中等以下學校教師成績考核辦法	性騷擾防治準則
公民與政治權利國際公約及經濟社會文化權利國際公約施行法	性騷擾事件調解辦法
民法	性侵害犯罪防治法
加強國民中學技藝教育辦法	政府資訊公開法
刑事訴訟法	高級中等以下學校教師評審委員會設置辦法
行政程序法	個人資料保護法
私立學校法	校園性侵害性騷擾或性霸凌防治準則
各級學校提供家庭教育諮商或輔導辦法	特殊教育法

原住民族教育法	國民中小學中途輟學生生通報及復學輔導辦法
原住民族學生升學優待及原住民公費留學辦法	國民教育階段家長參與學校教育事務辦法
家庭暴力防治法	國家賠償法
強迫入學條例	著作權法
高級中學成績考查辦法	傳染病防治法
教育基本法	臺北市公立國民小學學生入學暫行要點
教師法	臺北市公立國民中學新生分發入學作業暫行要點
教師輔導與管教學生辦法	臺北市國民中學常態編班及分組學習補充規定
貪汙治罪條例	臺北市國民中學學生獎懲準則
處理高級中學以下學校不適任教師應行注意事項	臺北市國民小學學生獎懲準則
國民教育法	臺北市國民中小學學生學籍管理辦法
國民教育法施行細則	學校訂定教師輔導與管教學生辦法注意事項
國民小學與國民中學班級編制及教職員員額編制準則	學生懷孕事件輔導與處理要點
國民小學及國民中學常態編班及分組學習準則	學校衛生法
國民小學及國民中學成績評量準則	學生健康檢查實施辦法

聯合國〈兒童權利公約〉	聯合國〈經濟社會文化權利公約〉
聯合國〈世界人權宣言〉	聯合國〈國際勞工組織公約〉
聯合國〈公民與政治權利國際公約〉	檢察機關實施搜索扣押應行注意事項
聯合國〈原住民族權利宣言〉	
大法官會議解釋	
釋字第365號、釋字第509號、釋字第382號、釋字第567號、釋字第407號、釋字第573號、釋字第414號、釋字第577號、釋字第445號、釋字第603號、釋字第462號、釋字第644號、釋字第469號、釋字第656號、釋字第490號、釋字第684號、釋字第491號	

相關法規詳細內容請上全國法規資料庫http://law.moj.gov.tw/查詢

國家圖書館出版品預行編目資料

老師，我有話要說 ─ 學生權利守則／
財團法人民間公民與法治教育基金會
著. --初版.--臺北市：五南, 2014.01
面；　公分.
ISBN 978-957-11-7411-2（平裝）
1.學生　2.權利
527.8　　　　　　　　　　102022949

1QA4

老師，我有話要說
─ 學生權利守則

作　　者 ─ 民間公民與法治教育基金會

發 行 人 ─ 楊榮川

總 編 輯 ─ 王翠華

主　　編 ─ 劉靜芬

責任編輯 ─ 蔡惠芝　許珍珍　游雅淳

封面設計 ─ P.Design視覺企劃

出 版 者 ─ 五南圖書出版股份有限公司

地　　址：106台北市大安區和平東路二段339號4樓

電　　話：(02)2705-5066　傳　　真：(02)2706-6100

網　　址：http://www.wunan.com.tw

電子郵件：wunan@wunan.com.tw

劃撥帳號：01068953

戶　　名：五南圖書出版股份有限公司

法律顧問　林勝安律師事務所　林勝安律師

出版日期　2014年 1 月初版一刷
　　　　　2016年12月初版五刷

定　　價　新臺幣380元